근대 동서존재론 연구

배 선 복 지음

근대 동서존재론 연구

배 선 복 지음

철학과현실사

※　※　※

이 책은 2002년도 한국학술진흥재단의 전문연구인력 지원사업에 의하여 연구되었음(KRF-2002-075-A00028).

머리말

필자는 철학을 하면서, 특히 전공 공부를 하면서부터 동서세계에는 경계가 있고 동서철학에는 높은 장벽이 있다는 것을 알게 되었다. 또한 실제 철학을 할수록 동서양철학의 경계는 무너지기보다는 더욱 견고해져 갔다. 동서철학의 학제 간 장벽이 철학자들의 선입견이 만들어낸 것임을 알게 된 것은 철학사를 통한 자각이었다. 필자는 해외유학을 하면서 대부분 서양철학자들도 그들의 로고스의 사유전통에 매우 투철하다는 것을 깨달았다. 그래서 한국인으로서 왜 동양철학이나 한국철학을 하지 않고 하필 유럽철학을 하려 하는지 자문하게 되었다. 철학사에 나타난 철학자의 수많은 교과서적인 지혜의 사랑의 여정은 어느 특정 유럽인이나 한국인을 위한 철학은 아니었다. 하지만 어떤 철학자도 자신이 누구인지에 대한 삶의 성찰 없이 자신의 사유전통과는 무관한 생면부지의 사유를 흉내 낼 수는 없었다. 이러한 문제의식은 필자로 하여금 비교철학적 관점에서 동서철학사를 고찰히게 민들있다. 궁극적으로 필자가 이 책에서 도달한 중요한 결론은 라이프니츠의 동서비교철학적 입장을 재발견하고 정립한 일이었다.

2,500년 이상의 역사를 가진 서양철학은 몰락과 새로운 탄생

그리고 연속과 불연속의 전통으로 이어져 왔다. 그때마다 새로운 철학이 탄생한 것은 시대적 한계를 넘으려는 창조적 천재들이 있었기 때문이다. 기원전 6세기에 탈레스에 의하여 창시된 서양 고대 그리스 철학은 소크라테스를 중심으로 플라톤과 아리스토텔레스를 통하여 완성되었다. 에게해를 중심으로 탄생한 그리스 철학은 알렉산더 대왕의 알렉산드리아를 거쳐 지중해로 문명이동을 하면서 로마에서 다시 꽃을 피웠다. 그러나 고대 그리스 철학과 로마 철학은 기원후 5세기경 서로마제국의 패망과 더불어 몰락하였다. 그 후 유럽은 르네상스에 이르기까지 1천 년 이상을 신학이 지배해 왔다. 중세 초기에는 플라톤 철학과 신플라톤주의가 발전하였지만, 차츰 유럽인과 아랍인은 공동으로 중세철학을 구축하였다. 아랍인과 유럽인이 함께 쌓아올린 중세철학의 첨탑(尖塔)은 아퀴나스가 신앙과 이성 일치의 기독교 철학을 확립하면서 최고조로 완성된다. 하지만 차츰 밝아오는 새로운 시대정신의 여명 속에 중세를 지배해 온 정신을 쳐부수고 나간 자들은 오컴과 그의 후계자들이었다. 이들의 자유로운 인문정신의 추구는 14-15세기로 이어지면서 이탈리아에서 시작하여 유럽 전역으로 확산된 르네상스를 예비하였다. 르네상스는 유럽인 스스로 그리스 인문학의 원전을 직접 읽고 번역하여 그들 자신의 지적인 자신감과 정체성을 확인함으로써 생겨난 고전정신의 부활운동이었다.

동아시아 속의 한국인의 지식지형도는 1443년 한글창제와 퇴계 이황(1501-1570)과 율곡 이이(1536-1584)로 이어지는 성리학의 논쟁으로 특징지어진다. 세종의 한글창제는 한국인 스스로 자신의 언어로 세계를 생각하고 표현하게 하는 문화적 자신감을 주었다. 11세기경 불교와 북방 이민족에 대항하여 탄생한 중국의 성리학이 봉건시대를 지배하는 지식이었다면, 이 학문은 서양철학과 역할이 같았다. 그런데 1600년경 마테오 리치와 함께 동아시아 사회에 전래된 서양학문은 중세를 지배하던 스콜라 철학과 과학에 더 가까이 있었다. 이 서양학문은 약 1세기에 걸쳐서 중국의 역사와 문명과 문화, 인간과 사회와 역사에 동화해 가면서 동서비교철학의 패러다임을 낳았다. 유럽 본토에서는 서양 근대철학이 종전의 스콜라 철학과 완전한 결별을 선언하면서 등장하였고, 동아시아에서는 소위 서학이라고 지칭되는 학문의 영역과 이에 맞선다는 실학운동이 생겨났다. 선교사들이 가져온 유럽 과학기술은 오늘날 동서가 공통된 세계를 형성해 나가는 지적인 기반이 되었다. 오늘날 한국의 고등학교 학생이 미적분을 배우고 뉴턴의 고전역학을 배워 익혀서 자신의 지식으로 만든다면 라이프니츠와 뉴턴의 지적인 소유가 이질적인 요소로 남지 않는 이유도 여기에 있다. 서양 근대철학에서 보자면 이제 중국은 더 이상 세계중심(世界中心)은 아니다. 지구는 더 이상 우주의 중심이 아니라는 점에서 점차 탈지구중심적 사유방식은 선택이 아닌 필수가 된 것이다.

동아시아 세계는 인도의 불교와 이미 1천 년 이상을 소통하였지만 이제 유럽의 사유흐름과 접목되었다. 당시 서양은 태양중심설과 지동설과 이심원의 지구 공전의 행성운동모델에 만유인력(萬有引力)으로 과학혁명을 이론적으로 완성하였다. 여기서 서양 근대철학은 과학기술문명 이동을 통하여 동아시아 세계로 말을 건넸다. 하나의 사유전통이 다른 하나의 사유전통과 대화하는 사건은 1689년 어느 어름날 로마에서 발생하였다. 라이프니츠는 예수회 중국선교사 그리말디와 근대 동서존재론의 가교를 여는 기념비적인 계획에 착수하였다. "나는 생각한다. 고로 나는 존재한다."라는 유명한 데카르트 명제에서 근대철학이 시작하였다면, 라이프니츠는 "나는 여러 가지를 동시에 생각한다."로 동서비교사유의 지평을 열었다. 데카르트 철학은 세계를 기계론적, 유물론적으로 해석하는 데 적합하였고, 뉴턴의 만유인력은 태양 주변의 행성궤도와 행성운동의 운행주기를 설명하는 데 유익하였다. 그러나 라이프니츠는 의지에 따라 이럴 수도 있고 저럴 수도 있는 데카르트의 신이나, 경우에 따라서는 천체운행과정에 개입하는 뉴턴의 신 대신에, 물질과 정신을 조화롭게 이성적으로 중재하는 모나드 철학을 발전시켰다. 모나드 철학은 세계창조의 비밀이 신이 무에서 만물을 창조하였다는 원칙에서 일즉다(一卽多)에서 다즉일(多卽一)의 무위(無爲)를 유위(有爲)(agendo nihil agere)로 하는 형이상학을 표방한다. 이진수의 형이상학적 근원은 신이 무(無), 곧 0에서 만물, 곧 1을 만든 것으로 충분하였다.

라이프니츠가 그리말디와 해후한 지 10년이 지난 후 당시 프랑스의 루이 14세가 중국에 파견한 왕립수학자 부베는 라이프니츠의 이진수 체계와 복희씨의 이진수 체계가 동일하다는 해석을 보고하였다. 북경에서 활동하던 예수회 중국선교사 부베의 이 테제는 근대 동서존재론의 배경과 연원을 새롭게 해명할 수 있는 중요한 전거가 된다. 당시 성리학에는 이기론(理氣論)을 바탕으로 이일분수(理一分殊)로 우주를 해석한 유기체적 우주론도 있었다. 모나드 철학도 성리학의 이일분수 철학도 모두 유기체적 세계관의 특성을 지닌다. 라이프니츠는 기원전 6세기 이래의 탈레스 대신에 복희씨를 인류철학의 새로운 비조로 꼽고 있다. 필자도 라이프니츠처럼 철학의 시작이 탈레스가 아니라 복희씨에서 시작되었다고 주장할 용기가 있는지 자문하였다. 여기서 동서양을 통틀어 인류에게 여전히 영원의 철학이 있는지 어떤지의, 필자의 두 번째 고민이 시작되었다.

오늘날 서양의 사유전통에는 이미 사고의 종말이 왔고 신은 벌써부터 죽었다는 소문만 무성하게 떠다닌다. 서양철학사에서는 항상 신의 존재 증명은 있어 왔지만 신의 부재 증명은 없었다. 신의 부재 증명이 증명으로 간주될 수 없는 것은 신에게나 우리 모두에게도 타당한 충족이유율 때문이다. 신이 있는 곳에 없음을 증명하고, 없는 곳에 있음을 증명할 필요가 없는 것은, 신이나 우리 모두가 이 세계에 존재하기에 타당한 충족이유로 말미암는다. 또한 서양철학사에서 신의 사망선고를 한 니체에게 신 부재 증명의 책임을 물을 일이 아니다. 신의 사망선고는 차라리 도덕적 요청에 가깝다. 라이프니츠가 접속하고 대화하였던 동양의 정신세계와 모나드 철학세계는 신의 사망 대신 음양 소식을 전하며 사유의 종말 대신 음양 동정에 의한 남녀합성지도가 있다. 낮과 밤이 교차하고 사계절의 운행이 있다는 사실은 더 이상 사유에 의하여 어쩔 도리가 없는 사고 외적인 독립된 대상으로서 모나드 존재의 존립근거이다. 모나드의 자유와 조화는 동서존재론의 최종근거이자 최고의 목표인데, 여기까지 와서 어떻게 신이 죽기까지야 하겠는가?

이 책은 지난 2002년 10월부터 2005년 9월까지 수행한 한국학술진흥재단의 전문연구과제의 연구결과이다. 한국학중앙연구원에서 김형효 교수의 동서비교철학의 업적을 가까이 지켜보면서 영향을 받았는데 이 지면을 통하여 교수님께 감사를 드린다. 성균관대학교 동아시아학술원의 비교사상실과도 이 연구결과를 함께 공유하고 싶다. 동서비교철학을 전공으로 하는 박상환 교수님의 주도에 의한 비교사상실의 활발한 연구활동과 의욕적인 연구자들의 도전을 기대한다. 지금 동서비교철학은 다자문화철학적 관점에서 동일한 조건과 동등한 권리에서 세계인의 철학과 세계를 인정하면서 공생으로 발전할 수 있는 길을 모색한다. 필자는 동서비교철학의 중요성과 영원의 철학을 일깨워주신 뮌스터 대학의 고(故) 휼스만 교수님의 사은(師恩)에 감사를 드린다. 그분의 가르침이 없고서는 이러한 주제의 책을 쓸 용기를 내지 못했을 것이다. 이 책의 연구결과를 통하여 휼스만과 아담 말이 주축이 되어 태동한 다자문화철학(Inter Cultural Philosophy) 국제운동에 발을 들여놓고자 한다. 그밖에 이 책을 위하여 관심과 배려 속에 애정과 질책으로 필자를 격려하고 다독거려 준 많은 분들에게 감사를 드리며, 이 책을 출간해 준 철학과현실사에 깊은 감사를 드린다.

차 례

제 1 장

서 론

1. 연구의 목표

본 연구는 라이프니츠를 중심으로 근대 동서철학의 존재론적 기원(Ontological origin)과 인식론적 및 형이상학적 최종근거 (Ultimatum)에 관한 철학사적 실마리와 해답을 추구하고자 한다. 최종근거란 더 이상 되물을 수 없는 마지막 근거로서, 그 이상도 그 이하도 다르게는 있을 수 없는 그 자체적 이유를 말한다. 라이프니츠는 이런 근거에 존재의 충족이유율을 적용하였고, 근대 동서존재론의 존립근거를 밝혔다. 철학은 사물의 처음, 단초, 시초 등 원칙에 대한 시원적인 물음에서 출발한다. 인간이 자연과 우주에 대하여 안다는 것은 비로 그 무엇의 처음 내지 그 원인을 안다는 것이다. 자연과 우주의 처음과 원인을 아는 사람이 그것을 남에게 가르쳐 후세에 전하려 할 때, 여기서 지혜로서 인류철학의 역사가 생겨났다. 모르는 사람이 그 무엇의 처음과 원인에 대하여 알고 싶어 하는 것은 인간의 근원적인 형이상학적 요구이다. 지혜 혹은 앎에 대한 사랑으로 일컬어지는 철학은 원래 어떤 그 무엇에 대한 무엇임의 물음에 바로 이것임이라는 해답에 집착하였다. 그러한 물음과 해답의 기초는 존재론에 놓여 있다. 왜냐하면 바로 이것이라고 집어서 말할 수 있는 답변은 역시 이미 언제나 있었고 있고 있을 것에 대하여 항상 있어야 했고 있어야 하고 있을 것이라는 존재론에 기초하기 때문이다. 여기서 생각하고 구하고 찾을 존재의 물음과 주고받을 당위의 답변은 동일한 존재론의 형이상학 토대 위에 놓여 있다. 이러한 형이상학 토대하에 진행되어 온 철학의 일은 주로 존재(存在)와 당위(當爲), 그리고 현실과 이상 사이의 숨바꼭질이었다. 한마디로 철학은 새로운 발견도 발명도 하지 않아도 2천 년 이상을 내려오면서 동일한 질문과 답변에 전념하여 온 이상하고도 희한한 학문이다. 그래서 화이트헤드(A. N. Whitehead)는 모든 서양철학은 현실과 이상, 혹은 존재와 당위를 말한 플라톤 철학의 주석의 연속이라는 유명한 말을 하기까지 하였다.

서양철학은 적어도 2,500년 이상의 역사를 갖고 있으며 최초의 서양철학자는 기원전 6세기의 탈레스(Thales)라고 전해진다. 탈레스에 의하여 시작된 서양철학의 역사는 고대철학, 중세철학, 근대철학 그리고 현대철학에 이르기까지 시종일관 단절 없이 지속되어 오지는 않았다. 시대구획의 관점에서 보자면 지리적으로 에게해 권역에서 출발한 그리스 철학은 점차로 로마라는 지중해 권역으로 확장되어 발전하면서 고대철학을 완성하였다. 기원후 5세기경 서로마제국의 몰락과 더불어 고대철학은 서양의 철학사에서 없어졌다. 그러나 기독교 전파와 더불어 무너진 지중해 세계에서 점차로 유럽의 전역으로 북상하면서 신학과 철학이 결합하는 독특한 사유유형을 만들었으니 그것이 중세철학이다. 중세철학 역시 16-17세기의 르네상스와 종교혁명 및 과학혁명이라는 거대한 흐름에 의하여 더 이상 성장하지 못하고 좌초하고 말았다. 그러나 이 유럽문명의 삼총사는 지중해에 고착되었던 유럽의 시각을 대서양으로 돌리면서 유럽에는 서양 근대철학을 탄생시키고 비유럽 전역에서는 동서비교철학의 흐름을 낳았다.[1] 400년 전의 서양 근대철학의 적통을 이은 현대철학은 오늘날 장소적 제약이 없이 전 세계에 골고루 폭넓게 흩어져 있는 특색을 지닌다. 이와 같이 고대 그리스에서 오늘날까지 전승되어 간 서양철학의 사유방식은 시대별로 상이한 특색을 나타내며 발전하였다.

본 연구는 여기서 특히 17세기에 시작된 서양 근대철학이 지금까지 전래되어 그리스의 존재론과는 전혀 색다른 존재론의 기원에 관한 논의를 하였다는 사실에 주목하고자 한다. 이른바 1700년경에 근대 존재론의 신기원에 관한 논의가 불붙기 시작했다. 그 논의의 배경에는 근 1세기 이상을 유럽의 근대철학이 비유럽 지역으로 확산되면서 생겨난 동서의 지리적 특징과 인류의 공통된 인성의 지반에 관한 물음이 자리 잡고 있었다. 당시의 근대 서양철학은 유럽 외부세계로 진출하여 인류의 새로운 삶의 터전 위에 새로운 존재론의 기반을 찾았다. 지구상에 살고 있던 인류는 그 이전까지는 전혀 다른 삶의 방식을 선택하고 고집하였기 때문에 새로운 존재론의 확립은 미지의 삶의 지평에 필수적인 요소였

1) D. E. Mungello, *European Philosophical Responses To Non-European Culture: China*, in: *The Cambridge History of Seventeenth Century Philosophy* I, Edited by D. Garber & M. Ayers, Cambridge University Press, 1998, p.87. 비유럽철학에 관심을 가졌던 대부분 17세기 유럽사상가들은 보편적 지식을 믿었는데, 이런 견해에 따라 그들이 발견하지 못한 유럽 변방의 진리는 절대진리의 기준에 비추어 차별화되었다.

다. 당시 17세기의 인류는 하나의 대륙에서 다른 하나의 대륙으로 이동하며 새로운 삶의 문화를 만들어갔고, 종전과는 비교가 되지 않을 삶의 질적인 변화를 겪었다. 철학은 누구나 저마다 자신의 시대가 처하는 정신적 상황을 새롭게 이해하고 해석하여 더 선하고 참된 진리를 가르치고 연구하는 학문이다. 16-17세기 이르는 인류의 이동과정에도 이런 목적을 위하여 남들보다 더 많이 생각하고 더 많이 궁리하였던 사람은 철학자였다.

당시 유럽 최정상의 지식인이자 철학자인 라이프니츠(G. W. Leibniz)는 2년여 가량의 독일, 오스트리아, 이탈리아를 거치는 남유럽 여행길에 오르면서 새로운 삶의 철학을 구상하였다. 우연인지 필연인지 라이프니츠는 이 여행길에서 당대의 다른 유럽철학자들과는 다른 방식의 사유를 모색하면서 전혀 색다른 사유형식에 접하게 된다. 그러한 노력의 구체적인 실현은 작게나마 동서비교철학 영역에서 드러났다. 라이프니츠는 1689년의 여름 로마에서, 당시 17세기 최정예의 지식인이자 북경에 살면서 중국의 청나라 흠천감(欽天監: 국립천문기상대)에서 일하고 있던 예수회 중국선교사 그리말디(F. C. Grimaldi, 閔明我, 1623-1688)를 만났다. 당시는 동서양 모두 봉건주의 계급사회였고 지식인과 비지식인이 확연하게 갈라져 있던 시대이다. 이 점을 주목한다면 이들의 만남은 매우 유의미하고 유익한 결과를 초래할 수 있는 절호의 기회였다. 우리가 이들 만남의 계기에서 느끼는 강력한 인상은, 17세기에 북경에 있던 소현세자(昭顯世子, 1612-1645)가 당시 북경에서 활동하던 서양선교사, 특히 아담 샬(Adam Schall, 湯若望, 1591-1666)과의 문명교류에서 조선의 개방과 서구문물 수용의 흐름을 이끌어내지 못한 아쉬움과도 같은 것이다. 봉건사회의 절대군주의 법률자문과 역사문헌의 편집 작업을 하면서 철

18

학활동을 하였던 라이프니츠는 그리말디를 만나면서 동양 전반의
과학기술, 산법, 지리, 조경, 군사, 언어, 문화와 및 사상 등에 자
신의 철학적 관심을 접목하였다.[2] 라이프니츠는 그를 통하여 다
른 예수회 중국선교사들과 학문적 교류를 본격화하였고 근대 동
서존재론의 기원의 문제에 깊이 천착하게 된다. 동시에 라이프니
츠는 고대 중국사유의 원형적 지식의 표본으로 역(易)에 관한 이
야기와 중국의 지배적인 사유의 하나가 신유학체계(System of
Neo-Confucianism)라는 사실을 접한다. 당시까지만 해도 전환기
의 서양 근대철학의 분위기는 종전의 스콜라 철학의 전통과는 완
전히 단절하면서 오로지 사유와 연장만에 의한 새로운 철학을 하
자는 것이 대세였다.[3] 그럼에도 유럽 고유의 사유전통만을 고수
하며 철학하였던 철학자와는 달리 라이프니츠는 동양의 정신세계
와 사상에 눈을 돌렸다.

라이프니츠는 17세기 유럽의 최첨단 지식과 신학문 분야를 이
끌어가는 최정상의 철학자였다. 한 지역의 지식정보가 다른 지역
으로 이동하는 지식정보의 유통에 대하여서도 잘 알고 있었던 그
는 그리말디와의 만남으로 데카르트 철학을 넘어서는 철학의 패
러다임을 구상하였다. 여기서 생겨난 것이 유럽과 중국의 양 대
륙을 하나로 묶을 수 있는 유라시안 비교철학의 패러다임이다.[4]

---

2) G. W. Leibniz, *Leibniz Korrespondiert mit China. Der Briefwechsel
   mit den Jesuitenmissionaren*(1689-1714), hrsg. von R. Widmaier, Frank-
   furt am Main, 1990, SS.1-10.
3) 옛날이나 지금이나 지구상에 멀리 떨어진 장소를 하나로 묶을 수는 없
   다. 떨어져 있는 사람들이 장소를 이동하고 교류함으로써 지식을 교환
   하고 비교할 수 있다. 오늘날의 통신수단이나 인터넷에 의한 네트워크
   는 장소와 장소를 묶어주고 멀리 떨어진 사람을 가까이 소통하게 한다.
   라이프니츠는 역과 이진법을 결합하는 아이디어로 이미 동서가 하나가
   되는 미래를 예견하고 있었다.

라이프니츠는 지식의 조직에서 기구를 통한 제도적 장려야말로 학문을 발전시키는 데 중요하다는 점을 무엇보다 잘 인식하고 있었기 때문에 베를린 학술원 건립에 지대한 노력을 기울였다.

라이프니츠는 1700년 베를린 학술원을 건립하는 데 결정적인 노력을 기울였고 독자적으로 파리 학술원에 동서를 통합하는 아이디어를 선보이는 철학의 연구 성과를 발표하였다. 라이프니츠가 특별히 집중적으로 관심을 갖고 연구한 분야는 이진법(二進法) 수학이었다. 이진법 수학은 라이프니츠의 것만은 아니지만, 라이프니츠는 다양한 학문 분야에 이진법을 적용하면서 철학적 사유의 새로운 패러다임을 보여주었다. 인식론적으로는 밝음(明)과 어두움(暗)의 대비를 보여주는 명석 판명한 인식과 혼동된 인식에 이진법이 적용된다. 데카르트 인식론은 오직 명석 판명한 인식만을 참으로 받아들이지만, 라이프니츠의 인식론은 명석 판명한 인식뿐만 아니라 혼동된 인식조차 수용한다. 혼동된 인식을 수용한다는 것은 사유하는 주체가 명석 판명한 인식과 더불어 그러한 인식을 의식한다는 뜻이다. 명석 판명한 인식을 하고 있으면 그렇지 못할 인식도 있으며 거꾸로 똑똑한 인식에 그 반대의 인식도 있을 수 있다. 똑똑한 사람이 있으면 그렇지 못한 사람도 있으므로, 진리를 추구하는 사람은 인식의 양면을 보면서 동시에

---

4) F. Perkins, *Leibniz and China. A Commerce of Light*, Cambridge University Press, 2004, pp.114-115. 라이프니츠가 그리말디와의 만남을 계기로 중국학을 기획하였다는 것은 1967년 소피 샤를롯데 왕비에게 보낸 편지에 쓴, 자신의 집무실 문에 '중국소식 사무실(bureau d'adresse pour la Chine)'이라는 팻말을 걸어놓았다는 사실에서 잘 읽을 수 있다. 라이프니츠는 만약 누구라도 공자, 노아의 홍수 시기의 중국 황제, 노아의 후예들, 불로장생의 약초 등에 관하여 알고 싶으면 자신의 집무실 문에 걸린 팻말을 주목하라고 하였다.

함께 나아가야 한다. 물질적 풍요가 있더라도 정신적인 가난과 함께 있고, 물질적인 가난이 있더라도 정신적 풍요가 공존한다.

당시 천차만별의 인식론적 등급에서 존재론에서나 논리학에서 동서양이 공존할 수 있는 세계철학의 길은, 사물의 있고 없고를 다루는 유무(有無)의 존재론적 문제에나, 논리적으로 참과 거짓의 진리값(眞僞)의 판정에도 이진법을 적용하는 것이다. 라이프니츠는 형이상학적으로 무로부터의 세계창조(Ex Nihilo Creatio)의 문제, 인식론, 존재론, 형이상학, 그리고 논리학 등의 광범위한 분야에 이진법을 방법론으로 적용하였다. 나아가 이진법 연구로 당대에 세계의 진리배경, 현상의 배경에 대한 체계적인 일반과학(Scientia Generalis)을 정초하였다. 일반과학은 오늘날 디지털시대를 가능하게 하는 지식의 조건을 제공하는 지식의 체계로서 만인이 도달할 수 있는 가장 보편적으로 타당한 진리체계를 가능하게 하는 방법론과 같다.

라이프니츠의 일반과학의 이념을 비유럽지역에서 처음으로 알고 평가한 인물은 예수회 중국선교사 부베(J. Bouvet, 白晉 또는 白進, 1656-1730)였다. 라이프니츠와 부베와의 만남은 동서비교철학이 접근하고 만나는 데 필요한 새로운 이해와 해석의 지평에서 이루어졌다. 그는 당시 프랑스 루이 14세가 중국으로 파송한 6명의 파리 학술원의 왕립수학자 중 한 명으로서 북경과 파리를 왕래하고 있었다. 라이프니츠는 그리말디와 접촉한 이래로 부베라는 새로운 동서철학의 가교를 담당할 대화상대자를 만났고 부베는 1701년 한 편지에서 처음으로 라이프니츠의 이진법에 의한 세계구성원리가 역의 수리적 구성원리와 동일하다는 주장을 하였다.5) 부베의 테제가 탄생한 배경에는, 먼저 라이프니츠가 그리말디를 만나면서 중국사상과 친숙한 사유의 뿌리로서 이진법에 대한 연구를 해온 약 10여 년간의 세월이 있었고, 파리 체류 시절 이래 40년 동안 수학에 대한 연구가 있었기 때문에 가능하였다.

라이프니츠는 예수회 중국선교사들과 교류를 계속하면서도 자신만의 독보적인 사유로서 모나드 철학을 발전시키고 있었다. 이는 당대 시대사상의 갈등의 대안을 찾는 과정에서 일어난 것이고, 그 결과는 이진법과 철학의 만남이었다. 16-17세기 근대철학 일반에서는 오직 물질만이 유일한 실체라고 보는 유물론(唯物論, Materialism)과 정신 혹은 마음만이 참된 실체라고 간주한 유심론(唯心論, Immaterialism)이 대립하고 있었다. 라이프니츠는 모나드(Monad) 사상으로 양자 갈등을 넘어서려고 시도하였다. 모나드는 정신과 물질의 조화를 가능하게 하는 인식론적, 존재론적, 형이상학적, 논리적 기초개념이다. 또한 모나드는 몸과 마음의 조화의 유지, 존재와 당위의 연결, 물질과 정신의 분리될 수 없는 일치 등등 다방면을 매개하는 일종의 관계개념이다. 라이프니츠는 이진법의 방법론에나 유럽 외부 지역에서 활동하던 선교사들과 동서존재론의 토대에 관한 토론에서 모나드 철학의 필요성을 잘 인식하였다. 하지만 라이프니츠 이후의 서양철학사는 오직 물

---

5) H. J. Zacher, *Die Hauptschriften zur Dyadik von G. W. Leibniz, Ein Beitrag zur Geschichte des binaeren Zahlensystems*, Frankfurt am Main, 1973, S.108. 라이프니츠의 이진법과 역의 수리체계가 동일하다는 주장은 부베가 북경에서 보낸 1701년 2월 15일 편지에서 처음 등장한다. 부베의 이 편지는 자신의 파리 체류 시절 나우데(Naude), 비뇽(Bignon), 그리고 퐁테네(Fontenelle)의 요청이 있었기 때문이다. 부베가 연구한 라이프니츠의 이진법과 역의 수리구성에 관한 주제는 라이프니츠가 거의 동시에 말하고 있었던 것이었다. 1701년 2월 26일에 볼펜뷔텔에서 파리 학술원을 위하여 쓴 라이프니츠의 논문「새로운 수학 에세이(Essay d'une nouvelle science des nombres)」는 부베의 역과 이진법의 동일성의 주장과는 거의 독립적으로 동시에 이루어진 것이다. 라이프니츠는 부베의 편지를 1703년 4월 1일에 받았다.

질만을 탐구대상으로 삼으면서 모나드 철학을 취급하는 데 소홀히 하였고, 또 모나드 철학이 동서존재론의 어떤 문제를 해결할 수 있는지에 대하여 심각하게 논의하지 못하였다. 동서존재론의 분야는 전통적인 철학의 문제로 여기기 않았기 때문이다. 지역별로 영국의 경험론과 대륙의 합리론이 서양 근대철학의 주류를 형성하였고 그 이후로 몇몇의 뛰어난 철학자들이 이러한 흐름을 주도하였기 때문에 유럽철학은 유럽지역 내의 철학의 문제에만 전념하여도 충분하였다. 그러므로 서양철학과 비유럽철학과의 관계 정립은 철학사의 문제조차도 되지 않았다. 유럽인은 유럽지역에만 한정된 철학의 문제에 전념함으로써 유럽철학사에서의 철학자의 반열에서 자신만의 고유한 목소리를 내기에 충분하였다.

17세기 당대의 데카르트나 스피노자는 비유럽세계의 철학에 무관심하였다. 하지만 라이프니츠는 자신의 모나드 철학체계에 더욱 포괄적인 시대사상을 담았다. 모나드 철학에는 근대 동서존재론의 토대를 가능하게 하는 사유법이 있다. 그렇기 때문에 동서세계인은 모나드 철학을 통하여 인류지성의 개선에도 기여할 수 있다. 모나드 철학에서는 개인이라면 누구나 쉽게 자신의 고유한 생각을 만들어갈 수 있다. 모나드 철학은 동양에서 말하는 도(道)의 개념처럼 다양한 길을 열어가게 하는 사유의 자유가 있다. 모나드 철학은 동양이 서양에 대하여 알고 있는, 혹은 서양이 동양에 대하여 형성하고 있는 동서존재론의 공통근거이다. 이러한 공통근거는 그냥 생겨난 것이 아니라 근대 이래로 철저하게 만들어졌고 만들어져 간다. 오늘날 동시양에 대한 시리학석 시식, 세계에 대한 이해와 세계에 대한 형이상학적 근거에 관한 지식도 근대의 모나드 철학의 근거에서 만들어갈 수 있다는 것이다. 당시의 동서세계상은 중국에서 활동하면서 거의 100년 이상의 선교

경험과 유럽에서 갈고 닦은 과학기술을 접목하여 동아시아 세계의 변화를 주도하고 전통의 문물을 개화하는 데 앞장섰던 유럽의 선교사들에 의해 형성되었다. 그렇기 때문에 모나드 철학에는 서양 근대철학의 위상에 동서존재론의 통합근거에 새로운 자리매김을 하면서6) 비교사상의 새로운 지평을 열어갈 근거가 담겨 있다.

라이프니츠는 청년시절에 17세기 학문의 요람인 프랑스 파리에서 4년간 학문 활동을 하였기 때문에 자신의 사상의 많은 부분을 불어로 집필하였다. 라이프니츠는 프랑스 지식인들과 많은 소통을 하였지만 불어권에서 그의 사상의 적통을 이어간 사람은 드물다. 독일어권에서는 볼프가 유일하게 라이프니츠 사상을 계승하였지만, 일반적으로 라이프니츠 이후로 동서융합 정신을 키워나간 철학자는 전무하였다. 서양에서는 라이프니츠 이후 그의 동서융합(東西融合) 사상을 이어받은 철학자들은 거의 없었다. 다만 형이상학에 있어서 라이프니츠 이후의 최고의 독일철학자 하이데거(M. Heidegger)가 서양철학에 있어서 진지하고도 주목할 만한 사유의 종말을 선언하였다.7) 하이데거 이후 더 이상 서양철학이 인류에 던진 진지한 철학의 화두는 사라졌다. 하지만 현대의 동서양철학이 만나는 길목에 서양 근대철학사에서 라이프니츠

---

6) 라이프니츠 철학을 흔히들 야누스에 비유한다. 그는 스콜라 철학의 꿈을 근대에 재생하기도 하였지만 데카르트를 넘어서고 뉴턴 역학을 대치할 수 있는 새로운 과학사상을 이끌어가기도 하였다.

7) M. Heidegger, *The End of Philosophy and the Task of Thinking*, in: *Basic Writings, Nine key essays, plus the Introduction to Being and Time*, Harper & Low Publisher, 1977, pp.373-392. 매우 도발적으로 제시된 '철학의 종말'이란 형이상학의 완성을 의미하는데, 하이데거는 형이상학의 완성을 철학이 완전한 목표에 도달하였다는 의미의 완전이 아니라, 가장 극단적인 가능성으로 모여든 전체 철학의 역사의 장소라고 의미하고 있다.

가 닦아놓은 동서비교철학의 지평은 21세기에 새로운 화두로 떠오른다. 라이프니츠의 모나드 철학은 동서가 함께 공존하는 세계 철학의 좌표이다.

2. 근대 동서존재론의 지반

근대 이래 유럽에서부터 진행되어 온 문명이동은 일방적이었다. 그럼에도 동아시아와 유럽과의 문명교류는 기존부터 있어 온 사상적 공통근거와 쌍방 간의 요청으로 보아야 한다. 16세기 초에서 17세기 말까지 형성된 동서세계의 사상에는 서로 간에 일관적이고 체계적인 형태를 갖추고 있었다. 그렇기 때문에 어느 한 편도 문명의 충돌에서 스스로를 지켜내고 존속할 수 있는 바탕이 있었다. 라이프니츠는 이러한 정황을 근거로 17세기 이래 동서양은 하나의 동일한 존재론적, 근원적 진리함의를 통하여 사유 활동을 전개하고 발전할 수 있는 토대가 있음을 모나드 철학에서 확인하였다. 근대 동서사상은 공통지반에서 발전할 수 있는 근거를 발견할 때 시작될 수 있다.[8]

사실의 근거로서(de facto) 근대 서양철학의 유럽중심주의 철학은 비유럽철학의 흐름과의 공존을 배제하면서 발전하였다. 그러나 18-19세기 이래의 유럽철학의 진영은 19세기 말 "신은 죽었다."는 니체의 선언에서 보듯이 유럽중심주의의 절정에 도달했지만 드디어 몰락을 경험한다. 따라서 19세기 말 이래의 유럽철학은 더 이상이 고유한 인간기식의 영역을 지켜내지도 못하였을 뿐

---

8) 본 연구에서는 뉴턴 역학의 승리와 서양 일변도의 19세기 제국주의 시대, 그리고 뉴턴 고전역학의 몰락과 비유클리드 기하학 등으로 대표되는 20세기 초의 철학사의 이야기는 제외하고 있다.

더러 새로운 철학적 사유의 활로를 찾지 못했다. 이러한 급진적인 기류는 근대 이래로 서양중심으로 흘러간 17세기 서양철학의 전개 자체에 그 내재적인 원인이 있었던 것으로 보인다. 유럽중심철학의 이러한 비관적인 흐름과는 달리 20세기 이래로 비서양 지역에서 전개된 철학에서는 이러한 서양중심의 급진적 사유경향을 완충하고 꾸준하게 발전하였다. 비서양지역의 대학은 서양철학을 배우고 가르치고 연구하면서 자기 것으로 동화하였다. 동아시아 문화권의 대학에서 서양철학은 전혀 이질적인 학문이 아닌, 이미 동아시아 세계에 동화된 고유한 학문의 가치와 지위를 갖는다. 오늘날 서양의 대학도 일본, 중국, 혹은 한국학을 통하여 동아시아의 역사와 인간 그리고 사회와 사상을 취급한다. 철학이 인류의 보편적 지식을 구하는 것이라면, 동서양 세계인들은 철학을 통하여 하나가 되고 하나의 교양세계를 열어갈 수 있다. 철학이란 하늘에서 갑자기 떨어진 학문도 아니고 땅에서 솟구친 학문도 아니다. 철학은 수세기에 걸쳐서 가장 일반적으로 타당하다고 여겨지는 진리체계로서 모든 인간에게 널리 분배되어 있는 양식(bon sens)과도 같다.9)

근대 이래의 일목요연한 철학사는 영국 경험론의 승리이거나 대륙의 합리론의 종합에 의한 이론의 재구성을 철학의 중요한 과제의 하나로 여겨왔다. 이러한 관점에는 "철학사가 철학이다."라는 헤겔 방식의 시각이 크게 강조되거나 로크(J. Locke)의 감각주의나 흄(D. Hume)의 회의주의가 중요하다는 철학의 이해가 큰 역할을 하고 있다. 철학사의 이러한 이분법적 접근법에는 라이프니츠의 고유한 세계철학에 대한 이해지평이 묻혀버리기 일쑤이

---

9) R. Descartes, *Discours de la méthode*, übersetzt u. hrsg. v. L. Gaebe, Hamburg, 1990, SS.3-4.

며, 라이프니츠의 동서비교철학 영역의 철학활동을 제대로 이해하는 데 장애가 되었다. 물론 독일의 칸트, 헤겔 철학이나 프랑스의 볼테르(Voltaire), 멘 드 비랑(M. de Biran)의 철학, 혹은 영국의 로크, 흄의 철학이 중요하지 않다는 뜻이 아니다. 철학은 철학하는 자의 시각의 몫이 크다. 라이프니츠, 프레게, 비트겐슈타인(L. Wittgenstein)에 이르는 철학적 전통에는 동서세계를 바라보는 18-19세기 철학사적 이해와 입장과는 확연하게 다른 관점들이 발견된다. 18-19세기의 헤겔 그리고 마르크스는 유럽중심주의와 유럽우월주의 입장에서 자연스럽게 철학한 철학자들이다. 프레게나 비트겐슈타인은 비록 서양철학의 전통에 충실하였지만, 그러한 우월의식을 바탕으로 철학한 철학자들은 아니었다. 서양철학자들에게는 은연중에 유럽중심의 우월주의의 전통에 있었거나 혹은 동서양을 동등한 대화상대자로 받아들였던 동등주의 입장에 서 있었거나 하는 차이가 있어 왔다. 전자는 프랑스의 자존심과 자랑을 바탕으로 근대 유럽정신을 배타적이고 유럽중심적인 방향을 이끌어간 데카르트 철학의 흐름을 쫓아가고, 후자는 서양중심적인 배타적 사유방식을 지양하여 근대 유럽정신에 조화(調和)와 상생(相生)의 철학을 불러일으킨 근대 합리론의 마지막 완성자인 라이프니츠를 따랐다. 오늘날 관점에서는 이 양자의 흐름 모두가 중요하며 누구에게나 철학적 입장을 표방하는 진영에 따라 쉽게 이해될 수 있다.

근대의 합리론은 모든 인류에게 공통으로 전제될 수 있는 양식을 여역적으로 요청하면서 특별히 인간(人間)과 자연(自然)과 신(神)을 탐구하였다. 자연과 인간과 신은 곧 참되게 존재하는 실체로서 철학의 사유의 대상이다. 여기서 서양철학에서 말하는 인간(Homo)이라는 개념은 전통적인 동양사상에서 말하는 인(人)과는 다르다. 서양철학은 인간을 언제나 합리적 동물(Rationale animal) 혹은 합리적인 존재자로 파악하였다. 인간이라고 하면 추상적이든 구체적이든 어느 누군가의 그 사람이라는 개인(個人, Individuum)을 의미한다. 서양언어에는 정관사와 부정관사의 구분으로 특정한 누구를 지칭하는 언어구조가 잘 발달해 있는 것도 이러한 의미체계를 더욱 잘 말해 준다. 반면에 동양의 철학자나 학자는 인(人)을 말 그대로 하늘(天)과 땅(地)과 더불어 있는 '사이(間)'의 존재자로서 여겼다. 그렇기 때문에 동양에서의 인은 서양적인 의미의 개인이 아니라 전체와 더불어 공존하는 전체의 일부인 것이다. 그렇기 때문에 구체적으로 사람을 지칭할 때에는 전체에서 분리하기보다는 누구누구와의 관계에서 사람을 더 잘 파악하며 사람 자신도 자기 자신을 관계적 존재로만 의식한다. 서양철학자는 인간을 자연과 분리하며 동시에 초월적인 본질인 신과 직통(直通)하는 개인적 존재자로 여겨왔다. 그렇기 때문에 서양에서는 인간을 신의 활동에 참여하고 가담하는 존재자로 규정한다. 중세 이래로 서양에서는 인간을 일상생활이나 명상생활 그리고 전 생애를 통하여 항상 신과 교통하며 살아간다고 보아왔다. 서양문명에는 신에 대한 명상과 사유의 흔적이 모든 학문과 삶의 실천적 영역에 깊이 각인되어 있다. 동양의 군자(君子)의 안목에서 보자면 서양인은 신으로부터 거의 구분되지 않을 정도로 가깝게 있다. 이 세계에 참되게 존재하는 대상으로서 인간이 자연을 신과 더불어 통제하고 장악하고 지배하기 시작한다고 간주하는 것도 서양인과 신과의 관계적 사유 활동 때문이다. 니체가 "신은 죽었다."고 외치기 전까지는 서양인의 말 속에서나 행동 속에서도 신은 떠나지 않았다.

새로운 근대 동서세계의 인간이해의 관점에서 근대철학의 비조인 데카르트 철학을 보자면, 그의 '사유하는 나'의 철학이 반드시 그리스에서 중세를 거쳐서 근대까지 끊이지 않고 전승되어 간 진리일 필요는 없다. 그리스 철학이 아테네를 중심으로 하는 그리스의 자유시민의 교양을 바탕으로 발전하였던 지식체계를 의미하였다면, 근대철학은 오늘날 프랑스 파리나 영국의 런던 시민의 문화생활과 의식수준이면 도달할 수 있는 교양(敎養)지식체계의 표본에 해당된다.

18세기의 계몽시대를 거쳐 20세기에 이르는 기간에 유럽은 동양을 물질문명에서 훨씬 앞질러 나갔다. 그렇기 때문에, 유럽은 동아시아 물질문명세계에 대하여 상대적인 비교우위를 취하였다. 또한 동양의 정신세계와 문화세계를 유럽의 정신문명과 물질문명에 비하여 한 단계 낮추어 평가하였다. 이러한 시각을 뚜렷하게 반영하는 대표적인 서양의 철학자로는 18-19세기의 헤겔 혹은 마르크스의 경우를 들 수 있다. 오늘날도 헤겔과 마르크스 철학에는 한때 세계를 장악한 이러한 철학정신과 세계관이 잘 살아 숨쉬고 있다. 그러한 철학에는 유럽 이외의 문명세계가 유럽과 어깨를 나란히 할 여지가 별로 없다.

17세기 서양철학사에서는 근대 동서존재론의 근본토대를 올바로 정립할 수 있는 계기가 있었다. 17세기 이전의 근대 동서존재론의 사유의 근본구조는 정신과 물질, 그리고 이(理)와 기(氣)에서 쌓아지고 있었다. 여기서 동서양철학이 공통으로 발전할 수 있었던 사유지반이 존재하고 있었다. 각 사유구조에서 지식대상을 유형과 무형으로 구분하는 친에서 전지는 물리학, 후자는 형이상학의 영역에 속해 있었다. 동서존재론의 각 사유구조에서의 공통된 사유지반은 이진법과 역의 음양이다. 물질과 정신, 이와 기 그리고 이진법의 수로서 0과 1, 역의 음과 양 원칙, 즉 근원,

시원, 처음, 단초에 있어서 모두 구조적으로 동일하다. 하나의 영역에서 다른 영역으로 변환될 수 있으며, 다른 언어로 기술되고 해명되고 있더라도 그 존재론적인 토대는 구조적으로 다르지 않다. 동서세계인은 서로 다른 지리적인 경계에 살고 있을지라도 그들의 정신세계의 철학활동의 사유구조와 대상은 다르지 않다.

서양철학의 몸과 마음, 정신과 물질의 영역은 성리학 일반에서 이기(理氣)개념과 구조적인 대응이 동일하다. 라이프니츠의 이진법과 역은 수리적으로 상응하고 있다. 사유와 연장, 정신과 물질, 마음과 몸, 영혼과 육체 등으로 대응되는 물질문명과 정신문명과의 관계 역시 중요한 서양 근대 동서비교철학의 탐구대상이다. 데카르트 철학의 원리는 이 양자를 분리하였고 스피노자는 하나로 묶었을 때, 라이프니츠는 분리를 인정하면서도 하나로 묶었다. 조선에 정착된 이기일원론(理氣一元論)과 이기이원론(理氣二元論)의 논쟁도 서양 근대철학의 개념 짝의 관계와 구조적으로 유사하게 진행되었다. 조선의 유학자들은 이와 기 양자가 상잡(相雜)인가, 불상잡(不相雜)인가의 문제제기를 통하여 본체론적으로 일원론(Monism)으로 보느냐, 이원론(Dualism)으로 보느냐의 문제제기를 하였다. 서양 근대 초기의 물질과 정신의 문제가 성리학의 이와 기의 일원론과 이원론의 논쟁양상과 닮아 있는 것은 철학의 근본문제로서 동서존재론의 기본사유구조가 유사하였기 때문이다. 오늘날 물질문명과 정신문명과의 갈등 역시 동양의 이기일(이)원론과 라이프니츠의 몸과 마음의 예정조화이론에서 그 해법과 대안이 있다. 동서존재론의 기초와 근거를 다지는 작업이 비교철학적 관점에서 고찰되어야 할 이유가 바로 여기에 있다.

니체가 절규한 '신이 죽은' 시대에 하이데거가 진단한 대로 컴퓨터 및 과학기술의 발달로 사유의 종말이 왔다고 한다. 하지만 역설적으로 21세기로 접어들면서 컴퓨터의 등장으로 철학함에서 새로운 사유법이 시작되었다. 컴퓨터를 중심으로 하는 디지털 문명의 뿌리가 이진법에 있고 역도 이진법의 수리적 토대에 있다. 그러므로 새로운 사유법의 진원지는 바로 이 양자의 일치에 근거가 있다. 근대 이래의 동서존재론의 새로운 사유의 근원은 라이프니츠의 이진법과 역의 관계 규명에 그 해답이 있다. 이것은 오늘의 철학자가 컴퓨터 프로그램을 만들고 개발하는 기술을 배우고 익혀야 한다는 뜻이 아니다. 오늘날 철학은 많은 사유의 과제를 컴퓨터에 위탁함으로써, 더욱 편리하게 올바로 안전하게 그리고 합리적으로 생각할 기회를 갖는다. 오늘날은 동서를 가르는 사유의 마지막 울타리까지도 사라졌고 희한하게도 더 이상의 사유의 지역적 고유성은 없어졌다. 이러한 사유의 변화를 이끌어낸 컴퓨터 수학의 토대가 되어 있는 이진법은 철학자 라이프니츠가 체계적으로 발전시켰다.

라이프니츠는 디지털 정보시대를 열어간 최초의 철학자이다. 라이프니츠는 모든 철학의 문제가 이진법에 의한 컴퓨터 사유방식에 따라 해결될 것이라는 기대를 동시대의 철학자들과의 편지교류를 통하여 암시하고 있었다. 하지만 지금까지 많은 철학사들은 17세기 말 18세기 초 라이프니츠의 이진법과 동양의 역의 수리구조의 동일성 논의의 동서철학사적 의의를 올바로 그리고 제대로 평가하지 못하고 간과하였다. 라이프니츠의 이진법과 주역의 수리적 구성과 구조적 일치에 관한 연구는 이미 근대 이래로 서양학문에 묻혀 잊혀져 오던 시인이있다. 라이프니츠를 진혀 모르고도 이진법을 논리계산에 도입하여 불의 대수를 만들어낸 불(G. Boole)이나, 라이프니츠를 깊이 알면서 논리학의 역사에 가장 획기적인 개념서의 방법을 고안한 프레게(G. Frege)에 이르기까지, 라이프니츠의 이진법과 역의 수리적 일치의 철학적 함축의 의의는 해석되지 않고 전래되어 온 덮인 진리였다. 18-19세기 서양철학사가 보여주듯이 근대 이래의 유럽중심주의 주류철학이 라이프니츠의 이진법과 역의 동일성에 관한 논의의 시야를 가렸기 때문이다.

이진법 논리학 이론과 고대 중국의 복희씨(伏犧氏)가 고안하여 발전된 주역의 이가 논리학 체계가 체계적으로 일치된다는 생각이 1700년에 등장하였다. 라이프니츠는 복희씨야말로 인류의 정보사회의 출현을 예고한 선구자라고 평가하였다.10) 이로써 서양철학사에는 보아 왔던 두 가지 유명한 전제가 무너지게 되었다. 하나는 곧 철학의 출발이 자연의 신비에 대한 경이에서 출발하였다는 설이고, 다른 하나는 자연의 놀라움을 처음으로 파헤친 인물인 탈레스를 철학의 비조로 꼽았다는 가설이다. 탈레스가 서양 최초의 철학자라는 사실이 중요한 것이 아니라, 라이프니츠에게는 복희씨가 이진 가치체계를 최초로 발견한 원조라는 점이 더 놀라운 사실이었다. 여기서 동서비교철학사에서 가장 흥미를 끄는 사건이 발생한다. 인류 최초로 이진법의 수학을 구사하고 고대문명을 지배한 군주철학자가 팔괘를 만든 복희씨였다는 점이다. 라이프니츠가 복희씨를 이진법의 원조로 평가한 사실로부터,

---

10) G. W. Leibniz, *Zwei Briefe über das binäre Zahlensystem und die chinesische Philosophie*, Aus dem Urtext neu ediert, übersetzt und kommentiert von R. Loosen & F. Vonessen, mit einem Nachwort von J. Gebser, Belser-Press MCMLXVIII. 1968년에 편집한 이 책에서 포네센(F. Vonessen)은 라이프니츠가 중국문명의 창시자 복희씨의 이진계산 체계는 순전한 자연신학의 빛에서 찾아낸 기독교의 우주창조의 원상과 일치한다는 점을 처음으로 발견한 철학자임을 주목한다. 전설적인 철학자 복희씨의 고대 중국의 지혜나 참된 기독교의 진리는 곧 라이프니츠의 계산에서 통했다는 것이다.

32

철학의 출발이 탈레스에서가 아닌 복희씨에서 출발할 수도 있다는 동서철학사적인 가설이 시사된다. 동서양의 공통된 존재론의 논리의 지반과 비교철학적 근거가 여기에 있다. 라이프니츠는 지금까지의 학문, 특히 수학의 발전에서 자신의 수학이 장차 인류문명에 근본적 변화를 가져다줄 것을 예감하고 있었다. 하지만 인류의 오랜 지혜는 고대세계의 복희씨와 같은 어느 누군가에 의하여 발견할 수도 있었다는 점도 배제하지는 않았다. 그래서 라이프니츠는 당시 청나라 학자들은 인류의 오랜 지혜를 방치하여 두었고 자신들의 학문을 체계적으로 발전시키는 방법을 모르고 있었다고 질책하였다. 근대 동서문명의 발달에 차이가 벌어진 이유가 무지와 나태에 있었던 것이다.

현대 컴퓨터가 만들어지는 것은 19세기 말 불에 의한 논리학의 대수화(Boolean Algebra), 프레게의 산술화(Arithmetization)를 거쳐 20세기 초의 튜링(A. Turing), 폰 노이만(Von Neumann)의 게임이론 등에서 구체화되었다. 현대 컴퓨터는 여러 천재적 인물들의 노력의 성과와 미국의 유수한 공대의 수학자들과 공학 엔지니어가 합작하여 만든 공동작품이었다.[11] 하지만 이들이 창안한 수리체계의 모델의 원형적인 뿌리가 복희씨에게 있는 한 동아시아 세계인들에게도 그 지적인 전통이 있다. 근대 컴퓨터의 원형적인 모델은 라이프니츠가 1676년에 처음 만들었다. 하지만 동아시아 세계인은 과연 우리에게도 서양의 탁월한 이론전통에 버금가는 전통적인 지적 토대가 있는지 없는지조차도 인식하지 못하였다. 동아시아 세계인의 과학기술은 17-18세기 이래 그냥 서양의 과학기술문명을 따라가고 답습하기만 하였다. 서양인이 생각하고 만

---

11) M. David, *The Universal Computer, The Road from Leibniz to Turing*, New York/London, 2000, p.175.

들어낸 작품이면 신적이고, 동양인이 생각하고 만든 작품이면 조잡하고 복사에 가깝다는 편견이 만연하였다. 동양이 서양에 대한 이러한 정신적 열등감을 극복하기 위해서라도 근대 동서존재론에는 동서양이 공통으로 발전할 수 있는 사상적, 정신적 기반이 있다는 점을 밝히는 일이 중요하다.

철학자가 사유만을 통하여 고귀하고 원대한 세계를 생각해 내는 일을 하였다면, 라이프니츠는 철학자이면서도 자연과학자, 수학자, 법학자, 외교관, 엔지니어 등의 일을 하였다. 이론 뒤에는 항상 실천(Theoria cum pxaxi)이 뒤따라야 구체적인 삶과 세계에서 의미를 갖는다. 라이프니츠는 이론과 실천을 중요시하였다. 근대 이래 유럽철학이 새로운 아메리카 대륙에 이식되면서 북미 대륙의 사람들이 실용주의 이론을 제안하였다면, 라이프니츠야말로 실용주의 철학의 선구자였다. 라이프니츠가 품고 나가려 하였던 근대 동서세계의 지향성은 18세기 초에 벌였던 뉴턴 역학과 자신의 동역학체계와의 이론경쟁에서 첨예화되었다. 뉴턴 역학은 18세기에서 19세기를 이르는 기간까지 화려하게 승리하였다. 반면에 라이프니츠의 동역학체계는 잠깐이나마 표면적으로 뉴턴의 고전역학체계 아래로 잠수하였다. 라이프니츠 철학이 부활한 것은 19세기 말 뉴턴(I. Newton)의 고전역학이 퇴조하고 아인슈타인(A. Einstein)의 상대성 이론이 등장하던 시기이다. 라이프니츠의 관계적이고 상대적인 물리학의 개념은 아인슈타인과 더불어 다시 살아났다. 라이프니츠는 17세기 당대에 플라톤, 아리스토텔레스 철학 그리고 초기 교부철학과 스콜라 철학의 중세를 거치면서 근대에 이르기까지 유럽철학의 토양을 전면적으로 수용하였지만 전통을 개혁하였다.

라이프니츠는 근대철학의 전통을 거부하고 단순히 유럽철학의 전통에만 안주하지 않고 근대 이래의 근대 동서존재론에서 새로운 철학을 지향하였다. 그는 유럽철학의 범위 안에서만 철학한 것이 아니라, 유럽을 넘어서 시베리아의 러시아와 중국까지를 아우르는 보편적 사유법을 지향하였다. 라이프니츠만이 서양철학의 전 역사를 통틀어 동아시아 세계를 올바로 보았고 동서사유의 대화를 시도하였고 잊고 지내온 고대 동아시아 정신세계의 보물을 평가하여 유럽의 지성인의 편견을 바로잡았다. 계몽시대를 거쳐 19세기 중엽까지를 포함하여 서양 근대철학사 전통에서 거의 200년 동안 라이프니츠의 철학정신은 잊혀져 왔지만, 19세기 말 20세기 초에 이르는 현대에 다시 깨어났다. 라이프니츠는 17세기에 유일무이(唯一無二)한 동서비교철학자이자, 전대미문(前代未聞)의 새로운 세계철학의 지평을 열어나간 동서비교철학의 비조(鼻祖)였다.

3. 문명이동과 전망주의

오늘날 여행철학의 개념을 따르자면 여행하는 자는 여행을 통하여 과거의 철학자가 생활하고 활동하였던 유적지를 보고 관람하고 돌아봄으로써 당대의 철학을 추후 체험할 수 있다. 여행자는 이미 있었던 철학자의 고장과 철학자의 흔적 위에서 사진 한 장쯤 찍음으로써 세계철학사에 한 줄의 개인의 스토리를 더 보탤 수도 있다. 여행철학이 이동을 전제로 성립하는 것처럼 유럽철학 은 문명의 이동으로 발전하였다. 유럽문명은 지중해 세계가 몰락하면서 북유럽으로 올라갔고 나중에는 대서양을 낀 북미 대륙, 그리고 남미로 이동하였다.12) 그런데 여행을 떠났다가 다시 고향이나 혹은 출발지로 다시 돌아올 수 있지만, 인류문명은 여행과는 달리 국지적으로 발상지로 회귀하지 않는다. 유럽문명은 에게해를 중심으로 그리스 아테네에서 시작되어 점차로 지중해 지역으로 옮겨갔지만 서양철학은 아테네로 돌아가지 않았다.

유럽문명은 매우 이동성이 강했으나 동양문명은 정착성이 강했다. 동양문명은 이동성은 약했지만 중심에서 변방으로 확장되는 특성을 지녔다. 동양문명은 농경문화에 뿌리를 두고 항상 같은 장소의 중심에 머물면서 정체성을 강화하여 왔다. 고대 중국의 양자강과 황하 유역에서 일어난 동양문명은 동아시아 전역의 주변국가로 확장되어 나갔다. 동양철학자들은 동아시아 세계 안에서 사유전통을 세웠고 철학적 세계를 형성하며 살아왔다. 오늘날 대부분 서양문명권의 범위에 놓인 라틴아메리카나 북미 대륙의 원래 문명은 고대 동아시아 문명에서 이동한 것이었다. 이들의 고대 문명세계는 서양문명과의 충격에서 더 이상 잔존하지 못하고 인류문화의 영역에서 자취를 감추었다. 반면에 동아시아 문명세계는 서양문명과 맞서서 넘어지지 않을 저력과 넓고 깊은 통일된 사유형태가 있었다. 동아시아 문명세계 역시 결코 불변으로 완전하지 않았다. 그러나 동아시아 세계의 전통적인 사유형태나 가치관에는 인류의 정신사에서 쉽게 사라지지 않을 보편적인 요소가 많다. 그러므로 서양의 이동성 문명과 동양의 정체성 문명이 만나서 새로운 동서양 문명세계로 발전하는 길은 융합과 조화에 있지 분리와 개별성에 있지 않을 것이다.

철학의 목표는 어느 곳, 어느 누구에게서라도 보편타당하게 적용되고 통용되는 지식체계에 도달하는 것이다. 그래서 철학은 동서문명의 이동과정에도 이 세계의 어느 곳, 어느 누구와도 상통

---

12) 최영진, 『동양과 서양 두 세계의 사상 문화적 거리』, 지식산업사, 2000, 37-41쪽.

하며 세계이해의 보편성을 갖는 지식체계로 거듭난다.

지금까지 철학자들은 자신이 사는 위치에 따라 자신의 철학을 동양철학, 혹은 서양철학이라고 표시하였다. 서양철학자 소크라테스도 여러 번 전쟁에 참여한 일을 제외하고는 아테네를 떠난 적이 없었고 동양의 공자(孔子)도 중국을 두루 여행하면서 배우고 익혔으나 중국을 떠난 적이 없었다. 대부분 서양철학자들도 시간적으로는 고대 그리스로 거슬러 올라가 중세를 거쳐 근대에 이르기까지 서양이라는 울타리에서 철학하였다. 그렇기 때문에 과거의 철학자는 자신의 활동영역에 시간과 공간을 절대적인 요소로 보아왔다.

하지만 철학자는 지구상의 세계시민(世界市民)이다. 철학자에게 동서(東西)는 어디 있느냐 하는 질문은 우문(愚問)이다. 동서 문명을 막론하고 철학자는 단지 오른손과 왼손만으로도 동서를 가리킬 수 있기 때문이다. 누구라도 아침이 되면 해가 뜨는 장소에 따라서도 방향을 쉽게 안다. 철학자는 서양이 어디인지, 동양이 어디인지 가리킬 수 있다. 어디가 동서인지를 분명하게 지시할 수 있었음에도 불구하고, 근대 동서문명의 이동에서 만나고 충돌한 과거 근대 이래의 세계역사는 거의 서양인에 의한 세계지배나 진배없는 상황이었다. 서양의 여러 국가들은 세계 도처에 식민지를 갖고 있었기 때문에 지배국가로서 피지배민족과 많은 문화적, 정치적, 경제적 교류를 하였고 따라서 많은 거주민의 이동이 있어 왔다. 오늘날 세계의 런던, 프랑크푸르트, 파리, 뉴욕 등의 대도시에는 어김없이 해가 뜨고, 세계 각국의 인종시장이라 할 만큼 다양한 민족의 사람들이 어울려 살고 있다. 이것은 바로 이러한 문명이동의 결과의 소치이다. 특히 서양의 대도시에는 많은 흑인들이 백인들과 어울려 사는데, 이들이 서로 만나면 처음

주고받는 이야기가 "어디서 왔느냐?"는 것이다. 인생의 근본문제가 어디서 왔고 어디로 가느냐는 질문이듯이, 자신이 온 곳은 자신의 태생과 삶의 근거가 있던 나라이다. 프랑스 국민처럼 문화적으로 자존심이 있고 우월한 민족감정이 있는 나라 사람일수록 자신이 몸담는 나라가 중심이고 다른 나라는 변방으로 취급한다. 서양문명권에 살아가는 사람들의 이동성에 비추어 동양문명권에 살아가는 사람들의 정서에서도 동일한 '어디서 왔음'에 대한 물음이 끊이질 않는다. 사람들은 어릴 적에 "너는 어디서 왔느냐?"는 물음에 동구 밖이나 마을 다리(橋) 밑에서 주워 왔다는 설명을 들으면서 커왔다. 누구나 어른이 되어서도 자신이 온 곳과 세계의 기원에 관한 물음은 숙명적인 존재론적인 문제이다. 하지만 동서양을 막론하고 동서세계인은 자신이 나온 장소에 대한 절대적 신앙으로 철학활동을 할 필요는 없으며 그러한 장소는 더 이상 존재할 수 없다. 인간이 살아가고 죽는 곳은 그 자체로 일회성만으로도 충분하기 때문이다. 철학은 자신이 딛고 살아가는 땅위에서의 자생(自生)과 자력(自力)과 자족(自足)을 추구한다.

20세기에는 유럽의 많은 철학자들이 북미 대륙으로 이주하면서 현상학이나 헤겔 철학이나 마르크스 유물론을 국제화한 적은 있다. 마르크스와 마르크스주의자들은 "만국의 노동자들이여, 연합하라!"라는 구호를 외쳤다. 이 이론의 이면에는 철학은 공간적 제약을 벗어나고 있다는 강력한 메시지를 담고 있다. 철학은 장소의 제약을 넘어서며, 오늘날 인류의 모든 학문과 마찬가지로 지식의 국지성을 넘어서 세계화되는 성격을 갖는다. 철학 활동이 본래 생겨난 하나의 장소에서 다른 장소로 옮아가면서 국제화하고 보편화하는 것은 철학의 고유한 성격이다. 그렇기 때문에 오늘날 철학자에게 동서양은 지리적 지명 이외에는 더 이상 별다른 의미를 줄 수 없다. 오늘날 프랑스에서 명성을 얻은 철학자들 가운데는 과거 프랑스의 식민지 시대의 사람들이 많다. 이런 사실도 철학함이 장소와 무관하고 오히려 사람과 관련된다는 예이다. 제1, 2차 세계대전은 수많은 유럽의 지성인들을 북미 대륙으로 끌어들였다. 이때 유럽의 많은 사람들이 미국으로 이주하면서 오늘날 미국철학계의 발전에 핵심적인 기여를 한 점도 일례이다.

동양문명은 서양문명처럼 이동성에 적합하게 길들여져 있지 않은 문명이다. 동양문명 속에서 정착된 정체성과 회귀성에 익숙해 온 동아시아 세계인에게 도대체 철학의 의미란 무엇일까? 우리는 이 의미를 내일 '태양이 뜬다'와 '태양이 진다'라는 문장의 의미의 분석을 통하여 찾아내고자 한다. 누구나 하루의 일상세계를 경험함에 있어서 내일 '태양이 떠오른다'와 '태양이 진다'라는 동일한 현상에 대한 명제의 진리근거를 갖는다. 해가 떴으면 동쪽이 있는 것이고 지면 서쪽이 있는 것이다. 나아가 해가 뜨고 지는 수평선의 각이 180도라는 사실은 구체적으로 재고 매일 매번 확인하지 않고서도 우리에게 자연스럽게 주어진 진리이다. 근대철학자들은 이러한 사실의 진리를 얻기 위하여 기하학적인 방법(more geometrico)을 사용하였다. 기하학적 방법을 따른다면 지구상의 어느 곳이라도 찾아 나설 수 있고 직립 보행하는 인간에게는 손발만으로 못 갈 곳이 없다. 이러한 평범한 신념처럼 오늘날 수천만 명의 아프리카인들은 그들이 살던 아프리카 땅을 떠나 북미 대륙에 이주하여 살고 있다. 어떻게 해서 그들이 그렇게 이주하여 살게 되었는지 그 이유는 역사적 설명이 있어야 할 것이다. 사사건건 캐묻지 않아도 분명한 것은 근대 이후에 이러한 문명 간의 대이동 사태가 발생하였다는 점이다. 오늘날 자연과학도들도 지구상의 자신이 처한 위치와는 무관하게 진리를 추구한다.

어디에 있든지 태양은 떠오르기 때문에 태양이 떠오르는 것을 아는 교양지식은 어느 나라, 어느 대학에서나 학생들이 몰리는 곳에서는 보편적이고 공평하게 분배되어 있다.13) 남극에서 혹은 북극에서 자연현상을 관찰하든, 이를 아는 자에게 중요한 것은 경험적 데이터이며 관찰하는 자의 이론축적(理論蓄積, theory loaden)이다.

라이프니츠 역시 '태양'의 '등고 등락(登高 登落)'에 관한 사실의 진리에서 코페르니쿠스 추종자들의 논의를 빌려왔다.14) 당시 유럽의 코페르니쿠스 추종자들은 '태양이 떠오른다' 그리고 '태양이 진다'라는 사실의 진술에 대한 진리근거를 찾았다. 그러나 엄격하게 이러한 진술의 배경은 인식론적 문제가 아니라 존재론적인 진리요구에 있다. 진정으로 철학자들이 말하는 태양의 '등고 등락'에 관한 진술의 진위를 확보하려면, 관측하는 자는 각자 자신들의 위치가 동서 혹은 남북 어디에 있든지 상관이 없다. 중요한 것은 자신들이 바라보는 대상은 모두가 하나의 동일한 대상을 이룬다는 존재론적 함의(Ontological commitment)이다. 태양은 아랍인도 유럽인도 아프리카인도 아시아인의 것도 아닌 인류 공통의 것이다. 인류는 태양을 연구하고 미래의 태양에 대한 어떠한 생각을 하고 있더라도 공통이면서 동시에 공평하게 이러한 존

---

13) R. Descartes, *Le Monde ou Traité de la Lumière, Die Welt oder Abhandlung über das Licht*, übersetzt und mit einem Nachwort versehen von G. Matthias Tripp, Acta Humaniora, 1989, SS.13-23. 데카르트는 빛이 있는 세계는 빛을 내는 별들에 따스함이 있어서 물체들 간에 운동이 생겨남을 설명한다. 태양중심설을 은근히 감추고 논의하기는 하지만, 행성운동이 하루(日)와 달(月)과 연(年)을 주기로 만들어간다고 확신하고 있다.

14) 라이프니츠, 『형이상학론』, §27.

재론적인 함의를 할 수 있다.

라이프니츠는『형이상학론』§9에서 우주의 한 현상이 동일하게 주어지는 경우, 하나의 동일한 도시는 여러 관측자들에게 모두 동일한 대상으로 비추어지며, 세계에서의 모든 사건은 우리가 재차 조우하여 바라보고 바라보여질 수 있는 것의 전망에 불과하다는 전망주의를 제안하였다.[15] 이 전망주의 안에서 우리는 하나의 동일한 대상에 대한 동서세계의 현상주의 형이상학의 근거를 발견한다. 지구상의 어떤 위치에서도 관찰이 가능한 이 전망주의는 어느 누구에게도 타당한 동서존재론의 기원을 해명하는 주요한 전략적 개념이다. '태양이 떠오른다'를 베를린에서 관찰하였다면, 이 진술은 서울의 경복궁에서도 혹은 런던의 타워브리지에서도, 북경의 자금성에서도 혹은 파리의 베르사유 궁전에서도 동일한 관찰에 의하여 참이 되어야 한다.

전망주의에 따르자면, 중국어 또는 한국어로 말하든, 독일어나 불어 또는 영어로 말하든, 저마다의 언어를 사용하는 누구나 '태양이 떠오른다'는 진술과 사실의 일치를 '예'와 '아니오'로 답변할 권리근거를 가질 수 있다. 달나라에 가면 정말로 토끼가 절구 방아를 찧는 모습을 볼 수 있느냐는 질문에도, 동일하게 달나라로 여행하여 실제로 그러한지 아니한지를 '예', '아니오'로 대답할 수 있다. 여러 언어로 질문하고 답변하더라도 동일한 사태에 대한 의사소통이 가능한 이유는 인류에 보편적인 언어가 전제되기 때문이다. 라이프니츠는 전망주의를 존재론적으로 가능하게 하기 위하여, 각 민족 간에 서로 소통할 수 있는 보편언어를 제안

---

15) 라이프니츠,『형이상학론』, §12. 우리들이 마주치고 조우하는 모든 현상들은, 우리 자신의 본래적 존재의 귀결 이외에는 아무것도 아니라는 이론을 일컬어 라이프니츠의 전망주의(Perspective view)라고 한다.

하였다. 모든 인간은 이 보편언어를 통하여 자연과 세계에 연결된다. 라이프니츠의 보편언어의 이념은 현대의 의미론(Semantics)의 형성과 현대 컴퓨터 의미론의 발전에도 많은 영향을 주었다.

현대 의미론을 창시한 타르스키(A. Tarski)도 이 문제에 직면하여 누구나 사물과 소통하기 위한 대상언어(Object language)와 이러한 대상언어에 대한 메타언어(Meta language)를 구분하였다. 예를 들어 거리에 비가 온다면, '비가 온다'는 대상언어이고, "'비가 온다'가 맞다." 혹은 "'비가 온다'가 맞지 않다."가 메타언어가 된다. 메타언어는 대상언어보다 한 단계 위에 있도록 설정된 타르스키의 대상언어와 메타언어의 구분은 라이프니츠가 생각하였던 전망주의에 대한 보편언어의 이념이 전제되지 않으면 성립할 수 없는 것이었다. 다만 타르스키는 '비가 온다'는 사실에 대하여 각국 언어로 소통하는 각 대상언어에 대하여 말하는 메타언어는 단순한 언어로는 의미를 확정하기 어렵기 때문에 기호(記號)를 사용하였다. 기호가 이상적인 보편언어[16]로 대치될 수 있다고 보는 이 진리이론에 따르자면, 오늘날 세계 어느 곳에서 여러 가지 자연현상을 만나고 이를 각국의 언어로 표현하더라도, 이에 대한 사태와 표현된 언어 사이의 일치에 따른 기호의 매개로 참과 거짓의 관념을 얻을 수 있다. '비가 온다', '굉장한 굉음이 울렸다' 등등. 여기에는 사실이나 사태와 언어적 표현과 그리고 사물 자신의 세계와 일치가 기호로 매개된다. 일상의 사회생활에서도 '안녕하십니까?' 혹은 '반갑습니다'와 같이 언어적 표현

---

16) 17세기에 인류의 보편언어를 찾던 학자들은 중국어가 마치 기호와 같기 때문에 이러한 보편언어라고 생각하기까지도 하였다. 실제로 상형문자(象形文字)는 그러한 의미를 전달하는 보편기호로서의 기능을 갖고 있다. 그렇기 때문에 이들 학자들의 생각은 당시 유럽에 광범위하게 퍼져 있던 견해이기도 하였다.

에도 사실이나 사태와 사물 자체로서의 세계 사이의 대응이 있다.

현대철학자 비트겐슈타인은 자연현상의 사태이든, 사회현상의 사태이든 표현되는 언명의 본질은 그림이라고 하였다. 보고 경험한 현상에 대하여 표현하는 진술의 본질은 곧 사진 혹은 그림에 토대를 둔다. 그림만 가지고는 유의미한 의미의 실제세계와의 연결은 없다. 하지만 생각하는 마음과 행동하고 실천하는 몸이 있는 곳의 명제적 사태에는 '논리적 그림'이 있다.17) 누구나 생각으로만 현실의 그림에 도달할 수는 없기 때문이다. '세계가 이러저러하다'는 사실의 존재세계와 '세계는 이러저러하여야 한다'는 당위세계가 구분되는 것처럼, 생각하고 도달하려는 당위의 세계가 곧장 현실 존재의 세계는 아니다. 몸과 마음의 관계처럼 인식론적 요구와 존재론적 요구는 서로 다른 차원에 있기 때문이다.18)

비트겐슈타인에 따르면 하나의 명제에는 '날씨'와 '날씨 사태'와 같이 연장과 내포에 따른 의미기준을 세울 수 있다.19) 우리의 몸이 도달한 연장의 현실에도 마음이 품고 있는 내포의 현실이 있고, '날씨'에 대하여는 알더라도 '날씨'가 갖는 세계의 사태에 관하여서는 모를 수 있다. 비트겐슈타인이 언급한 '논리적 그림'과 같은 기능을 수행하는 시각에는20) 여러 가지 다양한 대상들을

---

17) 비트겐슈타인의 그림이론의 직접적 배경은 프레게의 샛별과 저녁별의 존재론에 의하여 근거가 주어졌고, 프레게의 존재론은 곧장 라이프니츠의 동일한 것의 분간할 수 없는 대상에 대한 '진리교환법칙(salva veritate)'에 그 전거를 갖는다.

18) L. Wittgenstein, 『논리철학논고』, 4.016.

19) L. Wittgenstein, 『논리철학논고』, 4.461. "예를 들어, 만약 내가 비가 오거나 혹은 오지 않는다는 것을 안다면, 나는 날씨에 대하여 모른다."

20) 서울 지하철역의 승객들이나 노숙자(露宿者)들에게도 '내일 태양의 등고 등락'은 어김없이 찾아온다. 내일 태양이 떠오르는지 아닌지는 노숙(老熟)한 영국 신사(紳士)의 경험론의 지론에 따른다면, '경험'에 의존

사유하는 내적인 심리학적인 관계의 주어로서 라이프니츠의 '나'의 전망주의(Perspective view)가 있다. '나'는 철학적 문제 앞에서 자기해결능력을 갖는 행위와 사고의 주체로 세계에 대한 자신만의 전망을 갖는다. 비트겐슈타인의 입장에서 보자면, 라이프니츠의 '나'의 세계에 대한 전망이 도달하는 곳은 그림(Picture)이었다. 사유의 주어인 '나'가 세계에 연결되는 유일한 길은 그림이다. 그렇기 때문에 인류의 지성에 공통으로 전제되는 보편언어란 곧장 그림 혹은 사진과도 다르지 않다. 현대문명과는 동떨어진 미지의 문명의 손길이 닿지 않은 곳에서의 사진 찍기가 유행이다. 그런 곳에서의 사진 찍기가 문명사회에서의 사진 찍기와 동일한 의미로 다가오는 것은 보편언어의 소통이 전제되었기 때문일 것이다. 철학의 모든 문제를 해결하였다고 자부하였던 비트겐슈타인에게는 플라톤, 아리스토텔레스의 보편자와 개별자의 논쟁조차도 라파엘로(S. Raffaello)의 그림 「아테네 학당」을 통하여 고대 그리스 철학의 모든 문제를 날려버릴 수 있다는 것을 의미하는 것이었다.

태양이 떠오르고 태양이 진다는 표현 뒤에는 어떤 진리의미와

한다. 서울 지하철역에서 보는 '태양이 떠오른다'나 런던에서 보는 '태양이 떠오른다'는 하나의 동일한 명제적 사태에 대하여 참이다. 하지만 서울의 김 아무개와 영국의 존 아무개는 각각 같은 시간 같은 장소에서 이 진술을 참으로 받아들일 수는 없다. 형이상학적으로 두 개의 다른 사물은 동시에 하나의 동일한 시간과 장소에 함께 있을 수 없기 때문이다. 그러나 서울의 김 아무개와 영국의 존 아무개는 각각의 장소인 서울과 런던에서 동시에 존재할 수 있다. 이들 사이의 거리의 차이란 내재적이든 외재적이든 실체의 변양에 따른 그의 본질의 공간상의 변화란 없는 것으로 오직 기하학적인 점근(漸近)과 원근(遠近)만 있다. 하지만 서울 지하철에서나 런던의 지하철에서 바라본 떠오르는 태양은 동일한 현상이다. 이를 바라보는 자에게는 관점이동만이 다를 뿐이지 현상의 대상 자체가 우리에게 무지하게 놓여 있지는 않다.

44

요구가 숨어 있는 것일까? 누군가가 태양을 떠오르게 하고 지게 하는 원인제공자가 있다면 그 해답을 쉽게 찾을 수 있다. 하지만 근대과학 일반은 누가 태양을 떠올리고 내리는지에 대한 목적론적 근거를 더 이상 논의에서 제외하였다. 오늘날 일상언어에 등장하는 진리표현을 형식화된 언어에서 추구하고자 하는 타르스키와 같은 의미론자도 근대의 코페르니쿠스 추종자들의 태양의 등고 등락 논의와 같이 '비가 온다'는 표현에서 같은 문제에 직면하였다. 주어진 사태의 명제에 외연과 내포가 다르듯이 하나의 진술이 관계하는 대상언어와 메타언어가 각각 달랐다. 중세의 스콜라 철학자들은 논변을 벌일 때, 마지막에 태양은 오직 하나만 있다는 의미에서 교환되거나 바꿀 수 없는 논의의 유일성에 대하여 '태양이 하나가 있다'는 존재론적 논의를 통하여 진리근거를 세우려 하였다. 근대철학자들의 태양 논의는 스콜라 철학의 논의와는 달리, 오늘의 해는 어제의 해와는 다른 하나의 해라는 논리적 논의를 수용한다. 그 이유는, 아침과 저녁의 하나의 동일한 별의 대상의 개념적 객관성에 대한 순수사고에 의한 지성의 조작을 받아들이기 때문이다. 동쪽에서 보아도 그 별, 서쪽에서 보아도 그 별은 존재론적으로 동일한 세계에 속한다. 하지만 이들은 새벽별과 저녁별이라는 명명을 통하여 동서(東西)라는 의미와 대상으로 갈라진다. 동일한 대상이 갖는 뜻과 의미의 구분에 의한 프레게의 의미론은 세계의 기원을 둘러싼 근대 동서존재론에 획기적인 사고혁명을 가져왔다. 즉, 동서란 뜻(Sense)과 지시(Reference) 사이의 언어적 문제이다. 우리 사유의 외부의 대상의 부름과 의미 되새김에 동서철학의 존재론적 뿌리가 놓여 있으며 거기서 인간과 인간이 가교를 이어간다.[21] 이 그림의 진리배경에 현상의 형이상학의 저작권(Copyright)이 연루되어, 라이프니츠의 이가 논리학과 역의 상징세계의 일치근거가 놓여 있다. 갈릴레이의 지동설의 문제제기 이래 동서존재론의 비밀은 해와 달, 음양의 진실에 있으며 이진법과 역의 구조의 해명에 있다. 라이프니츠, 프레게, 비트겐슈타인은 하나의 동일한 대상에 대한 존재론적인 성질에 누구에게나 허용되는 사유의 교환법칙을 제안하였다. 누구에게나 반복될 수 있고 알 수 있는 생각이 도달하는 곳이 사진으로 찍어서 객관적인 기념으로 남겨둘 시간과 장소라면, 참된 존재란 지구상의 영원의 철학(Philosophia Perennis)의 그림자와 같다.22)

4. 근대철학의 꿈과 현실

동서세계를 막론하고 인간의 행위란 일생생활에서 경험하고 보고 생각하고 느끼는 현실에서 일어난다. 동서세계인에게는 윤리적으로 타당하게 마땅히 하도록 허용된 행위가 있는가 하면, 다른 사람을 해롭게 하는 행위나 속이고 거짓말하는 것 등 하지 말아야 하는 금기도 있다. 그래서 동양에서는 일찍부터 인간은 무엇을 꿈꾸고 어떻게 살아가야 하는지를 아는 지혜가 있을 뿐만 아니라, 무엇을 어떻게 마땅하게 꿈꾸며 살아가야 하는지를 하늘로부터 오는 명령이라고 가르쳐 왔다. 『중용(中庸)』에서는 하늘이 명(命)한 것이 성(性)이고 성을 따르는 것이(率性) 도(道)라고 말한다. 무조건 성을 쫓으라는 명령이 곧 명제(命題)이다. 현실에

21) G. Frege, *Kleine Schriften*, hrsg. v. I. Angelelli, Hildesheim, 1967, *Funktion und Begriff*, S.134.

22) M. Lemoke, *J. Kepler*, Rowohlt, 1995, S.140. 케플러는 자신의 묘비명에 이렇게 적었다. "나는 하늘을 측정했다. 지금 나는 땅의 그림자를 측정한다. 내 영혼은 하늘에 있을지라도, 내 몸의 그림자는 지금 여기에 누워 있다."

서 적어도 무엇을 하여야 하고 하지 말아야 하는 강한 윤리적 함축을 갖는 명제에 대하여, 『중용』의 저자는 4가지 당위근거의 도를 제시하였다. 사단(四端), 곧 측은(惻隱), 수오(羞惡), 사양(辭讓), 시비(是非)라는 4가지 마음씨가 그것이다. 현실에 등장하는 윤리적인 당위근거의 물음은 사단을 통하여 해결할 수 있다. 이들 사단은 각각 인(仁), 의(義), 예(禮), 지(智)에서 우러나온다.[23]

오늘날 동양의 고전적, 윤리적 덕목에 따라서 생활하는 일은 매우 이상적이며 또한 바람직하기까지 하다. 동양윤리에 따라 평생을 생활하자면 거의 종교인이나 혹은 도인(道人), 도사(道士)에 준하는 경지에 이르도록 내공을 쌓는 훈련과 수행을 하여야 할 것이다. 그러나 누구나 태권도, 침술, 한의학, 유도, 합기도, 참선 등등에서 높은 수련의 경지에 도달할 수는 없다. 어느 정도 수행하다가 다시 자신에게 편한 생활방식으로 돌아간다면 말로만 윤리이지 실제 생활에 구속력을 갖기란 어려우며 모든 사람이 성인의 경지에 도달하는 일은 이상에 불과할 것이다.

서양에서는 누구라도 자신의 생각의 현실에 도달하는 것이 철학이라고 가르친다. 철학은 생각을 현실로 바꾸는 지혜이다. 철학은 때가 되면 나무가 자라고 열매를 맺는 자연의 지식을 포함한다. 철학은 적절한 시기에 물을 주고 가꾸어 생산과 번식의 증가를 가져오는 기술의 지식도 포함한다.[24] 철학은 불가능한 것에서

---

23) 조선의 수도인 서울의 동대문은 인, 서대문은 의, 남대문은 예, 그리고 북쪽문은 지를 바탕으로 만들어졌다고 한다.

24) H. Blumenberg, *Wirklichkeiten, in denen wir leben*, Reclam, Stuttgart, 1981, SS. 55-56. 기술은 완성하는 것과 주어진 것을 모방하는 기능이 있으나, 자연에는 만들어가는 것(Natura naturans)과 만들어진 것(Natura naturata)이 있다는 점에서 기술과 자연의 합일점이 있다. 그래서 근대에는 누군가 집을 기술로 지으면, 자연이 마치 집을 자라게 하듯이 한

가능한 것의 경계가 무엇이며 가능한 것에서 현실이 되는 조건이 무엇인지에 대한 탐구이다. 삼라만상의 우주공간에서 '나'의 생각의 끝이 도달할 수 있는 곳은 있고,[25] 생각이 있으면 달나라이든 화성이든 혹은 그 밖의 행성 어느 곳이라도 못 갈 곳이 없다. 하늘에 끝이 있다면 그곳 역시 생각이 도달할 수 있는 곳이다. 아인슈타인의 $E = mc^2$의 공식에도 합당한 생각의 현실이 생겨날 수 있다. 생각의 현실은 언제나 실제 현실을 목표로 나아간다.

근대 이래로 생각을 현실로 바꾸어주는 데 가장 결정적인 공헌을 한 지식은 철학이 아니라 자연과학 특히 물리학이었다. 이러한 사실에 비추어 20세기 독일 물리학자 본(M. Born)은 근대 이래 서양의 자연과학은 지금까지 지녀온 전 인류의 윤리적 코드를 한꺼번에 없애버릴 위력을 가질 정도로 가공할 만하게 발전하였다고 경고하였다. 철학이 원래 놀라움에서 시작하였다고 본 아리스토텔레스의 발상은 소박하기 그지없게 된 것이다. 제2차 세계대전을 종식시킨 원자폭탄의 위력에서 보듯 근대 이래로 가공할 만한 과학에 의한 물질문명의 힘은 사유주어[26]를 더 이상 놀라움

다는 구조적인 일치점을 찾으려 하였다.

25) 아이작 뉴턴, 『프린키피아: 자연철학의 수학적 원리』, 이무현 옮김, 교우사, 2000, 1권 서문 참조. 뉴턴은 유럽에서 돌이 떨어지면, 아메리카에서도 동일한 법칙이 적용된다고 요청한다.

26) 사유의 주어는 구체적으로 동양사람과 서양사람을 지칭한다. 실제로 서양사람을 접촉하다 보면 서양인의 이성중심주의는 동양인의 도덕적 감성과는 많은 차이가 있다. 병원, 학교, 공공장소, 경찰서, 여행지 등등에서 서양인의 일상생활을 보면 확실히 동양인과 차이가 드러난다. 그리고 동양인과 서양인이 함께 모여 생각하고 행동하는 모습을 보면 확연한 차이가 드러난다. 동양인은 이성중심이라기보다는 주로 감성중심의 도덕적 감성에 우위를 두고 생각하고 행동하고 판단하는 편이다. 동양인은 세계에 대한 도덕적 감정이입을 바탕으로 우주를 관통하는 직관의 학문을 하고 있다. 그러므로 동양인과 서양인이 느끼고 아는 세계의 기

을 자아낼 수 없을 지경으로까지 무능과 허탈로 몰아넣었다. 서양 근대철학의 비조 데카르트 역시 여러 차례 꿈을 꾼 다음에 현대세계의 기반이 되는 근대철학의 근본지표를 창시하였다. 근대철학은 그가 꾸고 난 꿈의 소산에서 비롯된 "나는 생각한다, 고로 나는 존재한다."에서 출발하였다. 그러나 동양에서는 남가일몽(南柯一夢) 혹은 일장춘몽(一場春夢)처럼 생각의 현실이 실제 현실은 아니라고 말해 왔다. 그렇기 때문에 근대철학의 아버지가 꾼 근대철학의 꿈이 과연 일장춘몽으로 끝났는지 궁금하기 짝이 없다. 오늘날 현상학을 창시한 후설(E. Husserl)도 근대철학의 아버지는 우주의 보편수학을 끝까지 생각하지(ausgedacht) 못했고 영원의 진리(aeterna veritas)조차 그 자체로 감추어진 의미에서 뿌리째 뽑혔다고 보았다.27) 그럼에도 후설은 20세기에 데카르트 철학에서 오는 참되고도 확실한 지식의 토대가 되는 제일철학 위에 현상학의 이념을 세우려는 꿈을 꾸었다. 현상학은 데카르트 제일철학같이 진리에 도달하는 방법론이자 꿈의 철학이다. 하지만 후설은 현상학의 "꿈은 깨졌다(ausgeträumt)."는 말도 했다. 후설의 고백이 더 이상 꿀 꿈이 없다는 의미에서 꿈을 다 꿨다는 이야기인지, 여전히 못 다한 꿈이 있지만 아쉬워하다가 깼는지는 여전히 알 수 없다. 서양 형이상학에서 꿈은 우주의 긴 시간의 현실에서 반드시 이루어지고야 만다는 충만의 원칙이 지배해 왔다. "이 길로 곧바로 가면 다시 이 자리로 돌아올 것이다."라는 이야기는 근대인들에게 널리 회자된 서양 형이상학의 꿈이 현실이 되는 이야기였다. 라이프니츠에게는 후설의 꿈을 깨뜨리지 않고도 철학

원에 대한 이해와 입장이 다를 수밖에 없다.

27) E. Husserl, *Die Kriese der europäischen Wissenschaften*, Hamburg, 1969, S.82.

을 가능하게 하는 원칙이 있다. 세계 외적인 근거에서 서양 형이상학에서 이루고자 하였던 개별자의 꿈을 이루는 충만의 원칙은 오늘날에도 근대철학의 아버지가 못 꾼 꿈을 이루게 하는 철학이다.[28]

이 세계는 모든 가능한 세계 가운데 최상의 세계라는 라이프니츠 세계관을 제대로 이해한 비트겐슈타인을 따르자면, 오늘날 세계에서 '나'의 생각의 끝이 도달할 곳은 명제이다. 철학자가 인공위성을 만들어 달나라에 가는 일을 하지는 않는다. 하지만 철학자가 생각 한 '나'의 명제(Proposition)란, 우리 모두의 누구로서, 내가 생각하는 현실의 그림이자 모델이다. 그러나 '나'의 현실은 그림이 될 수는 있지만 현실이 그림은 아니다. 또한 사람은 그림 속에서 살아가지 않는다. 그렇지만 '나'는 '나'의 생각 밖의 현실을 그림에 담을 수 있다. 그렇기 때문에, '나'의 생각에는 현실을 매개하는 그림을 낳을 힘이 있다. 요컨대 '나'의 생각의 끝은 명제에 이르는 데 있다.[29]

비트겐슈타인은 주변의 경관을 보는 것(Seeing)이나 혹은 책을 읽는 것(Reading)도 명제의 현실이라고 하였다. 악보는 음악의 그림이고 음성문자는 음성언어의 그림이다. 마찬가지로 궁극적으로 종이 위에 써진 명제는 현실의 그림이다. 명제는 현실의 그림

---

28) 졸저, 『라이프니츠의 삶과 철학세계』, 철학과현실사, 2007, 290쪽.
29) 비트겐슈타인의 이러한 명제관은 안셀무스에게도 있다. 안셀무스에 따르면, 생각 속에 아주 강하고 큰 개념을 갖는다면 이 개념은 신 존재를 증명하는 존재론적 기초가 된다. 이 과정은 마치 화가가 그림을 그리기 전에 무엇을 그려야 할지에 대한 개념에서 출발하는 것과 같다. 그림을 다 그리고 난 후의 작품은 생각과 현실을 매개한다. 그러나 그림을 다 그리기 전까지는 '나'의 생각 밖의 현실은 있어도 좋고 없어도 좋은 그냥 하찮은 존재성에 불과하다.

이고 모델이고, 기호언어는 습관적으로 모사된 관계의 형식을 갖춘 그림을 지시한다.30) 그런데 비트겐슈타인은 두 개의 색깔이 시계(視界)의 한 장소에 동시에 있다는 것은 불가능하다고 하였다. 누구에게나 현실의 그림에는 오직 하나의 논리적 필연성과 하나의 논리적 불가능성만이 있다는 것이다. 세상 사람들의 이야기처럼 같은 시간에 어떤 사람은 벼락을 맞는가 하면 어떤 사람은 멀쩡했고, 승자가 있으면 패자가 있다. 그러므로 하나의 논리적 불가능성만 있는31) 명제가 있다고 하더라도, 이 명제의 본질에는 필연적인 명제와 마찬가지로 대상과 이름이 있다. 이름 없는 대상은 지칭될 수 없고 나타낼 수 없다. 대상의 명제의 본질은 일반적으로 사물을 표상하는 자에게는 그림이 된다.

비트겐슈타인에게 논리학의 길을 이끌어준 스승이자 친구였던 프레게는, 생각이 도달한 하나의 명제적 사태는 표상하는 자의 정신에 기호를 통하여 객관적으로 매개된다고 하였다. 그런데 하나의 동일한 대상을 정신에 객관적으로 매개하기 위해서는 진술의 사태에 대한 의미론적인 확정을 하고 있어야 한다. 그렇기 때문에 프레게는 논리적 대상이란 비트겐슈타인이 머릿속에 생각하고 있던 현실의 그림에 논리적 필연성과 불가능성을 함께 표상으로 나타낼 수 있는 객관성을 가져야 한다고 생각한다. 그러한 논리적 객관성의 세계는, 생각하는 현실 속에 기대되는 사건의 발생이나 발생하지 않음의 사태로부터 진리가의 훼손 없이 독립성

---

30) 전쟁터에서 정보를 소통하는 수단으로 암호 역시 명제로서 현실의 그림을 담는다. 글을 읽지 못하는 문맹에게 편지전달 심부름을 시키면서, 편지를 전달받는 사람에게 "이 편지를 전달하는 사람이 범인이니 그를 감옥에 가두시오."라는 지시를 내려도, 이 문장 역시 현실의 그림을 담는다. 생각이 도달하려고 하는 현실에는 당위와 존재가 있다.

31) L. Wittgenstein, 『논리철학논고』, 6.3751.

을 유지하여야 한다. 그래서 프레게는 수시로 변화하는 상황의 진술의 진위에 좌우되는 의미변화에 대하여 독립적이고 객관적인 논리적 대상의 영역을 존재론적 토대에 세웠다. 누구라도 밤에 달을 보지만 달의 크기와 모양은 수시로 변한다. 그렇기 때문에 보는 달과 변하는 달에 대한 사태와 진술의 일치는 주관적일 수밖에 없다. 하지만 프레게의 논리적 대상은 누구라도 보든 보지 않든 이해하고 다스릴 수 있는 대상세계의 객관적인 의미론에 속한다. 누구에게나 반달이라는 존재론적인 사태는 동일하게 논리적 대상으로 존재한다. 과학적으로 달의 공전과 모양 변화를 관찰하면, 태양과 달과 지구가 일직선이 되는 경우가 있다. 이때 지구에서는 달이 태양을 가리는 일식(日蝕) 현상에 의해 반달을 본다. 태양과 지구와 달이 일직선이 되는 경우도 있다. 이 경우 달이 지구 그림자 속에 들어가 달이 보이지 않는 월식(月蝕) 현상이 일어나는데 이때도 지구에서는 반달을 본다. 여기서 프레게는 "달이 구(矩)에 들어서면, 반달을 본다."32)라는 진술을 만들었다. 이러한 언명은 일정한 시간의 경과에서 반달이라는 현상에 대한 의미론적 양상사태를 확정할 때에 참이 된다.33) 프레게의 객관적

---

32) G. Frege, *Begriffsschrift und Andere Aufsätze*, Zweite Auflage mit E. Husserl und H. Scholz' Anmerkungen, hrsg. v. I. Angelelli, Hildesheim, 1964, S.6.

33) 프레게 연구가들이 습관적으로 드는 아침별과 저녁별의 보기는 동서존재론의 비밀을 캘 수 있는 좋은 사례이다. 아침에 보는 별은 '아침별'이고 저녁에 보는 별은 '저녁별'이다. 동일한 존재론적인 대상과 사태가 존재하기 때문에 그러한 명명이 일어난다. 곧 프레게에서 동서존재론의 문제란 의미와 대상 혹은 뜻과 의미의 문제이다. 노자(老子)에게서 도(道)를 도라고 하면 도가 아니고 이름(名)을 이름하면(命名) 이름이 아니라는 존재 자체를 건드리지 않고 말하는 맥락은 프레게, 비트겐슈타인의 동서존재론의 문제상황으로 자연스럽게 넘어온다.

의미론과 비슷하게 라이프니츠는 모나드는 단순하다고 함으로써 존재 자체는 전혀 건드리지 않고 전망주의를 떠올려 동서존재론의 시각 차이를 조율하였다. 동서를 통틀어서 태양은 오직 하나밖에 없으며 동서를 하나로 묶는 세계의 물리적 중심도 태양이다.

태양이 떠올랐다는 것을 보았다고 해서, 태양의 떠오름의 사실이 참임을 안다고 할 수는 없다. 우리가 태양의 떠오름을 참으로 받아들이는 것은 감각기관의 인상에 근거한 것이다. 태양의 떠오름의 참을 확인하기 위하여서는 객관적이고 독립적인 판단이 뒤따라야 한다. 감각이 할 수 없는 생각이 도달할 곳에는, 명제에 대한 객관적인 사상으로 논리적 대상이 있어야 한다. 프레게의 논리적 대상에 대한 사상은 우리의 느낌과는 독립적으로 교환법칙이 적용되는 곳으로 한자의 상형문자의 기능과 같이 작용한다. 한자만으로 서로 간의 공통된 의사소통의 일치에 도달하는 것과 마찬가지로 프레게의 사상 역시 개념에 대한 상호교환 영역을 제공하는 동서존재론의 공통근거가 있다.

라이프니츠의 '나'의 전망주의 관점과 비트겐슈타인의 그림으로서의 '명제'와 프레게의 사상 사이에는 동서존재론의 공통근거와 기초를 기술하는 이진법과 역의 언어가 있다. 프레게의 의미론에서 술어의 지시체는 대상이 아니라 하나의 대상을 하나의 개념에 떨어지게 하는 문장 이론이다.[34] 이 점에서 프레게에서 이런 문장을 지배하는 논리학자는 플라톤의 철학자 왕이나 최고의

---

34) L. Wittgenstein, 『논리철학논고』, 5.02. 프레게의 충실한 친구이자 비판가인 비트겐슈타인은 정당하게도 프레게가 이름과 색인처럼 혼동했다고 비판한다. 예를 들자면 '줄리우스 시저'의 이름에서 줄리우스는 색인이다. 이 색인은 줄리우스 가문의 시저라는 이름의 대상을 기술할 때 사용된 것이다. 하나의 동일한 사물의 대상의 현상을 두고, 이름에 대한 색인, 함수에 대한 논의를 혼돈한 우를 범하였다는 것이다.

지혜를 갖춘 현자의 지위를 갖춘 성왕(聖王之學)의 수준이어야 한다. 비트겐슈타인도 『논리철학논고』 5.101에서 16개의 명제논리학 계산체계를 확립하면서도 하나의 진리근거는 다른 하나의 진리근거에 포함되어 있다고 한다. 명제논리학 진리체계와 그의 해석은 다른 차원이라는 것이다. 그의 명제논리학 체계는 하나의 동일한 그림에 대해 하나의 명제가 다른 하나의 명제에 근거함으로써 생겨난 것이다. 명제의 외연이 세계에 대하여 갖는 진리근거 때문이라면, 철학자가 세계의 존재근거를 설명하여야 할 이유를 발견한다. 누구나 진리를 찾지만 이미 진리는 씌어져 있다. 근대 동서존재론도 이미 씌어진 진리에 따라 만들어져 생겨났으며, 철학사는 그 사실을 파헤치고 캐낼 뿐이다.

5. 몸과 마음의 철학

16-17세기의 근대 합리론 이론가들은 이전의 철학과는 달리 몸과 마음을 철학의 사유모델로 삼았다. 누구나 몸과 마음을 갖는 한에서 철학을 할 수 있다. '내가 생각한다'는 생각 곧 사유에 관계하고, '내가 존재한다'는 몸 곧 존재에 관계한다. 이 제일철학(Prima Philsophia)의 명제는 곧 사유에서 존재, 마음 혹은 정신에서 몸 혹은 물질로 가는 형이상학의 길을 제시하고 있다. 여기서 누구나 몸과 마음을 모델로 철학을 할 수 있다는 데에서 세계인의 철학함의 보편성이 있다. 데카르트, 스피노자 그리고 라이프니츠는 몸과 마음, 정신과 물질 사이에 합리론이 지배한다고 주장하였다.35) '얼굴이 좋아 보인다', '신수가 훤해 보인다', '잘 생

---

35) 원래 몸과 마음은 두 세계에 속해 있다고 여긴 이는 플라톤이다. 한 세계에는 감각의 영역의 몸이 연결되어 있고, 다른 한 세계에는 마음이

겼다' 등등 대부분 사람들이 만나면서 아침 인사를 주고받고 나아가 날씨나 혹은 몸에 관한 이야기부터 주고받을 수 있는 이유도 바로 몸과 마음에 철학함의 출발이 있기 때문이다. 눈과 이마, 코와 입 등 얼굴에도 각자의 놓인 위치에 따라 사이(間)가 존재하듯이, 둘 혹은 둘 이상의 대상에 존재하는 사이를 추상적 관계에서 근대 합리론 철학이 시작하였다. 그런데 데카르트 철학의 "나는 생각한다. 고로 존재한다."의 요구는 먼저 서양인의 몸과 마음에 수준에 맞춘 것이었다. 16-17세기에는 남미 대륙이나 아프리카 대륙의 원주민들은 몸과 마음이 있더라도, 데카르트 철학의 기준을 채우기는 미흡하다는 편견이 지배하였다.

라이프니츠는 철학이 몸과 마음 사이에서 출발하며 이 둘 사이는 예정조화로 묶여 있다고 가정하였다. 누구라도 마음에서 출발하여 몸에 도달할 수 있고 몸에서 다시 마음에 이를 수 있다. 내 몸으로 남의 마음의 철학을 할 수 없고 남의 몸이 내 마음의 철학을 할 수 없다. 몸은 물리학의 대상이고 마음은 형이상학의 대상이다. 우리가 철학한다는 것은 움직일 수 있는 몸이 있고 생각할 줄 아는 머리가 있는 데에서 출발한다. 사람이 몸과 마음으로 이루어져서 살아 있는 동안 분리할 수 없듯이 이 양자가 다루는 대상은 갈등이나 분열보다는 조화나 화합을 필요로 한다. 물질문명과 정신문명과의 연관관계도 몸과 마음의 관계처럼 조화로워야 한다. 마찬가지로 인간은 누구나 몸과 마음을 지니고 있다는 전제에서 자신의 생각을 키워나가고 누구에게라도 생각을 전달하고 교환하고 소통한다 몸이 있다는 사실, 그리고 이러한 몸을 지각하는 사유 혹은 정신이 있다는 사실에서, 몸과 마음은 존재론적

우주의 기원인 신과 직통으로 연결되어 있다. 인간영혼은 몸과 마음, 물질과 정신의 본질 사이를 의식으로 오가며 상통한다.

으로 차별된다. 데카르트 철학은 사유하는 마음(Res Cogitantes)
과 사유된 몸(Res Extensae)을 사유와 연장으로 대응시켰다. 몸과
마음은 인간의 원형적 사유형식으로 의식하는 자아에 비추어 서
로 저마다의 세계를 구성하며 이들은 서로 독립적으로 세계를 확
장한다. 고대 그리스의 아리스토텔레스 철학의 출발이 놀라움이
었다면, 유럽의 근대철학의 출발은 몸과 마음 사이의 조화와 일
치의 추구에 있다. 여기서 몸과 마음으로 하는 근대철학의 패러
다임에서 몸으로 하는 철학은 유물론에 가깝고 마음으로 하는 철
학은 유심론에 더 친숙하다. 라이프니츠는 양자를 모나드 철학으
로 통일시켰다.

데카르트 철학이 몸의 철학이라면 마르크스 철학 역시 몸의 철
학이다. 마르크스 유물론은 세계의 최종근거가 존재 곧 물질에
있다. 몸으로 하는 철학을 옹호한 대표적인 철학자는 붓다이다.
붓다를 계승한 불교철학은 몸의 철학을 강조하고 있으며 불교철
학은 고된 몸의 수행뿐만 아니라 죽어서도 사리(舍利) 등을 통하
여 몸의 철학의 진수(眞髓)에 도달하려 한다. 근대 이래로 몸의
철학은 과학의 발달과 연구 성과에 힘입어 대다수 기계론적 유물
론에서 승승장구하였다. 몸의 철학은 세계를 기계론적으로 해석
할 수 있는 물질적 지표가 있기 때문에 결정론으로 기울어졌다.

불교철학 역시 마음으로 하는 철학이기도 하다. 불교철학은 마
음먹기에 따라 세상을 보는 관점을 키워왔다. 불교철학이 몸의
철학인지 혹은 마음의 철학인지의 물음은 이기일원론이나 이기이
원론처럼 정확하게 답변할 수는 없다. 마음으로 하는 철학을 한
대표적인 철학자는 동양의 왕양명이나 서양의 아우구스티누스,
스피노자 등을 들 수 있다. 마음의 철학은 물질의 영역의 모든 현
상을 마음과의 대응에서 보는 것이 특징이다. 마음의 철학은 몸

의 현상을 마음으로 환원한다. 마음의 철학이 심리학이나 정신분
석학의 영역으로 분화되고 임상병리학에서도 적용되어 독립적인
학문으로 발전한 것은 19세기 중엽부터이다. 마음으로 하는 철학
은 현대 심리학을 탄생시켰다.

라이프니츠는 몸과 마음 사이의 예정조화뿐만 아니라 양 방향
의 사유를 가정하였다. 이러한 양 방향은 목적론이 지배하며 그
목적론의 최종주체는 개인(個人)이다. 개인이 몸과 마음 사이의
삶과 우주의 목적을 실현하며, 개인은 세계를 구성하는 원칙이다.
유럽인의 몸과 마음의 사유모델은 중국인, 한국인 혹은 일본인
등 동아시아 세계인의 몸과 마음의 사유모델과도 동일하다. 개인
에게는 세계와 우주와 역사와 만사의 과거와 현재와 미래의 운명
이 모두 포함되어 있다. 개인은 신과 더불어 세계를 구성하는 이
성적 존재자이며 자유로운 결단에 의한 책임과 운명을 각인하는
주체이다. 데카르트 철학에서 개인이란 정신이나 물질로 환원되
는 속성이며 스피노자 철학에서 개인은 신과 같다. 그런데 라이
프니츠는 근대적 의미에서 최초로 목적을 갖고 살아가는 우주론
적인 개인개념을 창안하였다. 라이프니츠 철학에서 개인은 유일
무이(唯一無二)의 개체로 자연의 독립적 단위로서 자유의지와 고
유한 역사를 갖는다. 이 세 철학자의 입장을 보면 데카르트 철학
은 온통 물질만능으로 가도 좋으며, 스피노자 역시 개인에게는
이렇다 저렇다 할 자율성이나 활동성이 그다지 의미가 없다. 이
에 반하여, 유독 라이프니츠 철학에서 개인은 신과 같은 존재자
로 물질만능과 정신만능을 다 함께 좋아한다.

현대의 수많은 철학자들은 데카르트 철학의 원리를 인용하면서
사유와 연장이 현대철학의 알파와 오메가라고 믿었다. 라이프니
츠의 용어로 풀이하자면, 현대철학자들은 자신의 몸이 있는 연구

실에서 세계 도처의 다른 연구실의 연구자들과 사유와 연장으로 소통한다. 이 양자 사이에는 상호작용이 있기 때문이다. 두 개의 독립적 실체를 통일하려는 이원론에서 일원론으로 가려는 노력은 스피노자에서 좀더 구체적이다. 스피노자는 몸과 마음을 완전히 하나로 통일된 실체로 간주하며, 몸과 마음의 통일을 보증하는 유일한 증거로 신을 들고 있다. 한 연구실의 연구자와 다른 연구실의 연구자 사이에는 사유와 연장만이 있지만, 이 사이는 오직 신이 있어서 양자의 몸과 마음을 묶어준다. 여기서 신이 자연이거나 자연이 신(Deus sive Natura)이거나 한 길이 생긴다. 스피노자는 우주에 오직 하나의 필연적인 개별실체만 인정하는 철학체계를 확립함으로써 자연 전체를 하나로 보는 범신론적 일원론에 도달하였다.36) 범신론적 유물론의 성향을 강하게 띤 신 즉 자연의 테제는 형이상학의 언어로 풀이하자면 일즉다(一卽多), 그리고 다즉일(多卽一)의 양자의 상호호환이 가능하다.37)

데카르트 철학과 스피노자 철학을 따르는 철학자들 사이의 입장의 차이는 불교를 비롯한 동양철학의 방법론에 많은 시사를 준다. 적어도 근대철학의 스피노자는 동양사상과 많은 동일성과 유사성을 보여주었다. 불교나 성리학의 철학은 일찍부터 이러한 일즉다와 다즉일의 세계관 구성에 노력을 기울여 왔다. 서양철학사

---

36) 김형효, 『철학적 사유와 진리에 대하여』, 청계, 2004, 568-569쪽. 김형효 교수에 따르면, 스피노자의 신이거나 자연이거나 하는 테제는 마음의 양지는 기발(氣發)이든 이식(理識)이든 무위적이라는 왕양명의 마음의 해석과 같은 맥락으로 볼 수 있다.

37) 같은 책, 684-704쪽 참조. 김형효 교수는 들뢰즈를 인용하면서 스피노자의 신즉자연(神卽自然)이란 밖으로 '펼침'과 안으로 '오므림'을 표현하는 용어라고 한다. 신즉자연이란 신이 모든 것을 밖으로 펴고 안으로 오므리는 두 운동의 상관적인 현전에 있는 표현이다.

에서는 안셀무스가 처음으로 신이 인간이 된 길을 논증함으로써 일즉다의 형이상학을 제안하였다. 그러나 그에서 인간이 신이 되는 길은 없다. 다시 말하자면 일즉다로 가는 길은 있지만 다즉일로 회귀하는 길은 없다. 반면에 데카르트는 사유에서 연장으로 나가는 방법론을 언급함으로써 조심스럽지만 인간에서 신으로 직통하는 길을 열었다고 할 수 있다. 그런데 스피노자는 신에서 인간으로 그리고 인간에서 신으로 이르는 양 방향의 소통을 처음으로 생각하였다. 스피노자의 결론은 일즉다와 다즉일의 길이 동일하다는 점을 주장하고 있는 것이다. 데카르트는 이 사이에 두 종류의 실체가 있다고 하였지만 스피노자는 이 사이에는 신이거나 혹은 자연인 실체가 있다고 간주하였다.

그러나 라이프니츠는 스피노자의 양 방향 소통의 범신론은 여러 모로 필연주의 문제와 신에 의한 간섭의 문제를 갖는다고 본다. 그래서 몸과 마음 사이에 물리적 유출(Influxus)을 거부하고 그 사이에 예정조화라는 현상을 이론화한다. 몸과 마음의 이원론에서 일원론으로 가기 위한 대안은 물질의 영역에서 정신의 토대로 이전하는 자연의 참된 원자가 있는데 그것이 모나드이다. 모나드에 의하여 몸과 마음 사이에 예정조화가 생긴다. 몸과 마음의 사이에 실체의 조율과 조절로 조화를 이루어가는 힘이 실재적 힘을 갖는 자연의 본원적인 원자이다.[38] 라이프니츠는 몸과 마음을 사유모델로 삼던 합리론 진영에서 모나드를 통하여 물질과 정신의 불가분의 성질을 설명하고 세계의 형이상학적 목적론을 제시한다. 모나드 공동체의 연구자들은 세계 어느 곳에 있다 하더라도 데카르트 사유와 연장의 이원론적 세계에서 조화를 추구할

---

38) 라이프니츠, 『모나드론』, §3.

수 있다. 스피노자의 일원론의 세계에서도 예정되고 약속된 몸과 마음의 일치를 추구할 수 있다. 한 연구자의 연구실의 창문과 다른 연구자의 연구실의 창문에서는 전혀 독립적으로 저마다의 자유와 독립성으로 세계를 이해하고 표상한다.

라이프니츠는 사유의 주관성과 외부세계의 객관성, 그리고 본유관념의 실재를 믿었던 합리론을 따름으로써 내용적으로 이미 자기 안에서 규정되어 있는 자연의 빛(lux naturae)이라는 진리를 쫓아갔다. 지식의 보존과 반박을 위하여서는 나면서부터 모든 개인들에게 구비되어 있는 본유관념에 의존하면 된다. 외부세계에 대한 참된 지식의 확보는 본유관념에 호소함으로써 이루어진다. 그러므로 자연의 법칙이야말로 개인에게 아프리오리하게 구성되어 있는 가장 완전한 지식의 전형이다. 데카르트 철학은, 대부분 많은 개인들 혹은 세상 사람들은 참된 관념과 거짓된 관념을 구분하지 못하고 참된 표상과 거짓 표상의 차이를 깨닫지 못하고 살아간다고 지적한다. 실제로 대부분의 세상 사람들은 꿈속에서 자신이 깨어 있다고 믿고 나중에 이것이 거짓이었다고 알게 되는 것이 허다하며, 깨어 있는 상태에서도 그들의 잠과 깸의 차이를 모르는 것이 보통이라는 것이다. 그렇기 때문에 데카르트 철학에서는 사유할 줄 아는 주체를 철학의 주인으로 모신다. 데카르트와는 달리 스피노자는 우리가 한 사물에 대해 갖는 의식의 관념은 사물 자체의 인식에 기여하지 않는다고 본다. 스피노자는 "우리는 오직 우리가 스스로 행한 것만 이해한다."고 말한다. 곧 스피노자에서 반성적 인식(Cognitio Reflexa)만이 진짜 철학의 주인이다. 삼각형의 본질이 직각이면, 직관적 인식은 사물의 본질 형식에 적합한 관념을 형성한다. 반면에 반성적 인식은 사유하는 것과 사유되는 것(Ideatum)에 대한 의식 사태의 참된 인식을 준다. 곧 반성적 인식은 관념의 관념(Idea Ideae)이다. 스피노자 일원론의 주인은 낙하하는 물방울에서 빛의 기하학적 성질을 나타내는 세계를 관찰하는 사유주체로서 자신을 궁극적으로 사유대상으로 세운다. 사유의 주어는 사유대상에 기하학적 아날로그로 접근함으로써 세계의 반성적 인식에 기여한다.

라이프니츠는 관념과 현상의 세계에 사물의 비율 내지 비례에서 이러한 기하학적 아날로그 개념을 사용하였다. 라이프니츠가 데카르트 철학이 말하는 철학의 주인으로서 개인에서 '지각자의 현상'이라고 부른 것은 지각과 통각 능력의 대상이 거울처럼 자기 자신에게 비추는 것을 의미한다. 라이프니츠는 개인의 신체가 사유하는 자의 주관적 현상인지 혹은 사유된 것의 객관적 집적인지의 논제에서 합리론의 사유전통에서 형성한 철학의 주인에 의한 진리보존개념을 박차고 나왔다. 라이프니츠는 사유하는 개인을 중기사상에서는 개별실체(Substance Individuelle) 후기사상에서는 모나드(Monad)라고 지칭하였다. 몸과 마음의 예정조화의 대상으로서 개별실체는 개인으로 대치할 수 있으며 나아가 모나드 역시 철저히 개인들 사이의 관계적 본질로 규정할 수 있다. 몸과 마음 사이의 개별자의 개념의 발전모델은 모나드의 내적인 상태로서 주관적 입장과 모나드의 외적인 지각 이동으로서 객관적인 사태 사이의 조율에 있다.[39] 개인이 인격으로 갖는 개인적 측면은 모나드의 내적인 상태로서 볼 수 있으며, 개인이 갖는 사회적인 측면은 모나드의 외적인 표현으로서 지각의 이동 상태와 연관을 갖는다

여기서 개인은 개별화를 통하여 발전한다. 개별화란 전체 존재

---

39) 졸고, 「합리론의 몸과 마음의 사유모델」, 『대동철학』 26집, 2004, 105-129쪽.

자들로부터 개별존재로 분화되는 것을 말한다. 전체 존재자란 우주에서 존재하는 모든 만물을 지칭한다. 그런데 우주만물 가운데 어떠한 존재자도 무한한 시간의 열에서 도달하지 못할 현실은 없다. 이것이 서양 형이상학의 충만의 원칙이다. 라이프니츠는 충만의 원칙에 따라 더 이상 나누어질 수 없는 최소의 존재단위인 개별자를 정하고 개별자에서 만물로 직접적으로 분화하며 발전하는 모나드 개념을 창안하였다. 모나드 개념은 데카르트 철학의 코기토(Cogito) 개념과는 차별화(差別化)되나, 줌(Sum)의 개념으로부터는 개별화(個別化)된다. 모나드 개념은 스피노자 철학의 직관적 인식에서 창조적 지각이 되었고 반성적 인식에서 통각으로 발전하였다. 모나드 체계에서 개별자는 여럿과 다양성을 동시에 생각하면서 시간과 공간을 넘어서는 라이프니츠 철학의 주어이다. 개별자는 우주에 대한 다원적 시각과 가능세계의 양상을 전개하는 이론 담지자이다. 한· 개별자의 본질개념은 그의 최대의 규정인 완전한 개념을 통하여 세계화된다. 라이프니츠는 각 개별자에게 그 자신의 고유한 힘으로 가능성을 현실성으로 바꿀 수 있는 능력 내지 성향을 부여하고 이를 철학적으로 정당화하였다. 개별자의 활동영역의 사물에는 사물 자신이 본래적으로 갖는다고 상정되는 일종의 형이상학적 근거를 갖는 근원적 힘(Vis Primitive)이 있다. 이 근원적인 힘의 활동적 영역에는 실체적 형식을 소지한 영혼이 존재한다. 아리스토텔레스 철학의 의미에서 보자면, 영혼에 관여하는 근원적 힘의 영역에 속한 것은 일차 질료이다. 청동소조(靑銅塑造)의 작품을 보면 청동은 질료이지만, 청동에 내재하는 형식을 줌으로써 그의 상이 생긴다. 여기서 일차 질료의 역할은 모든 사물의 형식들에 궁극적으로 내재하는 기체와 같다. 그러므로 이 일차 질료는 그가 만들어낸 이차 질료로부터 나누어질 수 없다. 물리학에서 통용되는 힘이란 이러한 근원적 힘으로부터 도출되고 그의 양태를 입은 파생적 힘(Vis Derivative)이다. 하나의 물체는 다른 물체에 대하여 실제적으로 작용하고 그리고 서로서로 작용되는 것은 파생적인 힘 때문이다. 파생적인 힘은 우리가 지각하고 경험하는 현상으로 나타난다. 파생적 힘의 수동적인 영역에는 스콜라 철학의 의미에서 원심력과 구심력이 작용한다. 파생적인 힘의 활동적인 영역에는 모든 살아 있는 유기체가 적용된다. 뉴턴이 말하는 중력은 바로 이 파생적인 수동적 힘의 영역에 해당된다.[40] 하지만 라이프니츠는 이러한 물리적 힘을 죽은 힘이라고 격하하였다.

몸과 마음의 조화의 관점에서 보자면, 개별자가 지각하는 신체는 현상(現象)이거나 혹은 집적(集積)이다. 누구나 합리적 관점에서 자신의 신체를 현상으로, 혹은 집적으로 규정할 것인지는 개별화의 근거 혹은 가설의 힘에 있다. 우리가 신체를 현상으로 보는 입장은 지각하는 자신의 주관적 가설의 힘에 의거한다. 신체가 집적이라고 보는 입장도 지각하는 자신의 객관화된 인식 태도에 놓여 있다. 우리는 주관적 인식가설에 따라 자신의 신체를 현상으로 보기도 하고 객관화된 인식 태도에 따라 자신의 신체를 집적으로 보기도 한다. 라이프니츠는 이러한 인식론적, 형이상학적, 존재론적 원칙을 "모든 술어는 주어개념 안에 들어 있음"이라고 정식화하였다. 이로써 라이프니츠는 개인이 이 세계에서 형이상학적으로 독립된 활동을 가질 수 있는 근거를 제시하였다. 이 논리 형이상학적 대제에 따르면 모나드의 지각으로 물질에 운동으로 펼쳐지는 모든 현상은 지각자의 것이다. 현대 논리학의

---

40) 졸저, 『라이프니츠의 삶과 철학세계』, 108쪽 참조.

뜻과 지시이론에 따라 이 테제를 해석하자면, 지각하는 자는 그가 처하는 시간과 공간에 따라 그가 지각하는 대상의 현상을 조율한다. 거기서 시간과 공간도 지각하는 자의 일종의 관계술어이다. 그러므로 운동과 물질 사이에 펼쳐지는 것도 지각하는 자에게 느껴오는 하나의 현상이다. '내'가 이 주어 혹은 저 주어와 결합할지, 이 술어 혹은 저 술어를 끌어들일지의 물음은 각 개별자의 논리적, 존재론적 영역의 개방 가능성에 달려 있다. 어느 누군가 밤하늘의 달을 보았다면, 관찰대상으로 그 달은 '관측자' 자신과는 엄연하게 구분되듯이, 관측하는 자의 관념 내지 표상은 지시된 대상과는 구분된 객관적 영역을 가져야 한다.

여기서 프레게는 라이프니츠의 현상주의 사상을 객관적 현상주의로 발전시켰다. 관찰자는 '나'라는 머릿속에 투사된 실재 그림을 통하여 달을 보고, 관측된 대상은 눈의 망막의 상을 통하여 중재된다. 관측된 달이라는 대상은 뜻을 가지며, 이 달은 소위 아포스테리오리(A posteriori)한 표상이나 직관에서 표상될 수 있다. 머릿속 그림은 장소에 의존하며, 동시적으로 또 여러 사람에게 보여주는 데 기여할 수 있다. 프레게가 말하는 외부세계의 객관적 실체의 독립성은 비트겐슈타인의 해석에 따르면 그림으로 나타난다. 라이프니츠에게 그것은 보편언어로서 기호이며, 역의 언어에서는 자연과 인간세계의 상이다.

동양의 사유모델은 서양철학과 접목하면서 비판적, 반성적 사유를 하기 시작하였다. 몸과 마음은 자연과 자연스러운 하나이듯, 주객의 분열을 의식하지 못하던 동양세계에도 자아를 찾았고 반성적 자아로서 개인개념이 탄생하게 되었다. '나'라는 개인은 단순한 전통사상으로 돌아감으로써가 아니라 현실 속에 있는 몸과 마음을 반성적으로 비판함으로써 만들어진다.

철학의 오랜 전통에 따르면 디오게네스가 알렉산더 대왕에게 자신이 쬐고 있는 햇볕을 가리지 말아 달라고 부탁하였다는 유명한 이야기가 있다. 알렉산더 대왕이 철학자에게 얻으려고 하였던 최고의 지혜는 철학자 자신의 몸과 마음의 자유였다. 철학은 자신과 타자와의 소통에서 어떻게 서로가 서로의 몸과 마음의 자유를 이해하며 살아갈 수 있는지에 부단한 물음과 답변을 추구한다.

제 2 장

근대세계 기원과 동서존재론의 근본가설

1. 서 론

1) 연구의 필요성

우리는 약 460여 년 전 훈민정음의 창제와 더불어 근대세계를 살아간다. 이 기간 동안 우리는 여러 정치형태 속에서 가까운 일상생활에서 바라보는 인간과 자연을 새롭게 인식하고 경험하였다. 외부에서 오는 지리상의 발견으로 미지의 새로운 세계의 발견과 더불어 동서양의 경계가 무너졌다. 1492년 콜럼버스에 의한 신대륙의 발견에 열광하던 유럽세계는 17세기에 이르러서야 전지구를 상대로 선교와 식민지 개척에 나선다. 네덜란드의 국제법학자 그로티우스(Hugo Grotius)는 1609년 『자유로운 해양(Mare liberum)』에서 지금까지 지배세력으로 군림하던 포르투갈과 스페인의 해상권을 제약하는 논의로 새로운 국제해양질서를 밝혔다. 이제는 중국만이 우리와 가까이 있고 또 영원한 정신적 지주이고

문화중심이라는 사고방식이 무너졌다. 중국의 고전과 사상세계는 우리의 전통사고의 모델이고 모방의 대상이었지만 중국보다 훨씬 크고 넓은 세계가 열리게 되었다.

근대의 세계화 과정에서 과학과 사고의 혁명을 결정적으로 촉진한 근대세계의 기원은, 중세의 천체를 담은『신곡』의 지옥 편에서 선한 천사의 침입을 막으려던 악마조차도 어리둥절하였다는 '지구는 돈다'는 지동설의 사실성(Faktum)에서 비롯된다. 도대체 지구중심을 찾지 못하여 허둥지둥하다가 악마 스스로가 자신의 자리를 변경하였다는 근대세계는 끊임없는 창조와 보존의 소용돌이였다. 정신적으로는 나는 누구이고 어떤 존재이며, 나는 어디서 왔다가 어디로 가고 있는가에 관한 질문이 근대인의 가슴을 조이던 마음의 알음알이였다.

르네상스는 그리스와 로마의 고전세계의 정신을 다시 부활한다는 기치를 들고 있었고, 지리적으로는 새로운 세계를 향한 노력을 끊임없이 전개하고 있었다. 근대세계는 고대세계의 부활로 연결되지 않고 부단히 새로운 동서존재론으로 만났다. 철학사는 다시 원래의 역사로 돌아가지 않으며 항상 새로운 철학의 가능성을 향하여 간다. 이 때문에 근대세계의 기원과 동서존재론을 규명하는 연구는 가능성으로서, 우리가 처한 국지적 위치에서 세계철학에 도전하기 위한 좌표 설정이 필요하다.

2) 세계체계를 위한 문제제기

근대 존재론은 실체의 감소와 전통적인 아리스토텔레스의 10가지 범주의 해체의 변화를 겪었다. 부분적으로 자연의 변화를 4원소인 건, 냉, 습, 속으로 보려는 경향이 일반적으로 등장하기도 한다. 하지만, 새로운 세계이해의 모델을 찾기 위하여 원자론, 유물론 등 고대 그리스 철학의 이론이 부활하였다. 17세기는 특별히 자연에서의 목적원인과 자연사건의 인간화를 철저히 배제한 역학적 세계모델이 세계관의 주류를 형성하였다. 의지나 목적은 하나의 일정한 결과를 나타내는 원인이고, 머리 위에 떨어지는 돌은 죽음을 좌초하는 상황에서, 근대의 기계론자는 이 모든 원인을 신으로만 돌리는 자연의 인간화를 거부한다. 근대의 몇몇 뛰어난 수학자, 철학자, 과학자들은 새로운 근대세계의 물질적 유래, 중심, 기원에 대하여 연구하였다. 이들은 단지 정형화된 인간학적 가치에서가 아니라, 개인의 지능과 특성에 의하여 외부의 대상세계를 탐구하였다.

근대과학의 탄생은 단순히 르네상스 인간의 자연과 세계에 대한 지적인 욕구와 호기심만으로 갑자기 생겨난 것이 아니다. 13세기 이래로 파리 대학과 몇몇 선구적인 대학의 연구그룹에 의해 꾸준히 형성되어 온 아리스토텔레스 자연학의 해석의 이론전통을 쌓아갔기 때문이다. 그 가운데 오컴과 오컴주의자들은 새로운 인문교양의 정신을 바탕으로 기존 철학의 권위를 무너뜨리기 시작하였다. 이는 중세신학과의 결별을 통하여 이룩된 것이다. 르네상스 시기에 이르면서는 중세의 역학은 거의 붕괴하였고 코페르니쿠스와 갈릴레이에 이르러서는 거의 자취를 감추게 된다. 특별히 근대과학은 정량화할 수 있는 수학적 대상은 물질의 제1성질로, 정량화할 수 없는 대상은 물질의 제2성질로 구분하면서, 천상의 사물을 대상으로 하는 과학과 지상의 사물을 대상으로 하는 과학이 통일을 이루었다. 과거 중세신학이 인간과 세계에 내하여 설명하는 자리에 통일과학이 들어선 것이다. 자연의 탐구대상을 엄밀하게 양적 과학으로 한정한 근대과학은 더 이상 신학적 사변이 자리 잡을 곳이 없는 순수한 이론적 통제와 예견의 지점이 되었다. 갈릴레이는 천상의 과학과 지상의 과학을 정역학으로 통일할 것을 시도하였다. 데카르트는 전자의 사물의 양적 성질에 대해서는 객관적 방법으로, 후자의 감각의 질적 성질에 대해서는 주관적 인식대상으로 구분하였다. 뉴턴은 이 양자를 통일하며 지배하는 물리학을 보편법칙으로 삼았다. 이제 과학과 철학의 대결은 어떤 세계체계를 선택하려는가의 문제로 등장하였다.

데카르트는 '현재의 세계체계(le systeme present du monde)'는 단지 몇몇 극소의 공리에만 의존하는 원칙으로 이루어졌다면서, 철학이 새로운 세계를 해명하는 학문의 중심이라는 점을 내세운다. 데카르트 철학의 이러한 주장과 요구는 철학사적 측면에서 두 가지 상반된 입장을 낳았다. 하나는 갈릴레이의 자유낙하실험 이래 대륙의 합리론자들인 칸트, 헤겔, 마르크스 그리고 베버에 이르기까지 약 400년간 근대 세계화 과정의 중요한 유럽중심의 자기의식과 인간학적 자신감을 불러일으켰다. 이런 유럽중심주의 철학은 시종일관 그리스에서 로마, 그리고 중세의 스콜라 철학에서 배척적으로 유럽 외적 사유조류나 형태를 부인하는 입장을 취한다. 북미나 남미 대륙에서 유럽철학의 고유한 흐름과 인식방법 및 사유전통에 접목하고자 한다면 이러한 유럽중심주의 철학을 선택할 것이다. 반면에 다른 하나의 입장은 17세기 유럽 일반의 흐름인 포르투갈의 코임브라 학파 및 스콜라 교육의 문법과 수사학, 철학 등에 정통한 선교사들로서, 그들은 주로 유럽의 변방지역에서 그들이 받았던 교육을 통하여 선교지역의 고유한 사상과 철학 및 과학을 비교하고 절충하였던 예수회 계통의 철학이다. 이들은 주로 토미즘을 사상적 배경으로 수개월 혹은 1년 이상 걸려 전달되었던 선교활동의 보고를 통하여 동서사상교류의 길을 개척하여 나갔다. 근대철학의 전개의 초기과정에 이러한 철학의 흐름을 옹호한 철학자는 라이프니츠이다.

1700년을 전후로 라이프니츠는 근대세계 기원에 관한 논의를 통하여 동서존재론의 새로운 지반이 생겨남을 환기시킨다. 라이프니츠가 중국철학 일반에 관한 일련의 서신교환과 집필에서, 데카르트가 언급한 '세계체계'의 우위논의를 인용한 것은 시종일관 데카르트 '세계체계'의 우위를 인정하였기 때문이지만, 데카르트와 뉴턴의 세계체계도 완벽할 수 없음을 보았기 때문이다. 그의 시도는 새로운 근대 동서철학의 만남과 동시에 물질세계를 지배하는 운동의 법칙으로서 뉴턴 물리학의 원자개념과 이론대립을 의미한다.[1] 18세기 초에서 20세기 초에 이르기까지, 그리고 20세기 후반에 들어오면서부터, 중국의 청나라, 그리고 일본과 한국의 어떠한 사상가도 이러한 새롭게 변화된 세계이해와 인식조건을 준비하거나 고안해 내지 못하였다. 노벨상 수준에 도달하는 과학이론을 만들어낸 인물이 탄생하지 못한 것은, 인물이 세계를 새롭게 변화시킨다는 인식론적, 인간학적 원칙에 충실하지 못했기 때문일 것이다.

라이프니츠는 신유학의 세계구성, 세계기원에 관한 형이상학적 원리를 스콜라 세계개념과 대비하였고, 더불어 자신의 철학체계에 이러한 통합적 세계관을 포괄하고자 시도하였다. 거기서 세계를 하나로 묶는 보편적인 통합적 세계이해에 대한 희망을 품고, 동서의 사상세계를 접목하고자 한 그의 300년 전 시도는 여전히 불충분하고 또 완결된 것이 아니다. 하지만 오늘날의 관점에서 문리학 혹은 형이상학의 세계통일을 위한 그의 시도는 근대 동서

---

1) 세계는 언제 생겨났으며 인류의 공통된 존재론의 기반이 있는가 하는 세계기원과 동서존재론의 물음은 이 글의 근본가설이며 동시에 요청이다.

존재론의 차원에서 다시 검토되어야 한다. 그래서 이 글은 특별히 라이프니츠의 영원의 철학의 근본이념을 따라 근대세계의 인간, 자연, 신에 관한 근원적 존재론적 물음에 집중하면서, 어떠한 존재론적 조건과 전제하에서 어떠한 방식으로 우리에게 철학하기가 가능한가에 대한 문제제기와 모색을 하고자 한다.

2. 동서존재론의 근본전제와 조건

1) 인간영혼

라이프니츠와 대부분의 서양사람들은 인간과 세계는 각각 신에 의하여 창조되었다고 전제한다. 우주의 창조와 피조의 질서는 전혀 다른 것이다. 이러한 필연적 관계에 대한 17세기 유럽의 인간학적 사고를 지배하던 이론은, 이 세계에는 오직 하나의 개별자인 신만이 있다는 범신론이다. 우주의 창조와 보존 및 파괴의 질서가 별 문제가 되지 않는 이 범신론은 중세의 아베로이스주의자들에 의하여 대변되었고 근대의 스피노자에 의해 다시 살아난다. 하지만 여러 모로 유럽의 철학자들은 이러한 아베로이스주의에 반대하여 논쟁하였으며, 중국의 영혼관에 대해서도 이와 동일한 비판적 잣대에 서 있었다. 라이프니츠도 동양의 도덕철학을 접하면서 어디에선가 왔다가 어디론가 가는 인간영혼의 소재와 근원에 대한 중국인의 영혼관에 주의를 기울인다.

모든 인간영혼이 본원적인 원형의 영혼으로부터 찍혀 나온다면, 개별영혼의 존재에서 서로가 구별되는 개성을 찾기 어렵다. 모든 영혼은 동일한 근원을 갖는다는 고대 중국인의 인간영혼에 관한 견해에 대하여, 라이프니츠는 중국인들은 인간영혼을 보편본질(la Nature Universelle)로 취급하였다고 진단한다. 보편본질이란 통상적으로 하나의 영혼이 모든 영혼과 똑같이 생각하고 움직이는 활동성의 본질로 이해할 수 있다. 여기서는 '우리 모두가 같은 생각을 하고 있다'는 생각이 자연스럽게 들린다. 인간이 태어나거나 죽어 영혼이 내려오거나 올라가도, 궁극적으로 인간영혼은 보편본질로 돌아간다는 것이다. 우리 모두가 같은 생각을 하고 있다면 같은 생각을 하는 많은 사람을 하나로 묶을 수 있는 규범을 제시하기 쉬우나, 그 중에 다른 생각을 하는 사람을 용납하기 어렵다. 여기에 반하여 라이프니츠가 옹호하는 모든 인간영혼은 한 개별자이다. 한 개별영혼은 모든 영혼으로부터 다르며 서로의 생각이 독립적이다. 너와 나는 본래적으로 달라야 하고, 다음으로 나는 나이고 너는 너인 개별화가 이루어진다. 그러므로 개별자의 길은 근원적으로 '우리 모두가 다른 생각을 하고 있다'가 자연스럽다. 통상적으로 하나의 영혼이 모든 영혼과 똑같이 생각하고 움직이는 것이 보편본질의 길이다. 그러나 하나의 영혼은 모든 영혼으로부터 다르며 독립적으로 생각하고 움직여야 하는 길은 개별자의 길이다.

인간영혼의 기원을 둘러싼 동서존재론의 갈등으로서 형이상학의 문제는 물질과 정신의 본질의 차이에 대한 실체인식과 관계된다. 몸의 본질에서 오로지 물질의 존재만을 인정한다면 죽음 이후에 차별로 오는 정신의 실체로서 영혼의 독립적 존재 여부를 따지기 어렵다. 라이프니츠는 『중국인의 자연신학론(*Discours sur la théologie naturelle des Chinois*)』에서 중국인의 영혼불멸의 논증문제를 취급하면서, 중국인들은 오로지 물질적, 현세적 실제만 인정하고 정신적 실체를 인정하지 않았는가 하는 문제제기를 하고, 중국인들이 정신적 실체를 부인하지는 않았다는 추측과 판단을 내린다. 라이프니츠의 이러한 판단은 반드시 틀리다고는 할 수 없지만, 죽음 이후의 영혼불멸의 실체의 문제는 전통적으로 철학의 문제가 아니라 종교적 신앙의 대상문제이다. 철학적 숙제로 라이프니츠 이후 칸트는 이 문제에 즈음하여 감성과 오성을 통일하는 선험철학의 고유한 관심이 판단력 비판의 문제라는 점을 분명히 하였다. 개별화의 길은 형상과 질료의 원인에 의한 '개별화의 원칙'을 따르고, 보편본질의 길은 태극과 양의를 바탕으로 하는 남녀합성지도에의 선천적 연역도식에 초점을 맞추고 나아간다. 여기서 인간영혼의 철학적 성찰의 주어로서 신은 동서존재론의 기초에서 보자면 아주 상이한 역할을 갖는다.

2) 신

중세철학은 세계의 운동원인에 대하여 궁극적으로 아리스토텔레스의 『형이상학』 12권의 "신은 자기는 움직이지 않으면서 남을 움직인다."는 규정을 통하여 천체의 움직임을 설명한다. 근대철학의 홉스는 부동의 원동자를 무한운동으로 해석한다. 천체의 움직임은 무한운동에 의한 것이다. 1277년에 불거진 아리스토텔레스 『자연학』 해석의 논쟁, 1585년 브루노의 화형, 1610년 갈릴레이의 종교재판에 이르기까지 '세계기원'과 우주의 영원성에 관한 논의는 전적으로 신의 능력 내지 전능에 관한 것이다. 해와 달의 운행에 필요한 힘은 신의 능력의 문제이다. 천체운동이 궁극적으로 신의 최종운동에 의거한다면, 신학적 전제의 이면에 놓인 과학적, 기계론적 사고는 존재의 생성원인과 세계의 기원을 엄격하게 기계론적으로 짜 맞추는 것이다. 데카르트의 생각을 따르면 외부세계 존재는 인식주관과 우주론적 교감을 가지며, 우주의 완전함이 인간의 완전함에 해당된다는 세계의 완전성 테제로 연결된다. 데카르트의 세계의 완전성 테제는 직접적으로 스콜라 철학의 문을 연 안셀무스로부터 온다. 그 이론적 완결성은 중국 한나라 동중서의 성리학 체계에도, 송나라 신유학의 사유체계에도 비길 만해 보인다. 하지만 근대화 과정을 정당화하는 근대 동서존재론의 지반은 아직 다져지지 않은 미완으로 진행 중이다.

이러한 근대화를 정당화하는 과정에서 라이프니츠는 데카르트의 신 존재의 우주론적 증명방식에 존재론적 개선을 시도한다. 그의 가장 중요한 아이디어는 바로 가능세계의 관념이다. 이 세계는 모든 가능한 것의 합리적 총체이고, 그 중에 가장 많은 가능성을 포함한 최상의 현실이다. 생각하는 대로 현실이 되는 것은 순수질료로서의 신의 현실이다. 신의 현실에서는 본질(Esse)과 존재(Existenz)의 차이가 없다. 신의 현실이 우리가 살아가는 현실이 되는 형이상학적 기초가 곧 사유의 무모순성이다. 예를 들어 사각형으로 원을 만드는 것의 비본질적 차이는 사유 불가능하다. 하지만 둥근 원 안에 사각형을 집어넣으면 그것은 사유 가능한 어떤 그 무엇이다. 그러나 원 안에 사각형이 들어 있기 때문에, 그것은 아무것도 아니다. 생겨나는 둥근 사각형은 아무것도 아닌 그 무엇이다. 철학사에서는 원이 사각정방을 싸는 이 둥근 사각형의 기하학적 형태는 사유의 무모순성의 표현으로 일컬어져 왔다. 스콜라 철학에서는 이러한 형태의 둥근 사각형의 개념구성은 아무것도 아닌 그 무엇인 줄 누구라도 알 수 있다고 했다. 라이프니츠는 이러한 '아무것도 아닌 그 무엇'의 규정은 경험과 선험을 아우르고 모순으로부터 자유로운 사유의 왕국에 최상의 예정조화와 이성이 세계를 안착시키는 초 세계지성으로서의 신이라고 불렀다. 그러나 우연치 않게도 1700년대 라이프니츠는 예수회 선교사 부베가 북경에서 보내온 원형 속에 사각형으로 엮어놓은 역의 괘 상의 순서를 도해한 방원도를 읽게 된다. 철학자가 생각하는 신의 현실은 창조의 비밀을 설명하는 것이었기 때문에 적어도 라이프니츠는 역이 함축하고 있는 세계상은 17세기 일반의 이신론의 전통에 비추어보아서도 전혀 문제가 되지 않는 기독교의 신에 의한 세계창조의 비밀과도 일치한다고 보았다. 신이 창조한 세계는 이미 케플러가 생각한 이심원의 천체모델처럼, 수학적 계산으로 밝혀진다. 라이프니츠는 여러 모로 10진법을 개선하는 계산방식으로 이진법을 발전시켰고, 아울러 이진법의 논리적 기초를 존재론과 형이상학의 바탕에서 근거 지어주는 연구를 수행한 바 있다. 라이프니츠가 이야기하고자 하는 존재론의 기원은 바로 계산 가능한 조화의 수리적 배경에 있다. "신이 계산하면 우주가 생겨난다(Cum Deus calculat fit mundus)."는 이러한 조화로운 존재론을 뒷받침하고 있다. 그는 소강절의 역을 이진법으로 접근하여 기독교의 창조질서를 해석하려고 시도한다. 라이프니츠가 파리 학술원의 정회원으로 가입되면서 파리 학술원 측으로부터 요구받은 데뷔논문으로 이진법에 관한 논문을 보낸 것도 그러한 이유에서 살필 수 있을 것이다. 지금까지 동양의 존재론의 가장 심원한 원천으로서 역의 세계는, 근대 이래의 서양과학과 최근의 컴퓨터 수학 및 공학 이론에서 가장 경쟁적인 이론으로 주목될 충분한 이유가 있다.

3) 시공

서양 근대가 해석한 자연과 우리가 경험하는 자연에는 별다른 차이가 없다. 그러나 서양 근대는 자연에는 원인도 목적도 없다고 보았다. 자연에는 오직 역학적으로 해석될 수 있는 작용과 운동만이 있다. 그래서 존재론적으로 데카르트의 세계는 사유와 연장, 몸과 마음, 정신과 물질처럼 이원론의 구도로 나간다. 그래서 데카르트는 자기의 관념 안에서 바라보는 태양의 크기와 실제 존재하는 우주에서의 태양의 크기는 차이가 있다고 실토한 바 있다. 우리가 바라보고 경험하는 근대적 세계는 본질과 현상에서 다를 수밖에 없다는 것이다. 이미 후설이 지적하였던 것처럼 본질적으로 물리학적 객관주의와 선험적 주관주의의 피할 길 없는 대립의 미로에 있다. 이런 관념의 이원성 문제를 선취한 라이프니츠는 공간을 궁극적으로 모나드의 지각과 그의 판명한 인식등급에 따라 사물들 간에 상존하는 질서로 본다. 시간이란 모나드가 지각하는 인식등급의 앞서고 뒤따르는 상호계기적인 질서이다. 모나드란 원자에 대한 반대구도로서 우주의 참된 실체란 물질이 아니라 정신이 우위에 있음을 의미한다.

라이프니츠는 자연의 참된 실체는 원자가 아니라 구체적으로 모나드일 수밖에 없다고 결론을 내린다. '원자'라는 용어(term)는 이미 용어상의 모순이라는 실질적 근거뿐만 아니라 물리학 배후의 형이상학적 근거 때문에라도 받아들일 수 없다. 라이프니츠는 근대과학에서 질료가 하나같이 같아야 하는 점에 대하여, 혹은 모든 영혼이 하나같이 똑같다는 관점에 대하여 1694년『실체관념과 제일철학의 개선에 대하여』에서 질료를 일차적 및 이차적 질료로 구분한다. 라이프니츠는 이 구분을 통하여 데모크리토스, 가상디, 뉴턴 등의 원자이론에 반대하고 데카르트 역학의 오류를 극복하고자 시도한다. 물질을 점하는 공간이란 결국 추상적인 수준에서 구체적으로 '장소', '위치'로 국지화되는 관계관념이다. 자연의 참된 실재란 물질이 최소단위로서 원자가 아니라 이러한 관계의 사태를 머금는 모나드이다.

성리학도 물질에 대한 정신의 우위는 외부세계의 사물의 질서가 우리에게 본래적으로 주어져 있는 어떤 일정한 심성의 구조에 의존하다는 사유구조를 따른다고 설명한다. 이러한 사유구조는 성리학의 심통성정도(心統性情圖)와 태극도설(太極圖說)의 이론이 잘 드러내고 있다. 시공은 역의 방위구도에서 동시에 도출된다. 예를 들어, 동, 서, 남, 북 그리고 중앙이라는 방위는 음양동정(陰陽動靜)에 의하여 수(水), 화(火), 목(木), 금(金) 그리고 토(土)라는 오행의 질서로 자리 잡는다. 해(日)와 달(月)이 맞물려 어울리며 운행하는 우주의 질서라면, 이미 태극도설의 방위도에서 시공이 도출된다. 역의 선천과 후천 양대 도식의 팔괘의 배열은 공간과 시간을 달리 도출할 수 있게 함에도 근본적으로 팔괘의 각 요소들은 모두 자연현상을 닮는다. 라이프니츠는『중국인의 자연신학론』에서 이러한 성리학의 배경적 지식의 정보를 얻지는 못했지만, 자신의 모나드 이론에 따라 이러한 세계질서에 대한 철학적 함의를 헤아리고는 있었다.

칸트는 모든 질료세계의 원인으로부터 순수하게 지성 혹은 오성을 분리하였다. 그는 주관적 사유를 통하여 세계를 체계적으로 구축하여 질료에 대한 감성과 오성의 차이를 밝혔다. 칸트는 시간과 공간은 우리의, 혹은 몸과 마음의 직관 형식으로 주어진다고 보았지만, 순수오성개념의 선험적 연역이라는 과제가 없으면, 직관은 맹목에 불과한 것이라고 보았다. 하지만 칸트의 구상은 이미 철학사적으로 라이프니츠에게 접수된 역의 팔괘의 방위에 각각 선천과 후천 도식에 주어져 있었다.

4) 공통관념

17-18세기에 지구상의 모든 민족은 동등하지 않았다. 그 외면적 이유는 지구상 도처에서 인간의 외적 세계대상의 당위에 대한 본유관념과 존재에 대한 공통관념에 대한 가정이 달랐기 때문이

다. 먼저 '인간과 신과 세계', '인간의 본래적 인식능력과 외부세계의 객관성'의 문제에서 유럽의 근대철학은 두 진영으로 결별하였다. 합리론의 사유전통은 인간의 본유관념을 연역적으로 전제하였던 반면에 영국의 경험론은 거부하였다. 이러한 이견은 인간의 선험적 공통관념의 존재론적 요청을 불러일으켰다. 합리론과 경험론의 대립이 공간적 한계에서 발생한 것이라면 유럽과 아시아 사이의 사상의 발전의 맥락도 동일한 유추로서 진단할 수 있다. 마테오 리치는 중국에서 심장에 씌어진 법으로서의 양심의 선험적, 보편적 심성을 말하는 사도 바울의 말을 인용한다. 그는, 처음부터 인정된 것으로 상정하는 '근본가정' 내지 '원칙'이라는 의미에서 스토아인들이 부른 '프로레페이스(prolepheis)'와, 데카르트가 사용한 '건전한 오성(le bon sens)'이라는 용어와 관련하여 『천주실의』에서 이를 '양지(良智)'라고 번역하였다. 수학자들은 이를 공통관념(notiones communes)라고 하고 스칼리거(Julius Scaliger, 1484-1558)는 이를 영원의 '씨앗(semina aeternitatis)'이라고 불렀으며, 조피라(Zopyra)는 우리의 내면에 감추어진 모양들로, 감성적인 체험에 철거덕 접촉하기만 하면 튀어 오르는 살아 있는 불, 누르고 있다가 놓으면 튀어 나가는, 방아쇠를 통한 총탄 같은 찬란한 불꽃이라고 불렀다.

17세기의 인간본성 가운데 자리 잡는 공통관념에 관한 논의는 성리학의 사단칠정 논쟁과 비슷하게 대응하고 있다. 여기서 우리 자신의 사상의 토양에서 서양 근대의 인성과 세계의 실재에 관한 이론 갈등을 수용하고 발전시켜 나갈 수 있는 토대가 놓여 있다.

3. 동서존재론의 가설적 기초

1) 가설의 토대

근대의 우주론은 아리스토텔레스, 프톨레마이오스에서 코페르니쿠스 세계관의 전향 이래 갈릴레이, 케플러를 거치며 마지막으로 뉴턴의 고전물리학의 완성을 가져왔다. 고전역학의 완성은 18세기의 뉴턴의 승리에서 20세기 초까지 눈부신 과학적 세계관을 열어가는 계기를 주었다. 다른 하나의 영역은 라이프니츠의 모나드의 세계로, 원자론을 대표하는 과학이론과 모나드론을 대표하는 형이상학 이론의 충돌이다. 18세기 초 뉴턴이 강의한 케임브리지 대학 출신의 클라크와 라이프니츠의 서신논쟁은 칸트에서 아인슈타인에 이르기까지 과학철학사에 큰 영향을 끼치게 되었다. 라이프니츠는 말년에 건강상의 이유로 뉴턴 옹호자와 힘겨운 논쟁을 벌이면서, 『라이프니츠와 클라크의 편지』, 그의 필생의 핵심사상을 담은 『모나드론』, 『자연과 은총의 원리』 그리고 1716년에 『중국인의 자연신학론』을 출간한다.

당시 유럽의 신과학이 성공적으로 발전할 것이 예견되었음에도 불구하고 라이프니츠는 1697년 『최신중국소식(Novissima sinica)』을 편집한다. 라이프니츠가 중국학에 대한 초보적인 관심을 넘어 말년에 『중국인의 자연신학론』을 집필한 것은 한마디로 동서철학의 다리를 놓은 중대한 의미를 갖는다. 라이프니츠는 17세기의 보편적 사상가로서 이미 플라톤과 아리스토텔레스가 완성한 전형적 그리스 철학의 지적인 전통을 넘어섰다. 라이프니츠는 아시아의 정신세계에 이르기까지 광범위한 관심을 가졌다. 따라서 근대 철학사를 단순히 고대 그리스에서 중세를 거쳐 르네상스의 유럽 전통중심으로 파악하는 것은 라이프니츠의 철학적 관심을 위해서는 부적절해 보인다. 유럽철학의 기본흐름이 칸트, 헤겔, 마르크스에 이르기까지 동양의 정신세계와 철학에 대한 비하와 평가절하로 이어졌던 점을 회고하면 라이프니츠의 철학적 모색은 오늘날 포스트모던 세계를 미리 예비한 동서철학의 징검다리 역할을 한 것이다. 라이프니츠가 『중국인의 자연신학론』에서 산발적이고도 포괄적인 이해로서 이끌어가는 동서비교철학 논의의 문헌적 고증과 논증의 신빙성은 그다지 높지는 않다. 하지만, 무엇보다 라이프니츠가 다루었던 중국철학에 관한 주제는 자신이 바라본 유럽철학 배경과의 연관에 강조점이 있어 보인다.

(1) 형이상학 : 신(神)과 이(理), 질료(質料)와 기(氣), 진공(眞空)과 태허(太虛), 원칙(原則)과 태극(太極) 등의 개념 짝이 중심 논의이다. 이들은 모두 송나라 신유학의 기본개념이며 라이프니츠가 차용한 개념 또한 스콜라 철학의 기본이론이다. 막상 여기서 나열한 개념의 대비 자체로서는 의미체계를 위한 기여가 없다. 그러나 이들의 상관관계를 근대 동서존재론의 근본함의에서 출발한다면 서양의 어느 누구의 사상이든 혹은 동양의 어느 누구의 사상이든 병행될 수 있는 연결이 가능하다.

(2) 존재론과 인식론 : 라이프니츠의 이진법의 체계가 역의 상징인 음양의 수리 논리적인 가정과 일치된다는 생각은 부베에 의하여 공식적으로 표명된 바 있다. 우리는 이 점을 동서존재론의 근본가정으로 삼는다. 음(＋)과 양(－)의 부호를 통하여 사고의 시원을 열어간 자는 고대 중국의 복희씨이다. 리이프니츠는 '0'과 '1'의 수리 논리적 가치를 기초단위로 근대존재론을 세웠으므로, 복희씨의 음양체계와 라이프니츠의 이진법 체계는 근대 동서존재론의 새로운 지평을 열었다. 데카르트 인식론의 출발이 명석판명

이라면, 라이프니츠 인식론의 출발은 어두움과 밝음이다. 즉 다른 말로는 어두움의 음과 밝음의 양의 방법이 근대 동서존재론의 인식론적 기초이다.

(3) 인간학 : 11세기 안셀무스의 "왜 신은 인간이 되셨느냐(cur deus homo)?"는 질문은 데카르트의 인간의 완전성 내지 우주의 완전성의 테제에 의하여 인간이 신이 되는 문제로 바뀌었다. 서양 인간학은 개별화의 원칙으로 이 인간 저 인간의 차별이 생기고 몸과 마음이 일치되는 개별화를 설명한다. 그러나 성리학에서는 남녀성인지도의 원형적 모델 등을 통하여 인간과 세계의 기원을 설명한다. 일주일의 운행을 보면 일월이라는 음양의 원리가 세워진 다음, 수, 화, 목, 금, 토의 5가지 오행이 더해져서 건도는 남성, 곤도는 여성을 이루어, 인간이 되는 합리적 원리를 세운다.

2) 공통지반

17-18세기 동서존재론의 영역에서 일정한 지구적 유형의 사고가 시작되었다. 비록 문헌 비판적 문맥에서는 그 연관성이 분산되어 있지만, 근대의 동서존재론에는 서로 간의 내재적 독립성이 있고 그렇게 볼 공통적인 근본유인을 갖고 있다. 다음과 같은 가설이 성립한다.

(1) 서양 근대철학은 아리스토텔레스의 카테고리를 새롭게 대치하고자 시도한다. 자연에 대한 새로운 혁명적 지식의 증가와 더불어 자연과학의 발달로 자연적 외부세계에 대한 새로운 실재론적 카테고리에 의하여 자연을 기술하려는 이론적 욕구가 등장한다. 라이프니츠는 근대 정신세계의 지평을 확대하는 과정에서 이진법과 역의 논리구조에서 동서양을 두루 관통하는 존재론적

지반의 가능성을 찾았다.

(2) 동양 존재론의 지반은 10세기 송의 성리학이 대륙에서 발원하여 한반도로 이어지면서 15세기 이래 조선시대에 우리의 독특한 사유양식으로 자리 잡았다. 이 조선 유학은 17세기 이래 다시 대륙과 일본에 서학이라고 통칭되는 이름으로 전래되어 온 학문일반에 대하여 새로운 학문적 입장을 정립한다. 조선 유학이 18-19세기 실학이라는 이름으로 새로운 학문적 수용과 변용 과정을 거치는 점은 우리의 전통사유의 양태와 변수이다.

(3) 동양 형이상학 일반은 천(天), 지(地), 인(人)의 기본재화로서, 서양의 근대 존재론의 신, 자연, 인간의 실체탐구에 대하여 상호독립적 수용과 유비를 이룬다. 이런 존재론적 바탕에서 성리학은 이기의 개념으로 세계를 현상화하였고, 데카르트 이원론은 사유(마음)와 연장(몸)으로 세계를 실체화하였다. 이기이원과 이기일원의 본체론, 음양의 내재적 실재와 남녀합성지도의 규정, 이진법과 역의 접합의 수평적 유추는 타당한 비교연구대상이다. 17세기 동서존재론의 인식론적 관점에서, 동양에서 신의 지위는 단지 측량할 수 없는 음양의 내재적 실재이지만, 서양에서 신의 존재는 초월적, 외재적 실재이다.

3) 개념적 도식주의

17세기 합리론의 마음과 몸의 사유모델은 성리학의 이기이원이나 이기일원의 본체론과 일정한 개념적 아날로그가 있다. 이를 위한 인공적 기호로서 '→'은 '영향을 미치다' 혹은 '도출되다', '≡'은 '무차별적 동등'을 의미하고, '↔'은 '예정조화되어 있다'로 놓고 양자의 논의를 도식화할 수 있다. 성리학의 논의에서는 이기의 혼합(混合), 불상잡(不相雜) 혹은 합성(合成) 등의 개념이 사용되는데, 실제로 서양 근대철학에서 몸과 마음의 사유모델은 근원적으로 아리스토텔레스의 질료와 형상의 형이상학으로 거슬러 올라간다. 그뿐만 아니라 중세의 보나벤투라나 토마스의 질료동형질 학설은 오늘날 근대철학의 심신모델의 해석에 결정적 의미를 던진다.

(1) 데카르트 모델 : 마음 → 몸   이(理) → 기(氣)
(2) 스피노자 모델 : 몸 ≡ 마음   이 ≡ 기
(3) 라이프니츠 모델 : 몸 ↔ 마음   이 ↔ 기

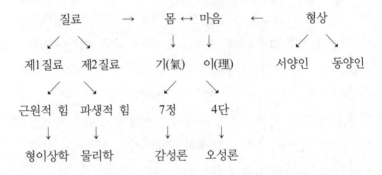

위의 도식에서 뉴턴 물리학은 근본적으로 제2질료에서 오는 파생적인 힘에서 출발한다. 이 도식은 어느 정도 성리학과 서양 근대철학의 심신모델과 개념적 유사성을 보여주고 있지만, 지나친 단순화의 위험은 경고되어야 한다.

4. 맺는 말

지금까지 동서비교철학에 대한 지배적인 접근은, 서양 근대철학의 계속적인 발전에 비하여 상대적으로 뒤쳐져 있던 동양철학이 세계철학을 위한 상보적인 역할을 할 것이라는 상보테제로 기울었다. 그러나 본 연구의 동서존재론에 대한 가설적 접근에 따르면, 이미 근대세계가 탄생하던 시기에 상보적인 세계모델의 가교가 놓여 있었고, 세계기원은 거의 동일한 사실성에서 세계이해의 이론적 모델을 위한 과학과 철학의 대립으로 이어졌다. 소위 데카르트가 말한 '현재의 세계체계'를 위하여 뉴턴과 라이프니츠의 원자와 단자의 세계관적 대결이 시공을 넘어선 존재론의 확장을 가져왔을 때, 근대 동서존재론은 거의 동등한 레벨에서 그 근원적 공통분모를 찾아냈다. 그것이 근대 이래 이진법의 발전과 역의 음양의 이가원리이다.

공통된 동서존재론의 지반으로서 이진법과 음양의 이가원리는 데카르트의 인간과 우주의 완전성 테제, 성리학의 남녀합성지도, 시공의 도출, 신의 음양의 내재적 실재와 초월적, 외재적 실재라는 의미론 체계를 형성한다. 이러한 근대 동서존재론의 가설적 토대에 따르면, 우리의 인문학 전통에서 실학이라는 학문의 방법적 태도와 흐름은 신유학의 전통을 전적으로 수용하면서도 청나라를 통해 들어온 서학에 접근하면서 차츰 세계철학으로 향하여, 한국학의 독창적인 근대세계의 공간과 기원에 관한 발상이 등장한다. 이러한 세계회된 개별회의 사유결과아밀로 우리 인문학이 동서존재론의 철학적 반성을 통하여 보편성을 획득하는 계기를 만든다. 우리가 바라보고 경험하고 인식하는 자연과 인간이 하나의 동일한 사실성과 공통존재론의 지반에서 질료의 반성적 새로움으로 채워질 때, 우리는 새로운 미래 한국학의 정체성과 자신감으로 세계철학의 발전에 기여할 수 있다.

제 3 장

비교철학사적 근거

1. 비교철학의 탄생배경

현재 지구상에 정신적으로나 지성적으로 근대 동서세계인에 가
장 가깝고 친숙한 공통된 지식체계는 15세기의 르네상스 시기에
형성되었다. 오늘날 현대문명의 정신적 근간이 르네상스 시기의
고전문화부흥 운동기간에 만들어진 것이다.[1] 1450-1700년 이탈
리아를 중심으로 유럽 전역으로 확산되어 지성의 불길을 지핀 르
네상스의 시발점은 중세 후기인 14세기에 이미 시작되었으며, 심
지어는 13세기까지 거슬러 올라가기도 한다. 근대 이래의 지식체
계의 변용과 현대적 사유의 형성과정은 여전히 암중모색(暗中摸
索)에 있음에도 불구하고, 근대 이래로 동서문명권의 지식체계는
차별화 없이 점차로 동화되어 가는 추세에 있다.[2]

---

1) 서양근대철학회, 『서양근대철학』, 창작과비평사, 2001 참조.
2) H. Hülsmann, *Die Technologische Formation*, Berlin, 1985.

동양에서 일어난 사상의 변화는 서양의 르네상스 의미의 정신 자각운동(精神自覺運動)이라고 부를 만한 것은 없다.[3] 같은 시기에 동아시아 정신세계는 유교가 불교와 헤게모니 논쟁을 벌이면서 불교에서 유교로 주류가 옮겨가고 있었다. 당시 고대 중국의 원시유학사상의 재부흥을 두고 서양의 르네상스와 같은 맥락에 놓고 평가하기는 어렵다. 불교는 인도에서 발생하였지만, 동아시아 세계로 건너오면서 더욱 정치한 이론으로 철학적 사색을 통하여 최고조로 발전된 것이 중국 불교이다. 중국인들은 불교를 통하여 그들의 고대 원시유학을 중국적으로 개념화하고 철학적 성찰을 심화하였다. 동아시아 최고의 학문인 성리학이 탄생한 배경이 곧 중국 불교였다. 비교철학적인 관점에서 보자면 비록 불교가 일찍 중국에 들어오긴 하였지만 수백 년 이상 불경의 개념을 번역할 언어가 중국에는 없었다. 그렇기 때문에 중국인들은 그들의 고대 사상에서 불교개념에 합당한 언어를 찾아내기 위하여 도가와 유가의 사상의 언어에 전념하였다. 그 결과 더욱 심원한 우주론과 인성론의 체계를 갖춘 성리학이 생겨난 것이다. 한국의 경우에는 삼국시대에 들어온 불교는 신라의 삼국통일시대의 사상적, 정신적 견인차 역할을 하였다. 고려시대에 이르러서는 국교로서 몽고의 침입 시에는 호국불교의 역할을 감당하였다. 고려의 멸망과 더불어 불교는 쇠락하면서 유교가 융성하게 발전하였는데, 이는 중국에서도 마찬가지였다. 주목할 만하게도 11세기에서 13세기에 이르는 기간 중세의 동서양은 전혀 혹은 거의 상호접촉

---

3) 중세 송나라를 거치면서 만리장성 북쪽 몽골족의 중원지배에 항거하면서 공자의 원시유학을 재생한 것과 외래종교인 불교를 받아들이면서 깨우치고 이해하기 위하여 노장의 철학적 개념을 빌려온 것이 중국인의 정신적 자각운동의 소산이라면, 서양의 르네상스의 고전부활 정신과도 일맥상통하는 바가 있을 것이다.

이 없었음에도 불구하고 독립적인 사유체계를 형성하면서, 당시 세계인은 저마다의 사상의 발전을 최고조로 구가하였다.

근대를 열어가는 정신혁명에 해당되는 르네상스는 고대 그리스와 로마의 고전을 자국어로 번역하면서 생겨난 유럽인의 정신자각운동에서 생겨났다. 정신의 자각은 인간을 본위로 창의적인 개성과 자유로운 상상력으로 현실을 개혁하려는 활동으로 번지기 때문에 그 특성상 이미 13세기에 인문주의의 단초가 발아되었다. 그래서 초기 르네상스를 14세기의 단테(Dante Alighieri, 1265-1321)와 페트라르크(Francesco Petrarch, 1304-1374)의 저작 그리고 지오토(Giotto di Bondone, 1267-1337)의 회화 등 작품정신에서 시작한다는 데에 많은 학자들은 동의한다.[4] 정신의 각성운동이 일어난 계기는 중세에 아랍인들에 의하여 번역되고 주석이 붙여진 그리스의 고전에 대한 원저작자의 정신을 찾는 과정에서 비롯된다. 유럽인 스스로 그리스 원전을 자국어로 번역하면서 그들 자신들이 누구인지에 대한 정체성을 자각하면서 고전정신의 부활운동이 불붙기 시작하였다. 원래 중세를 지배하던 아랍의 지식은 스페인을 통하여 유럽으로 직접 들어왔다. 중세에 유럽인들 자신이 알고 배운 고전지식은 이미 아랍세계에 성숙하게 동화된 그리스 지식이었다. 근동에서 꽃피웠던 수학은 13세기에 유럽에 유입되면서 서양의 수학 발달에 기여하면서 17세기의 과학혁명을 일구어내는 데 결정적인 역할을 하였다.

르네상스의 고전정신 부흥운동이 폭발적으로 일어나게 되는 결정적인 계기는 1204년에 함락당하여 동로마제국의 명맥을 이어가던 비잔틴 제국이 1453년에 실질적으로 몰락함으로써 시작된

---

4) K. Flasch, *Das philosophische Denken im Mittelalter*, Reclam, 2000, SS.418-422.

다. 비잔틴 제국의 몰락으로 그동안 콘스탄티노플에 거주하던 수많은 그리스의 학자들은 대거 서방으로 몰려들기 시작하였다. 이들은 서방에서 오랫동안 잊어버리고 있었던 고전 그리스 문명의 지식을 직접 유럽에 전수하였다. 이로써 아랍 지식이 지배하던 중세 유럽의 지적인 풍토는 근본적으로 서유럽문명의 전통을 계승하는 방향으로 바뀌게 된다. 신중심주의에서 살아왔던 서양의 지적인 정신세계는 비잔틴으로부터 유입된 문명전수를 통하여 서유럽인 자신의 정체성에 대한 의식변화를 경험하게 되었다. 종전의 신중심주의 사고방식은 차츰 인간중심으로 살아가려는 인문주의(Humanism) 정신으로 변모하였다. 인문주의자들은 그 자체로는 철학이 아니라 고전문헌 학습방법에 주목하였다. 저자들 사이의 모순을 해결하는 데 집중하였던 중세 스콜라 철학의 방식에 대비하여 인문주의자들은 원본으로 고대 텍스트를 직접 연구하였다. 그 결과 그들은 자신들의 경험적 자명성이 기초하는 추론으로 학문을 닦을 수 있었다. 인문주의자들은 시, 문법, 윤리학, 수사학을 포함하였던 인문주의 교육에서 원본과 번역의 차이에 주목하면서, 인간정신의 유일하고 비범한 능력을 인식하고 개발하였다. 르네상스에 의한 고대의 자유로운 인문정신의 발견은 서양인이 과거에 잃었던 자신감을 회복하게 하였다. 르네상스의 인문주의 정신은 유한한 우주에서 무한한 우주로의 사유의 확장을 가져오면서, 지구상의 새로운 하늘과 땅과 바다를 찾아나서는 결정적인 계기를 만들었다. 이상한 일이긴 하지만 당시까지 동아시아 세계인들은 같은 하늘과 땅을 보았더라도 본 것이 아니었고 알았어도 안 것이 아니었다.

르네상스의 서양인의 자신감과 우월감은 나머지 세계에 대한 무한한 성취감을 부추겼다. 합리성, 무한성 그리고 개별성으로 특징지을 수 있는 이 시기에 새로운 정신은 새로운 땅과 세계를 의미하였다. "나에게 한 점을 주면, 지구를 옮기겠다."라는 아르키메데스(Archimedes)의 과학적 가설이 공개적으로 등장하였다. 이시기의 몇몇 천재 사상가들은 '세계'에 대한 체계적이고도 합리적인 관점을 제시하였다. 천체의 태양과 모든 별들과 유성 및 위성 궤도 등 자연에 관한 지식의 폭발적인 증가가 새로운 정신을불러일으켰다. 아리스토텔레스-프톨레마이오스(Aristotle-Ptolemy)의 천동설의 붕괴가 이러한 지식 팽창을 촉발한 원동력이었다. 천동설의 붕괴는 17세기 인간의 지성의 승리였다. 서양의 아리스토텔레스-프톨레마이오스 천동설은 동양에서 중국의 직방세계(職方世界)5)의 편리한 구상과도 맞먹는 천체이론이었다. 하지만 갈릴레이의 종교재판을 거치면서 천동설 대신 지동설 이론이 맞는다는 것은 누구에게나 공공연하게 알려진 비밀이 되었다. 이것은과거 동아시아 세계의 일부를 차지하던 고조선이나 고구려, 신라, 백제, 통일신라, 고려 그리고 조선의 역사의 입장에서는 중국이항상 세계의 중심이라는 이론적 가설을 여지없이 무너뜨리는 이론적 쾌거를 의미하였다. 중국은 항상 중국인만의 국가가 아니었으며, 중국의 역사 또한 이민족 지배의 역사가 대부분이었다. 그럼에도 불구하고, 중국은 중국이 세계의 중심이라는 세계관으로주변국가의 위상을 격하시키고 자신의 입지를 높임으로써 마치전제주의 제국과도 같이 행세하였다. 동아시아 세계의 역사와 철학 그리고 인문학의 중심이 중국 문명과 문화의 흐름에서 나왔다고 볼 수 있기 때문이다. 그러나 태양을 중심으로 하는 지동설의등장 이후 세계의 중심은 어디에도 없었다. 세계의 중심은 더 높

---

5) 송영배, 『동서철학의 교섭과 동서양 사유방식의 차이』, 2004, 72쪽.

고 뛰어난 지성이 움직이는 세계로 이동하고 있었다.

서양에서는 중국이 강요한 중국중심의 직방세계관과는 달리, 아리스토텔레스-프톨레마이오스 천동설에 대한 코페르니쿠스 및 갈릴레이로 이어지는 태양 중심적 지동설로의 전환은 한마디로 세계를 하나로 묶는 새로운 존재론을 탄생시켰다. 오늘날 중국이나 일본, 한국 등의 동아시아 국가들이 달나라 여행, 인공위성을 통한 우주탐험 등 과학활동을 벌이는 데에는 과학발전을 통한 국력이 중요한 것이지 어떤 전통철학의 정통성이니 어떤 특정 국가의 세계관이 결코 문제가 될 수 없다. 오늘날 지동설이 새로운 땅과 하늘과 정신을 열어 나갔다는 것은 근대 동서문명사에 확고하게 굳어진 타당한 학설이다.

르네상스와 과학혁명을 통한 새로운 천체의 패러다임이 등장한 이후에 생겨난 서양 근대철학은 17세기 초반에 프랑스와 영국을 중심으로 전개되었다. 당시의 종교, 과학, 철학은 과거와는 전면적으로 다른 양상을 띠면서 발전하였다. 데카르트 철학은 시대정신을 이끌어가기에 충분한 지식과 이론을 축적하였고 새로운 방법을 확보하고 있었다. 데카르트 사상에 배태되어 온 근대의 서양정신은 르네상스를 통한 고대 그리스와 로마의 고전정신의 부활을 진하게 경험한 이후 끊임없이 발전하고 있었다. 르네상스와 더불어 생겨나는 지리상의 발견과 종교개혁과 과학혁명은 이 시기의 특징이다. 구시대를 지배하던 사상이 스콜라 철학이라면 근대철학은 종전의 철학이 보여준 것과 전혀 다른 면모로 발전하였다. 분명히 서양철학의 발전은 고대 그리스에서 로마라는 지중해 세계로 그리고 대서양 세계로 이동하였다. 지중해 세계에 머물고 있었던 중세를 지배하던 신중심의 철학은 차츰 더 넓고 깊은 대서양 세계를 향하여 헤쳐 나갔다. 새로운 철학의 정신과 기운은 유럽 전역으로 확산되며 발전하였고, 근대 유럽철학은 지중해에서 대서양으로 그리고 인도양을 향하여 전 지구상으로 확산되며 발전하였다. 이러한 서양 근대철학의 확산 과정에는 반드시 새롭게 태동하는 철학의 내용과 형식이 함께하였던 것이 아니라 오히려 스콜라 철학과 문법 논리학 및 토미즘이 더 많이 담겨 있었다.

서양 근대철학은 전 세계로 확장되면서 비유럽문명권에서 존속하던 각 지역의 독특하고 고유한 사유유형에 대하여 대립과 불일치 속에 동서비교철학의 탄생요인을 제공하였다. 연대기적으로 보자면 서양 근대철학은 플라톤, 아리스토텔레스로 시작되는 서양 고대철학에서 이어지다가 중세에 생겨난 스콜라 철학에서 새롭게 탄생하였다. 그러나 서양 고대철학은 기원후 476년 서로마제국의 몰락과 더불어 이미 몰락하였다. 고대 그리스와 로마의 교양철학은『철학의 위안』을 쓴 보에티우스(Boetius)를 마지막으로 대가 끊어졌다.6) 동로마의 콘스탄티노플로 계승된 그리스의 고전철학은 유럽철학의 적통(嫡統)이 아니었고 또한 서유럽 문명사회에서의 교양철학으로 자리 잡지도 못하였다.

서유럽에 전해진 그리스의 고전철학은 이슬람 문명권을 통하여 중재되었다. 당시 아리스토텔레스와 수학, 의학 및 자연학의 지식은 7세기 이래 스페인을 중심으로 중세 유럽문명의 사회에 광범위하게 유입되었다. 아랍 과학은 7세기에 페르시아와 이집트를 정복하면서부터 결정적으로 발전하기 시작한다. 당시 페르시아에서는 고대 페르시아 문화와 그리스 철학과 자연과학을 수용하며 접목하는 운동을 활발하게 벌였는데 아랍인들과 합류하면서 더욱 발전할 수 있었다.7) 아랍세계에 의하여 전달된 고대 그리스와 로

---

6) K. Flasch, *Das philosophische Denken im Mittelalter*, Reclam, 2000, S.35.

마 고전이 중세 유럽에 유입되면서 스콜라 철학의 부흥을 일으켰으니 이것이 서양 중세철학의 발단이다. 따라서 서양 중세철학은 서양인의 철학일 뿐만 아니라 수많은 아랍문명세계의 영향에 의하여 형성되어 수세기 동안 아랍과 유럽의 공동노력에 의해 형성되고 발전된 학문체계이다. 서양의 근대가 중세로부터 물려받은 정신적 유산은 유럽인만의 것은 아니며, 서양 중세의 학문은 아랍인들이 유럽에 중재한 지식전수의 역할이 지대하였다. 서양학문의 발전에 기여한 비유럽적 요소로는 수학을 들 수 있다. 로마 숫자가 계산하기에 부적합한 표기법임에 반하여 아라비아 숫자는 편리하게 표기할 수 있어서 계산법에 획기적인 변화를 가져왔다. 고대 인도에서 전래되어 온 0이라는 수의 상징은 근대 유럽 수학에서 추상적 사유의 발달을 가져왔다. 즉 비유럽세계의 수많은 지적 유산의 유입은 근대 유럽세계 형성에 중요한 기여를 하였다.

고대 그리스 철학의 몰락 이후 처음으로 스콜라 철학의 문을 연 서유럽철학자는 11세기 안셀무스(St. Anselmus, 1033-1109)였다. 그에게서 시작된 철학은 근본적으로 알기 위하여 믿는(credo ut intelligam) 학문으로서 신학의 종속을 의미하였다.[8] 철학은 근본적으로 신학의 과제에 봉사하는 것이며 그 이상도 이하도 아니어야 했다.[9] 철학은 신학과 전략적 연대를 맺으면서 플라톤, 아

---

7) Ibid., S.316.

8) A. von Anselm, *Cur Deus Homo, Warum Gott Mensch geworden*, Lateinisch und Deutsch, Dramstadt, 1956, X.

9) 철학은 지혜를 구하나 종교는 안심입명(安心立命)과 영혼의 구원을 구한다는 점에서 철학과 종교는 분명히 다르다. 철학의 진리는 이성에 의한 해명과 설명으로 구하고 찾을 수 있다. 그러나 종교의 진리는 이성을 기각하지는 않지만 비이성적인 방법도 수용하며 동시에 계시를 받아들인다. 중세가 철학과 종교가 크게 구분되지 않고 발전하였다면 이 양자의 분리는 근대과학의 발전의 결과였다. 그래서 일찍이 러셀은 철학

리스토텔레스 철학으로 중세철학에 깊숙하게 파고들었다. 그러나 서양 중세철학에서 아랍 철학의 영향력 증가는 이단논쟁을 불러일으켜 13세기에 대이교도 논쟁이 일어났다. 토마스 아퀴나스는 이 논쟁에서 기독교에 승리를 안겨줌으로써 이후로 토미즘 운동을 일으키면서 유럽인의 주류철학을 형성한다. 여기서 고대 그리스와 로마의 교양철학이 중세 유럽인의 마음에 본질적인 개념 각인을 거치면서 발전되어 갔다. 13-14세기의 유럽은 고도의 유명론과 실재론의 논쟁을 거쳤는데 대학과 수도원은 이러한 지적인 활동의 중심무대였다. 그러나 서양 중세철학은 14-15세기를 거쳐 신중심에서 인간중심의 세계로 전환을 가져온 르네상스 시대를 맞이하면서 점차로 소멸한다. 서양 고대의 그리스 철학은 1천 년이 지난 이후에야 다시 유럽에서 유럽인의 정신적 자각에 의하여 부활하였다.[10]

14-15세기 르네상스의 인문주의 정신과 종교개혁 그리고 새롭게 시작된 과학혁명의 세례를 철저히 받으며 탄생한 서양 근대철학의 자부심은 대단하였다. 이러한 흐름을 따라 근대의 법의 정신을 설파한 몽테스키외(Montesquieu)는 서양인 우위와 동양인의

은 과학과 종교의 중간에 위치한다고 지적한 적이 있다. 이와 같은 구분법으로 중세 동아시아 세계의 유교와 불교를 고찰하면, 이들 종교는 과학의 세례를 받아본 적이 없기 때문에 기독교와의 단순비교는 불가능할 것이다. 더군다나 중세의 대표적인 기독교 철학자들은 이성과 신앙의 일치를 주장하였고 나아가 성서의 근본진리는 과학의 진리에 위배되지 않는다는 견해를 지지하였다.

10) K. Flasch, *Das philosophische Denken im Mittelalter, Von Augustin zu Machiavelli*, Stuttgart, 2000. 324년 콘스탄티누스 대제가 수도를 콘스탄티노플로 옮기면서 지중해 해양세계의 문화적인 통일성은 붕괴되었다고 본다. 4세기 말에는 동서 로마세계의 분리가 깊어지며 서방세계에서는 그리스의 책들을 읽을 수 있는 사람들이 점점 적어지게 되었다.

비하, 지구상의 북반구에 놓인 서양문명의 고급성과 남반구에 놓인 동양문화의 저급함을 논의하였다. 그 이후 대부분의 서양 지성인의 전통에는 이와 같은 논조로 학문을 다루었고 이 추세는 헤겔과 마르크스까지 이어졌다.11) 데카르트 이래 이들의 동양에 대한 편견과 선입관은 스콜라 변방 철학의 전수와 전파 중에 더욱 극명하였다. 라이프니츠는 이때 서양세계에 동양정신의 접목 가능성에 대한 비교논의에서 데카르트 혹은 스피노자나 그 밖의 다른 서양 근대철학자들과는 달랐다.

라이프니츠가 동양세계를 나름대로 깊숙하게 알게 된 것은 17세기 말 2년 정도의 남유럽 여행에서 이탈리아 로마에 체류하면서 만나게 된 예수회 중국선교사 그리말디 때문이다.12) 라이프니츠를 제외하고 대부분의 유럽철학자들은 중국의 사상이나 철학을 제대로 이해하고 평가할 처지에 있지 않았다. 중국인들에게 철학을 전하던 예수회 중국선교사들은 나름대로 토미즘을 학습한 철학자이기는 했지만, 유럽 본토에서의 진짜 세계와 인간과 자연의 모든 비밀을 철학에 의하여 풀겠다는 전문철학의 학문적 역량과 식견과는 다른 종류의 철학을 대변하고 있었다. 16-17세기의 예수회 인물들은 중국에서 대부분 지식층이나 지배계급을 대상으로 선교활동을 하면서 동양의 정신세계를 심층적으로 이해하고 연구하고 있었다. 라이프니츠는 이들이 이룩하고 축적해 온 동서문명 교섭 이론과 실천적 활동의 결과들을 동서비교철학적 관점에서 평가하고 판단하고 있었다. 라이프니츠는 이들을 통하여 동양의

---

11) Karl Marx und Friedrich Engels, *Werke*, Band 3, S.146. 첫 번째 역사적 반성의 단계는 고대이다. 이 시기는 어린이 수준이므로 흑인의 문명이 여기에 속하고, 몽골인은 젊은이 단계이며 유럽인은 성인의 의식단계에 해당된다.

12) 졸저, 『라이프니츠의 삶과 철학세계』, 320쪽.

세계와 정신을 접목함으로써 새로운 세계철학의 가능성을 열었다. 즉 17세기 동서비교철학의 새로운 모델이 탄생하게 된 배경에는 예수회 중국선교사들과 라이프니츠의 우호적인 만남이 있었기 때문이다.

그러나 라이프니츠가 만난 동양의 정신세계는 대부분, 문명사가와 비평가에 의하여 지적되듯이, 13-14세기 중앙아시아에서 일어난 몽골제국(1271-1368)의 세계지배까지 거슬러 올라간다. 왕래가 없던 동양과 서양이지만 원나라는 가장 큰 세계제국을 건설함으로써 동서의 문물교류를 이루어내었다. 원나라는 아랍과 유럽의 국가들과 무역교류를 하였을 뿐만 아니라 외국인의 종교와 학문 활동도 관대하게 수용하였다. 그래서 13세경에 이미 프란체스코 수도회 신부들은 중국 북경에서 활동할 수 있었다. 이 당시에 들어온 기독교 사상에 영향을 받아 고려의 일연이 단군신화를 삼위일체의 구도로 설명하였다는 학설도 있다. 어쨌거나 기독교의 동양 전래로 마르코 폴로(M. Polo)나 루브루크(William of Rubruck)도 비단길을 따라 중국과 유럽을 왕래하였다.

당시 피지배민족인 중국인은 북방 이민족들과 몽골의 지배에 대항하여 중국인의 체질에 맞는 선진유학사상을 부흥시켰는데,[13] 송나라(960-1279)의 신유학(Neo-Confucianism)이 그것이다. 신유

---

13) 김형효,『철학적 사유와 진리에 대하여』, 108-109쪽. "송나라는 북방의 거란족 요(遼)나라와 여진족 금(金)나라에 차례로 유린되어 중화족의 자존심이 구겨졌다. 거기다가 인도로부터 수입된 선진의 사유인 불교의 영향은 지대했다. 불가의 사유와 비교할 때 당시의 유가는 하나의 유치하고 소박한 생활교훈에 불과하였다. 정신적으로나 역사적으로 자존심에 상처를 입은 중국은 자기 문화의 정기를 확립할 필요를 느꼈다. 여기서 나타난 것이 북송의 5대가(주돈이, 소옹, 장재, 정호, 정이)였고, 이 북송의 오대가의 영향으로 남송의 주희가 탄생할 수 있었다."

학은 유학의 한 형식으로 먼저 불교로부터 영향을 받으면서 우주와 영혼의 본질, 우주와 개인의 관계에 관하여 심원한 철학적 성찰을 전개하였다. 인도에서 건너온 불교의 본질적인 단어의 뜻이나 개념이 중국화하면서 중국인에게 본래부터 있어 왔던 고대 중국의 유학의 원초적인 개념들이 재생되는 계기가 생겨난 것이다. 주희(朱熹, 1130-1200)는 사회적 조화와 적절한 인격적 행위에 대한 유교의 신념을 옹호한 신유학의 창시자로서 천도(天道)를 믿었고 이를 이(理) 혹은 원칙으로 표현하였다. 이(理)는 질료, 혹은 기(氣)에 싸여 있지만 그 자체로 순수하고 완전하다. 이가 정서와 갈등을 일으키는 기에 부착되는 경우 이기의 관계는 헝클어지게 된다. 마치 인간성은 본래 선하나 이를 순화하기 위하여 행동이 없으면 순수하지 못한 경우와 같다. 주희는 그 해결을 사물의 탐구, 곧 격물(格物)에 두었다. 격물은 세계에 있는 이(理)를 탐구함으로써 다스릴 수 있다. 왕양명(王陽明, 1472-1529)은 만약 만물에 이(理)가 있고, 마음에 있다면, 그 자신 이외에 다른 곳에 찾아볼 곳이 없다고 주장한다. 왕양명은 격물을 실습하는 방법으로 정좌(靜坐)를 들었다. 이 방법은 선불교의 수행방법을 따르는 것과 같았다. 왕양명은 본유적으로 아는 관념이 우리에게 있다는 이론을 발전시켰다. 모든 인간은 선악의 차이를 나면서부터 안다는 것이다. 선악을 구분할 줄 아는 마음인 양지(良知)가 바로 천리(天理)이다.

왕양명은 1596년생인 데카르트의 생각을 1세기 이상 앞서서 인성론의 깊은 성찰을 보여주었다. 하지만 왕양명의 인성론은 자연과학적 우주론과 연관되어 발달하지는 않았다. 데카르트 본유관념은 왕양명보다 1년 뒤에 태어난 1473년생인 코페르니쿠스 태양중심설과 1564년생인 갈릴레이의 지동설의 우주론을 배경으로 전개되었다. 그러므로 왕양명과 데카르트 인성론은 그 시대적 맥락이 달랐기 때문에 동일하게 평가할 수 없다. 왕양명의 주장은 12세기 주희의 "각각의 사물에 그 이치가 있다."라는 주장과 정면으로 배치함으로써 중국사상의 각 진영에서 자신의 사유를 체계화하는 이론발전에 기여하였다. 중국에서 활발하게 토론된 성리학과 양명학의 논쟁은 조선에도 우주론과 인성론의 발전으로 이어졌다. 라이프니츠가 접한 중국사상의 흐름은 그리말디, 부베 등 17세기 예수회 중국선교사들이 파악하였던 흐름으로써 바로 위에서 상술한 불교와 성리학이 주류를 이루었다. 그런데 17세기에 대부분 토미즘 철학을 교육받은 많은 중국선교사들이 중국에 도착하였을 때 중국은 청의 실증적인 고증학이라는 학풍 속에 있었다. 청은 서양의 달력, 천문학, 수학, 자연과학 및 기술문명을 받아들이는 데만 적극적이었다. 당시 중국에서 성리학은 500년 이상 잔존해 오면서 더 이상 지배적인 학문의 패러다임을 제공하지 못하고 있었다. 정확하게 이해하자면 라이프니츠가 접목한 성리학은 동아시아 세계에서 패러다임의 변동을 겪으면서 중국에서 조선으로 이미 이동하였다고 할 수 있다. 청과는 달리 신유학과 주희의 이기론(理氣論)은 조선의 가장 영향력 있는 철학이 되었다. 14세기 말 조선 건국 이래 500년간 조선의 국학으로 정립된 성리학은 한반도의 사회, 경제, 정치 및 문화 일반의 대표적 학문으로 발전하였다. 조선에 정착된 성리학의 학풍은 청나라의 새로운 학문의 기운에 대해서는 대립적이었다.

반면에 일본은 동양정신 가운데 가장 빠른 속도로 깨어나 세계정신의 대열에 앞장섰다. 일본은 16세기 이황(李滉)의 학문으로부터 배운 지배와 피지배를 다루는 데 적합하였던 유학사상을 바탕으로 근대국가의 체계를 정립하였다. 이로써 일본은 서양의 지배적인 사상을 학습하고 수용하는 아시아에서 가장 선두적인 국가로서 자신을 현대세계의 정점에 접목시켰다. 이때 동양과 서양의 접목지대에서의 진리의 의미론은 복잡한 이론체계도 아니고, 플라톤 이상론이나 아리스토텔레스 실재론의 문제가 아니다. 철학적으로는 토미즘과 신유학의 만남이었고, 과학기술 및 논리적으로는 이진법과 주역의 만남이었다.

예수회 선교사들은 마테오 리치 이래 토미즘의 입장에서 중국의 전통사상을 접근하면서 양자의 사상적 친화성에서 동질성까지 내다보고 있었다. 동서를 연결하는 결정적인 계기는 부베에 의한 라이프니츠의 이진법과 주역의 체계의 수리적 재발견이다.[14] 주역의 과학기술체계는 오랜 중국의 역사에 전래되어 왔지만, 서양 선교사들이 보았을 때에는 당대의 중국인들은 주역의 이진법의

---

14) C. von Collani, *Eine Wissenschaftliche Akademie für China, Briefe des Chinamissionars Joachim Bouvet S. J. an Gottfried Wilhelm Leibniz und Jean-Paul Bignon über die Forschung der chinesischen Kultur, Sprache und Geschichte*, hrsg. und kommentiert von C. von Collani, Stuttgart, 1989. 프랑스의 루이 14세가 중국에 파송한 6명의 왕립수학자 중 한 명인 부베는 라이프니츠와 1697년에서 1707년까지 모두 15통의 편지를 주고받았다. 그가 라이프니츠를 알게 된 것은 1693년에서 1697년까지 중국에서 잠시 귀국해 파리에 머물던 기간이다. 부베가 라이프니츠에게 쓴 마지막 편지는 1702년 11월 4일자이고 라이프니츠는 그 이후로 5통의 답장을 받지 못한 편지를 보냈다. 부베는 1685년 중국으로 떠나기 전에 유럽의 교부신학 중에 신플라톤주의자 카발라(Kabbala)의 고대신학(Prisca Thologia)을 공부하였다. 부베는 고대 유럽의 지식과 고대 중국의 지식은 서로 용해되어 있어서 중국인에게 그들이 잊어버렸던 생각을 일깨워 기독교를 가르치겠다는 목표를 세웠다. 부베는 「창세기」 5장 22-24절에 나오는 아담의 7대 족장으로서 신과 다투었다는 에녹을 복희씨와 동일한 인물이라고 추정하였다. 노아의 홍수 때에도 복희씨가 쓴 역경은 잔존하게 되어서 중국인들에게는 부분적으로 이해되지 않은 채 전해 왔다고 보았다.

수리체계의 본래적 의미를 잊고 지내왔다. 라이프니츠의 지적대로, 역의 체계를 처음 수립한 복희씨는 이 역의 언어의 수리적 의미를 깨닫고 있었다. 하지만 후대인들이 복희씨의 수리체계를 체계적으로 발전시키는 데 게을리 하여 근대학문의 발전으로 이어지지 못했다는 것이다. 그리스인들은 서양철학의 비조의 전통을 확립하였고, 고대의 서로마는 게르만 야만족에 의하여 멸망하였다. 그러나 서양의 고대와 중세는 각각 아랍인들로부터 철학을 배워서 각각 그들의 시대에 철학의 학통을 세웠다. 서양 근대는 깊은 잠에서 깨어난 정신의 각성으로 현대세계를 지배하는 사상체계를 확립할 수 있었다. 마찬가지로 이제 동양의 근대에도 서양 근대의 자각과 각성으로 생겨난 비판적 의식으로서 동서비교사상체계를 세울 수 있는 저력을 갖추어 나갈 계기가 발생한 것이다. 동서비교철학의 역사는 누가 시켜서 시작된 것도 아니고 또 아무도 동서비교철학을 취급하지 않았다고 방치되어 있는 영역도 아니다. 동서비교철학사는 그냥 그렇게 있었고 있고 있어야 할 인류 철학사의 진주(珍珠)와 같은 보배인 것이다.

2. 문명교류와 지식이동

동서문명교류는 고금을 통하여 항상 있어 왔다. 고대 4세기경과 중세 12-13세기경에 두 차례 큰 동서문명교류의 역사가 있었으며, 16-17세기에 시작된 동서문명교류는 세 번째 사건이었다. 첫 번째 동서문명교류의 사건은 고대 중앙아시아에서 일어난 유목민족인 흉노족이 유럽 문명사회와 충돌하면서 발발하였다. 4세기 이래 만리장성 북쪽에서 살던 중앙아시아의 훈족 혹은 흉노족은 추위와 기아에 시달리면서 중국의 한민족을 위협하였다. 그러나 점차로 남중국에서 힘을 키우면서 북중국으로 진출한 한민족은 4세기경에 훈족을 만리장성 북쪽으로 완전히 축출하였다. 만리장성 북쪽으로 내몰린 이들은 또 다른 생존의 활로를 찾기 위하여 주로 남러시아를 경로로 유럽사회에 침입하였다. 이들의 침입은 당시 라인강을 중심으로 살아가던 게르만 민족을 자극하였고, 따라서 유럽역사에 유래 없는 일대 게르만 민족의 대이동을 야기하게 된다. 남유럽으로 이동한 게르만 민족은 결국 서로마제국을 파멸시켰고 지금의 북아프리카까지 세력을 확산하여 지중해를 중심으로 생겨난 고대 문명세계를 괴멸시켰다. 첫 번째 동서 문명교류의 역사는 기록에서나 세계문명사적 의미에서 대단히 중요하였지만 세계를 하나로 통합할 만한 철학이 없었다.[15]

두 번째 동서문명교류의 역사는 12세기 중앙아시아에서 일어난 몽골의 유목민족에 의하여 주도되었다. 13세기 몽골제국은 모스크바에서 폴란드, 헝가리, 불가리아 등지의 동유럽 및 남유럽 지역을 통합하는 세력을 형성함으로써 세계를 지배하였다. 중앙아시아에서 일어난 몽골제국은 아시아의 모든 민족과 국가를 통치하였을 뿐만 아니라 아랍과 페르시아 그리고 유럽까지도 지배

---

15) 고대 그리스 문명세계에서는 적어도 아리스토텔레스의 제자 알렉산더가 유럽과 아프리카와 아시아를 통합하는 대제국을 형성함으로써 아리스토텔레스 철학을 세계화하였던 것과는 비교된다. 하지만 최초로 서유럽 문명을 통일한 카를 대제의 일대기를 보면 아시아에서 건너온 민족이 어떻게 바이에른 족들과 연합하여 카를 대제에 맞서다가 유럽민족 속으로 동화되어 갔는지를 고찰할 수 있다. 아울러 지금 독일의 마인츠에 있는 게르만 박물관에는 5-6세기를 풍미하다 유럽 사람으로 동화되어 간 아시아 민족인 아바르족의 말(馬)의 편자가 역사의 유적으로 남아 있다. 유럽인의 체격이나 인상 그리고 골상에 아시아 계통의 흔적이 남아 있는 사람들도 더러 있는 것도 그러한 아시아인이 유럽인으로 동화되어 간 역사의 흔적 때문일 것이다.

하였다. 이에 몽골제국은 인류의 유일무이한 대제국이 되었다. 당시 유럽은, 부정적인 시각에서 기술하기는 했지만, 세계를 지배한 동아시아 계통의 아시아인의 왜소한 체구와 기병조직 및 외형적 전술에 대한 기록들을 남겼다. 몽골인은 세계를 정복하면서 당시 아랍의 선진과학기술을 중국에 들여왔고 인류역사상 처음으로 동서문물교류를 자유롭게 하였다. 원나라의 수도 연경에는 근동지방 및 유럽에서 들어온 외국인들이 많았지만, 13세기에 처음으로 선교목적으로 중국에 들어온 유럽인은 프란체스코 수도사 몬테코르비노(Montecorvino), 루브루크 등이 있다. 그 이외에 유럽에서 중국으로 들어온 사람들로는 15세기 중엽에 니콜라우스 쿠사누스(N. Cusanus)의 친구이자 수학자인 이탈리아 수학자 콜럼버스(Columbus) 서클에서 활약하였던 자들도 있었다.

서양에 의한 동양과의 교류와는 달리 동양에 의한 동양 외부세계와의 교류의 역사 또한 15세기에 있었다. 1405년에서 1433년 사이에 명나라는 7개의 함대로 아프리카에 이르기까지 해양탐험을 하였지만 정복하거나 식민화하지 않았다. 중국은 14세기에서 19세기에 이르기까지 여러 방면의 이방인들과 이방세계를 경험하였지만, 여전히 중국을 세계중심으로 생각하였고 그러한 세계질서의 방편으로 조공제도를 중요시 여겼다. 중국은 이미 그 자체로 세계의 중심으로 생각하였기 때문에 세계를 상대로 어떤 탐험을 통하여 정복하거나 확장할 필요가 없었다. 이와 같이 고대에서 중세에 이르기까지 성립된 두 차례의 동서문명교류의 역사는 일방적이거나 강압적인 무력에 의한 것이었다. 특히 두 번째 동서문명교류의 역사는 동서양을 통틀어 많은 영향을 미쳤지만 구체적으로 동서를 통합할 만한 철학이 없어서 첫 번째 동서문명교류의 역사처럼 소득이 없이 끝났다.

세 번째 동서문명교류의 역사는 양상이 달랐다. 먼저 종교적인 이유에서 기독교를 세계에 전파한다는 신념으로 유럽 각국은 세계 도처에 선교사를 파송하기 시작하였다. 유럽에서 출발한 해외 선교사와 더불어 수많은 탐험가들도 여기에 가세한다. 특히 유럽에서 출발한 탐험가들은 당시 지동설 등의 과학이론에서 등장하는 사고실험을 구체적이고도 실증적으로 역사현장에서 증명한 실천가들이었다. 동아시아 세계와 무역 및 선교 활동을 해온 포르투갈, 스페인, 이탈리아의 중국선교사들에 의한 보고는 1세기 이상을 이어오면서 서서히 유럽에서의 동아시아 세계의 상을 형성하게 하는 계기가 되었다. 이러한 가운데 17세기에 이르면서 유럽이 중국에 대하여 형성한 가장 대표적인 내용은, 중국철학은 일체만물을 오직 하나의 유일한 실체로 간주하는 스피노자 철학과 일치한다는 주장이었다. 스피노자의 실체이론은 만물은 유전(流轉)한다는 그리스의 헤라클레이토스(Herakleitos, B.C. 544?-483?)의 생각까지 거슬러 올라간다. 17세기 유럽인은, 만물은 오직 하나의 유일한 실체와 그의 변용이라는 스피노자의 생각은 헤라클레이토스의 원형적 사유에서 이미 각인된 것으로 보았고 이는 곧 중국인의 사유형식과 일치된다고 간주한다. 나아가 중국인의 우주관 역시 질서를 존중하는 스토아의 코스모스와 일치한다고 보았다. 그래서 볼테르(Voltaire)는 공자의 도덕은 "에픽테투스의 도덕과 같이 순수하고 엄격하고 동시에 인간적"이라고 보았다. 계몽시대 사상가들은 자신들의 시대를 움직이는 사상은 고대 로마사상도 중국사상도 될 수 없다는 사실을 알고 있었기 때문에, 새로운 도전으로 부각된 공자를 에픽테투스와 비교하는 데 주저함이 없었다. 중국철학을 스피노자 철학과 일치한다고 강력하게 외쳤던 이는 말브랑슈(N. Malebranche, 1638-1715)이다. 말브랑슈는 1708년 그의 저작에서 중국철학자들을 전적으로 스피노자 추종자와 같이 간주하고 중국인들은 스피노자와 같이 무신론자들이라고 여겼다. 헤겔 역시 이러한 스피노자의 실체론의 관점에서 '동양적인 범신론의 유사성'을 이해하고 해석하였으며 아울러 '동양적인 직관'이 여기서 기인한다고 보았다.

동아시아 문명과 이에 대척되는 서양의 문명의 첫 만남이기도 한 17세기 동서문명의 상황은 모든 것이 생소하고 달랐다. 동서의 만남 그 자체에는 몸과 마음이 함께하였지만 머릿속에 그려진 개인들의 세계는 아주 달랐다. 하나의 동일한 자연의 대상에서 시작하여 인공적인 작품에 이르기까지 설계하고 제작하고 문명화하는 배경이 달랐다. 아무리 그림을 그려도 동양화와 서양화의 표현기법은 본질적으로 달랐다. 서양선교사들이 그린 황제의 초상화는 아무리 그려도 황제의 마음에 들지 않았기 때문에 수십 번을 고쳐 그려야 했다. 일본에는 주로 네덜란드의 건축양식과 총포 및 화약기술이 급속도로 전파되었고 서양인들과의 만남을 소재로 하는 남만문화(南蠻文化)가 유행하기도 하였다. 동서의 만남이 이루어지는 가운데 사람들을 저마다 상대의 문명과 문화에 대한 상(像)을 형성하기 시작하였다. 그때 이래로 오늘날까지 동양이 서양에 대하여 그리고 서양이 동양에 대하여 갖는 이미지 혹은 상은 동서문명사에 사라지지 않을 무형의 정신적 유산이다.

이러한 동서 만남의 중심에는 먼저 서양의 선교사들이 있었다. 이들은 동양의 현지에서 수십 년간을 고생하며 살면서 보고 듣고 공부한 내용을 차츰 서양의 지성세계에 알리고 전파하였다. 이들의 보고 내용은 유럽으로 하여금 지금까지 경험하지 못하였던 새로운 동양의 상을 형성하게 하였다. 동양에서도 마찬가지로 서양에 대한 새로운 상을 형성하기 시작하였다. 경험적으로 외형을 보자면, 서양인은 키가 크고 눈이 쑥 들어가고 피부는 희고, 푸른 눈에 코는 뚜렷하며 우뚝 섰고 머리털은 노랗거나 붉거나 등등 다양한 색깔을 갖고 있다. 반면에 동양인은 대체로 체구가 작은 편이고 머리털과 눈은 검으며 피부는 흰색이긴 하나 살색을 띠고 코는 원만하고 이목구비는 둥글넓적한 모습을 지닌다. 서양인과 동양인의 피부를 나란히 놓고 비교하면 색깔의 차이가 더욱 분명하게 드러난다. 동양인이 서양인을 가까이서 직접 대하면 서양인은 팔이나 몸에 노란 털이 수북하게 많아서 동물처럼 느껴진다고 할 수 있고, 서양인 역시 동양인에 대하여 체구가 작다고 여기며 나름대로 편견으로 바라볼 수도 있다. 이러한 편견은 진실된 서로의 모습을 보기 위한 자연스러운 현상으로 보인다.

중국에 처음으로 서양인이 들어오는 공식적인 사건은 포르투갈 인들에 의하여 주도되었다. 1517년 포르투갈의 공식 사절단들은 말레이시아를 거쳐서 광동만에 도착한다. 이 사건은 다양한 사회문화적 의미를 함축하고 있었다. "높은 코들과 깊숙이 들어간 눈들을 가진" 포르투갈인들은 "천둥과 같이 울리는 대포소리"를 뿜어대며 광동만에 들어온다.

중국은 이들을 공식적인 포르투갈 사절단으로 보았다. 이전에는 접촉이 없었던 포르투갈인들은 "조공을 바치러 온 것이고, 봉토 직위를 하사받기를 청하였다."라고 중국 기록은 전한다. 이들이 조공을 바치러 온 것이라면 예절을 배워야 했고, 그래서 영빈(迎賓) 자격으로 의식에 참여하는 데 훈련을 하여야 했다. 이들은 이 과정을 철저하게 준비하여 잘 마쳤기 때문에 이 영접은 성공적이었다. 중국에 입국한 포르투갈인들은 이러한 가식적인 의식을 치렀지만 차츰 협력하는 자세에서 식민지 지배 태도로 모습을 바꿨다. 중국 관청의 조례를 무시하고 백성들을 짓궂게 괴롭혔고,

남녀 어린이를 사들이고 훔치고 그리고 노예거래를 하였다. 이때 포르투갈인들은 주로 무역상으로서 해적이나 상인으로 모습을 바꾸어가며 활동하였다. 이러는 사이에 중국 당국은 사망한 황제의 근조 기간에 무역을 금지하였지만 이를 무시하는 처사가 벌어지자 이에 모든 포르투갈인들을 체포하였다. 많은 사람들이 감옥에 들어갔고 고문을 당하였으며 몇몇은 사형을 당하기까지 하였고 무역은 '야만적 악마 행위'로서 금지되었다. 이러는 와중에 마카오는 1557년 포르투갈인들에 의하여 무인 반도의 섬을 중심으로 광동만으로 들어가는 거점도시로 발전하고 있었다. 포르투갈인들이 독점하던 이러한 원거리 무역에 대하여 16세기 말 17세기 초에 스페인인, 네덜란드인, 영국인들은 강력한 라이벌 싸움을 벌였다. 포르투갈 이후에 스페인인들은 1587년 필리핀을 교두보로 아시아에 도착하였고, 프랑스인들은 1592년 마닐라에서 들어왔고, 영국과 독일은 1600년경에 들어온다. 유럽인들 사이에 무역활동의 독점과 이권다툼 때문에 음모와 폭력이 난무하였다.

한편 유럽 본토에 있던 예수회 선교사들은 포르투갈의 코임브라(Coimbra) 학파를 비롯하여 로마의 콜레기움 로마눔(Collegium Romanum) 등지에서 스콜라 철학과 신학을 공부하였다. 이들이 공부한 곳의 학문수준은 유럽 최고의 철학과 과학기술에 해당하였다. 근대철학을 창시한 데카르트조차도 예수회 선교사들이 세운 라 플레슈 학교에서 공부하였던 것이다. 이들은 대부분 정통으로 스콜라 변방 철학자들은 토미즘의 학습을 배웠지만 수사학과 논리학을 배우고 나서 비유럽세계로 서양철학을 전파하기 위하여 해외로 선교활동을 떠났다. 마카오는 선교사들을 교육하고 중국어와 문화를 습득하게 하는 선교사들의 교육장소이자 중국 진출의 전진기지였다. 중국으로 들어가려는 선교사들은 마카오에서 중국어 학습과 중국 예절에 맞추지 않고서는 기독교 전파 가능성을 발견할 수 없었다. 예수회 다음에 중국에 온 도미니크, 아우구스티누스, 프란체스코 수도회들은 마카오에서 영혼구제 사업을 펼치다가 점차로 중국 본토로 들어갔다.

일본의 경우에는 1549년 예수회 창설 10년이 채 못 되어 사비에르(F. Xavier, 1506-1552)가 규슈에 도착한다. 일본에는 타네고시마 섬에 난파된 배에 포르투갈인에 당도한 이래 6년 만에 처음으로 사비에르가 온 것이다. 사비에르와 그의 추종자들은 일본인들을 좋아하였다. 사비에르는 대접을 잘 받았고 규슈의 중요인물들과 교분을 맺는다. 양쪽 인상은 매우 '호의적'이었다. 예수회 중국선교사들은 대체로 상류계급을 설득하는 것을 목표로 삼았다. 사비에르 이후에 17세기 초 일본의 야마구치 현에서는 토마스 아퀴나스 철학 및 스콜라 철학에 정통한 포르투갈 선교사 코스메 데 토레스(Cosme de Torres)가 본격적으로 선교활동을 하였다.16) 그는 한 불교 사찰의 법당에서 그곳의 승려들과 기독교와 불교의 중심개념들인 창조, 신(神), 부처, 공(空), 영혼, 무(無) 등에 관한 논쟁을 벌였다. 하지만 일본에서도 중국과 마찬가지로 히데요시는 1597년 6명의 프란체스코 수도회 선교사를 처형하였고, 1606년 기독교를 불법으로 선언하였고, 1614년에는 선교사 추방 캠페인을 벌였다.

17세기 동서문명교류의 차원을 가장 체계적인 학문적 단계로 끌어올린 선교사는 마테오 리치(Matteo Ricci, 1552-1610)이다. 마테오 리치는 마카오에서 18년간 훈련을 받고 지도제작법을 익혔고 시계제작법을 배웠다. 대부분 예수회 사람들이 불교의 법의

---

16) G. Schurhammer S.J., *Die Disputationen des P. Cosme de Torres S.J. mit den Buddhisten in Yamaguchi im Jahr 1551*, Tokyo, 1929.

를 입고 중국에서 선교활동을 벌였던 것과 마찬가지로, 마테오 리치 역시 불교의 법의를 입고 1601년에 처음 중국 땅을 밟게 된다. 리치는 우주론에 대한 중국인의 무지를 의식하고 있었다. 그는 세계지도를 구성하였는데, 생각 없이 아메리카를 좌측에 유럽을 중앙에, 아시아를 우측에 놓았다. 이것은 묵시적 오류였다. 리치는 다시 지도를 개정하여 중국을 중심에 놓았다. 그러자 이 지도는 중국인들로부터 높은 칭찬을 받았다. 이 지도는 나라에 유통되게 되었으며, 선교사들의 많은 신임을 받게 되는 계기가 되었다.[17] 리지(Li chih, 李贄)는 마테오 리치에 대하여 이렇게 적고 있다: "그는 우리의 언어를 말과 글로 지배한다. 그의 처신은 우리의 예절에 맞추고 있다. 외적인 민첩성과 사려의 기민성은 이들의 인상적 모습을 드러낸다."[18]

---

17) 마테오 리치는 명의 천문대에 초대를 받아서 그곳에 진열된 천문기구를 관람하게 된다. 그때 마테오 리치는 어른 세 명이 팔을 벌려도 잡을 수 없을 만큼 거대한 용무늬가 새겨진 천구의(天球儀), 적도경위의(赤道經緯儀), 2.4m의 지시침(指示針) 그리고 간의(簡儀)를 보았는데 너무나도 정교하게 제작되어 깜짝 놀랐다고 한다. 그런데 당시 중국인들은 13세기 원나라 때 이슬람교도 천문학자들에 의하여 만들어진 이 기기들을 사용할 줄 몰랐다. 마테오 리치는 남경은 북위 32도에 있는데 이 천문기기들은 36도에 맞추어진 것을 발견하고, 이 기구를 쓸 줄 모르는 사람들이 이곳에 옮겨놓고 조정을 하지 않아서 박물관의 진열용 골동품이 되었다는 점을 알았다.

18) 소현수, 『마테오 리치, 동양과 서양의 정중한 만남』, 서강대출판부, 61-62쪽 참조. 리지는 마테오 리치의 『교우론(交友論)』을 읽고 부채를 선물하며 다음과 같은 헌시를 하였다.
"북쪽 넓은 땅으로 거닐다가 이제는 이곳저곳을 거쳐 남쪽을 행해 가네. 낱늘의 쏙대기마다 그 이름 드날리고 산마다 험난한 수로여정(水路旅程)을 기록하네.
십만 리 여행길 뒤돌아보며 이제는 천자의 구중궁궐을 바라보네.
그대 중국의 화려함을 보러 오셨으니 태양이 중천에서 밝게 비쳐주리."
逍遙下北溟 迤邐向南征

마테오 리치가 중국에 당도한 이래로 동아시아 사회에서는 천문학, 역법, 수학, 자연과학기술, 총포와 화약 등의 영역에서 동서의 학술문물교류 및 지식이동이 일어나기 시작하였다. 마테오 리치가 중국에서 활약하면서 서광계(1562-1633)는 유클리드 원론을 번역하였고, 수학, 지리학을 번역함으로써 서방의 과학과 지리가 중국에 유통되게 되었다. 마테오 리치의 후계자는 아담 샬(Adam Schall)로서 황실자제 교육을 담당하면서 천문학 업무를 관장하였다. 그는 수석 천문관리로 중국의 천문개혁에 많은 공헌을 하였고, 특히 명조에서 청조로의 변혁기에도 불구하고 중국인들의 신임을 받았다. 아시아의 여러 국가들 가운데 조선은 명과 청에 대한 외교적 관계정립을 새로이 하여야 하는 과정에 있었다. 이 와중에 소현세자는 아담 샬과 만나 대륙과 서양을 향한 새로운 세계의 동향에 눈을 돌리게 된다.

조선은 건국 초기 성리학에 의하여 주도되었다가, 이황과 이이에 의한 사단칠정론(四端七情論)의 정립 이래로 점차로 실학이라는 학문의 방향으로 지식체계가 이동하였다. 중국적인 세계관적 논쟁에서 많은 시간을 허비한 조선 유학은 동서비교철학의 사유 흐름에 접근하면서 차츰 세계철학으로 향한 성향을 띠게 된다. 17세기 초 서양세계와 문물교류를 처음으로 열어 나간 조선인은 정두원(鄭斗源, 1581-?)이다. 그는 1630년 진주사(陳奏使)로 명나라에 가서 이듬해 귀국할 때 화포, 천리경, 자명종 등의 서양기계와 함께 마테오 리치의 천문서(天文書)와 『직방외기(職方外記)』, 『서양국풍속기』, 『홍이포제본(紅夷砲題本)』 등의 서적을

利利標姓名　山山紀水程
回頭十萬里　舉目九重城
觀國之光來　中天日正明

이탈리아의 신부 로드리게즈(J. Rodriguez, 陸若漢, 1561-1634)로부터 얻어 가지고 돌아왔다.[19] 북경을 왕래한 우리나라 학자들은 다음과 같다. 허균(許筠, 1569-1618), 유몽인(柳夢寅, 1559-1623), 이수광(李睟光, 1563-1628), 이익(李瀷, 1681-1722), 신후담(愼後聃, 1702-1761), 안정복(安鼎福, 1712-1791), 홍대용(洪大容, 1731-1783), 박지원(朴趾源, 1737-1805) 등. 이들은 오늘날로 말하자면 외교관 지위와 신분으로 북경에서 서양문물을 접하면서 동서의 문명과 지식 이동의 전령역할을 하였다.

3. 동서철학의 흐름과 반 흐름

근대 이전의 서양철학은 비유럽세계와의 상호교섭의 필요 없이 고대와 중세에 이르기까지 자기 완결된 사유체계로서 존재하였다.[20] 그렇기 때문에 두 차례의 커다란 동서문명교류 사건에도

---

19) 강재언,『서양과 조선, 그 이문화 격투의 역사』, 이규수 옮김, 학고재, 1994, 42-52쪽.

20) 원래 고대의 서양철학의 탄생은 그리스적인 터키와 아테네를 잇는 에게해의 해양세계 안에서만 머물러 있었다. 그러나 플라톤과 아리스토텔레스에 의하여 완성된 서양철학은 알렉산더 대왕에 의해 3개 대륙이 통일되면서 급속하게 세계화를 거쳤고, 그러면서 로마제국이 성립하면서 스토아 철학이 생겨난다. 이때까지 서양의 고대철학은 지중해를 중심으로 통일된 삶의 형식과 사유패턴을 유지하며 동질의 문화를 통하여 발전하였다. 그러나 원래 서로마제국이 4세기경 게르만 민족의 대이동으로 멸망하면서부터 보에티우스를 마지막으로 서양철학은 소멸되었다. 이로써 고대 그리스 철학의 명맥은 비잔틴 문명으로 넘어가면서 아랍의 문명세계에 그늘의 고전지식이 전달되면서 서양에는 더 이상 전파되지 않게 되었다. 그러나 서양에는 기원전후로 유대교의 신앙전통으로부터 보편적 기독교가 생겨나면서 1천여 년간의 신성한 종교의 시대를 열게 되어 신에 대한 인간의 독립적 사유형식으로서 철학은 존재하지 않았다. 그러나 8세기를 통하여 사라센 문명이 스페인으로 들어오면서 그리스의

불구하고 약 400년 전까지 동서양철학은 서로가 비교대상이 아니었다. 서양철학은 근대 이래로 비교철학의 차원에서 비유럽세계에 대하여 유럽중심의 보편주의를 요구하였다. 이러한 보편주의 요구에는 이유가 있다. 17세기 이래 서양의 중요한 지성인들 혹은 철학자들에는 두 종류의 흐름이 있었다. 한 흐름은 동양세계와 동양인에 대하여 우호적이고 친화적인 입장을 취하였고, 다른 한 흐름은 동양을 한 수 아래로 접어놓으며 비판적이고 적대시하기까지 하는 시각을 취하고 있었다. 후자의 인물들은 동양사상의 논의를 상대적으로 동일한 지위와 권리로 끌어올려 비교하지 않았다. 몽테스키외, 헤겔(F. Hegel), 마르크스(K. Marx), 고비노(J. -A. Gobineau), 베버(M. Weber) 등은 모두 똑같이 동양정신을 폄하(貶下)하였으며, 아시아인을 우습게 여겼으며 서양의 문화와 정신과 서양인의 외모와 지능의 우수함을 자랑하였다. 이들은 대부분 동양에 대한 편견과 지적인 질시와 무시와 무지로 일관하였다. 이러한 시각과 반대되는 전자의 흐름은 서양의 정신문명 속에서 동양의 정신세계에 눈을 뜨고 서양세계에 동양의 철학과 삶의 문화를 자기 동화하여 지배해 갔다. 일원적, 배타적 유럽중심주의를 표방한 유럽 근본주의에 대하여 다원적 보편주의에 바탕을 둔 상보주의 사유전통이 그것이다. 이는 유럽철학의 사유전통에서 다원성을 수용하며 비유럽 사유형태를 유럽철학의 전통에 좀더 객관적으로 받아들이려는 상보주의 입장이다. 이러한 사유전통은 라이프니츠, 쇼펜하우어, 슈펭글러(O. Spengler), 토인비

고전과 지식이 유입되기 시작한다. 본격적으로 특히 아리스토텔레스 철학이 유럽에 자리 잡게 되는 시기는 12세기에 와서야 이루어진다. 안셀무스가 처음으로 인간으로 오신 신의 본성에 관한 명상을 한 이래로 스콜라 철학의 문이 열렸고, 14세기에 이르기까지는 절정의 사상의 발전이 있었다.

(A. Toynbee), 야스퍼스(K. Jaspers) 등의 사상가들에서 전승되었다. 또한 17세기 프랑스의 정치와 고급 사교가의 살롱을 중심으로 번져 나간 표상주의자들이나, 계몽시기 반동으로서의 신비적 색채를 띠고 나타난 노발리스(F. L. Novalis), 슐레겔(A. W. von Schlegel), 헤르만 헤세(H. Hesse) 등에서도 발견된다. 현대에 이르기까지 이들 지성인들은 나름대로 동양정신과 우호적인 방향에 있었다.

이러한 두 흐름의 직접적인 도화선은 종교개혁 전후의 시기인 15-16세기에 발원하였다. 르네상스 시기가 열리기 시작하면서 인간지식의 보편성의 구현이라는 목표로 서양의 지식의 중심은 지중해에서 더 큰 대서양 세계로 옮아가며 그 영역을 확장하고 있었다. 이러한 지식이동 과정에서 탄생한 서양 근대철학은 닫힌 우주에서 무한한 열린 세계로 사유를 확장하였다. 그 뜻은 곧 동양과 서양의 필연적이면서 운명적인 만남에서 구체화되었다. 서양은 대서양을 넘어 희망봉을 돌아서 인도양을 찾아내고 동남아시아를 거쳐 태평양을 향한 거친 항해를 하여 아메리카 대륙을 발견하고 신대륙을 식민지화하였다. 이렇게 무한한 열린 세계로 향한 사유의 확장에서 아울러 우주의 중심은 더 이상 지구가 아니었다. 지구는 태양중심적인 세계에서 태양을 중심으로 돌고 있는 행성들의 일부에 불과하였다.[21]

여기서 서양철학은 스스로 동양세계로 향한 방향을 기울이고자 하는 철학 자체의 내적인 동기를 가졌다. 그 으뜸 되는 동기는 르

21) H. Blumenberg, *Die Genesis der kopernikanischen Welt* 1, Frankfurt am Main, 1996, SS.50-51. 코페르니쿠스는 자신의 저작의 헌정사에서 자신의 삶의 장소를 "지구의 가장 은적한 각(in hoc remotissimo angulo terrae)"에 있다고 하고 교황에게 우주론적인 차이로서 삶의 장소의 탈중심을 근거 주려고 하였다.

네상스 운동에서 다져진 정신개혁운동과 종교개혁운동으로 각성된 신과 인간관계의 새로운 인식과 과학혁명에 의한 자신감이다. 서양인은 현상적으로 존재하던 아메리카 대륙을 현실적으로 존재하는 세계로 찾아냈지만 그들 자신의 지식체계만으로도 자족적으로 세계를 충분하게 완성하지는 못하였다. 르네상스는 그리스와 로마의 고전세계의 정신을 다시 부활한다는 기치를 들고 있었지만 지리적으로 연결된 새로운 땅의 정신세계 역시 만만한 것은 아니었다. 동양에서는 고대 중국에서 원형적인 사유유형이 형성된 이래로 공자와 맹자, 노자와 장자, 그리고 신유학의 발흥에 이르기까지 인문사회의 지식체계의 중심이 그 자체로 일관되게 발전되어 왔다. 하지만 동양의 사유는 서양에서의 지식이동이 인류의 커다란 변화를 야기한 것과 같은 역할을 수행하지 않았다. 동아시아 사유전통에서는 왜 서양이 하였던 그러한 일을 감행하지 않았느냐 하는 질문은 별 의미가 없다. 동아시아 세계인도 서양인이 한 똑같은 일을 할 능력이 있고, 그렇게 할 수도 있었다. 하지만 하지 못한 것이지 할 수 없는 일을 못한 것은 아니다. 근대세계는 고대세계와의 부활로서 연결되는 것이 아니라 끊임없는 노력으로 새로운 동서존재론으로 만나야만 하였다. 주로 아리스토텔레스와 토미즘 및 스콜라 철학의 수사학과 논리학을 공부한 학자들은 식민지 세계로 나아갈 때 자신들의 지식만으로는 서양 외적 세계에 대한 접근이 불가능하다고 여겼다. 그들은 현실적 요구 때문에 절실히 동서존재론의 기반을 필요로 하였다.

서양 근대에 동양사상에 대한 관심이 절실하게 등장하자 동양사상에도 서양에 대한 소위 비교철학이라고 할 만한 사유유형이 생겨났다. 즉 서양의 동양에 대한 온건한 흐름과 반 흐름이 있었다면, 동일한 척도에서 동양에도 서양에 대한 이러한 두 흐름이 존재하고 있었다. 서양선교사들이 동아시아 세계에 들어가면서 자신들이 본래부터 가졌던 지식의 유형을 나름대로 현지에 적용하며 얻어낸 학문의 움직임을 동서비교철학이라고 부른다면, 동양 자체에서 서양철학에 대항하여 생겨난 학문의 유형도 역시 동서비교철학의 범주에 속한다. 상술한 서양 근대철학의 두 번째의 비주류 흐름을 접한 동양사상은 지금까지와는 다른 새로운 철학의 흐름을 형성함으로써 서양철학에 반응하였다. 동아시아 세계에서는 이를 일컬어 실학(實學)이라고 부른다. 실학의 태동 역시 서학(西學) 내지 서교(西敎)에 반대하면서 일어났다는 점에서, 실학의 사유유형은 동서비교철학의 형식을 빌려서 발달한 것이라고 고찰할 수 있다.[22] 이러한 비교 사유유형은 동서양 공통으로 일어났으며 그 필요성은 동시 발생적이다.

유럽에서의 이 두 흐름은 실제에 있어서 각기 유럽의 전통철학에서 세계와 인간을 보는 두 시각에 그 연원을 두고 발전되어 온 것이었다. 그 하나의 시각은 안셀무스에서 데카르트까지 세계의 완전함을 인간의 완전함으로 고찰하는 서양철학의 주류 입장이다. 이 입장은 유럽에서 근대철학의 정통성을 고수하며 신, 인간,

---

22) 원래 동양의 전통적 사유는 유럽의 우월적 보편주의 사유전통에 대응하면서 특별히 체계화된 적이 없었다. 과거 중국에서는 이민족인 원나라의 지배를 받으며 고대 중국의 원형적 사유를 체계적으로 회복하려는 운동으로서 성리학이 발흥한 경우가 있었다. 동아시아 사회에서 조선이 명에서 청으로 넘어가는 왕조변혁 시기에 명나라의 유학을 따르고 청나라의 실용학문을 배척하는 경우가 있었다. 그럼에도 불구하고 철학의 역사의 후퇴가 일어났다고 여기지 않은 것은 명나라와 청나라의 학문을 구분할 수 있는 기준을 곧 근대사상으로 나아가는 척도로 삼을 수가 없기 때문이다. 즉, 비교우위가 가능하여야 사유전통의 체계화가 정당성을 얻을 수 있었는데, 조선과 명 그리고 조선과 청과의 사유전통의 동일화와 차별화에는 그러한 잣대가 적용되지 않았다.

자연의 일체에서 신과 인간의 직통의 길을 모색한다. 데카르트 추종자들은 천문학, 지질학, 광학, 신학, 의학 등의 영역의 전문가였다. 이들은 유럽 전역에 퍼져나가 유럽 정통계열의 학문을 주도하면서 새로운 철학운동을 전개하였다. 동서비교철학의 관점에서 보자면 이들은 배척적인 유럽중심주의를 간직한 우월적 보편주의 전통에 서 있다. 이들은 칸트, 헤겔, 마르크스, 베버, 니체 등에 이르기까지 유럽철학의 정통학설을 역사적으로 계승한 강한 그룹에 속한다.23) 다른 하나의 시각은 스콜라 철학, 특히 아퀴나스에서 라이프니츠까지 인간과 세계의 완전성의 테제와 더불어 기계론의 세계관을 바탕으로 전 지구 구석구석까지 서양철학을 전파한 비주류 입장이다.24) 특히 이들 중, 예수회 회원들은 뛰어난 탐험의 정신을 소유한 실천적 행동가들로서 지구의 곳곳을 식민화하는 새로운 문명전파의 기수였다. 스콜라 문법과 논리학과 철학에 정통한 해외선교사들은 대부분 이 두 번째 계열에 속한 사상가들이다. 이들은 토미즘의 깊은 영향을 받으면서도 당대 유

---

23) R. A. Mall und H. Hülsmann, *Die drei Geburtsorte der Philosophie. China. Indien. Europa*, Bonn, 1989. 휠스만은 다자문화철학의 타당성을 유럽정통주의의 부재에서 도출한다. (1) 명약관화한 보편타당한 역사철학은 없다. (2) 설사 그러한 철학이 있더라도 어느 누구도 청취할 없다. (3) 그러한 철학을 청취할 수 있더라도, 타자에게 전달할 길이 없다. (4) 만약 전달할 수 있다면, 하나의 일방통행식의 요구는 문제적이다. 필자의 이러한 철학사적 가정은 휠스만의 이러한 제안에 뿌리를 두고 있다. 키멜레도 휠스만의 뒤를 이어 근대 계몽 이래의 서유럽철학의 유럽중심주의를 통렬하게 비판하고 나섰다(H. Kimmerle, *Interkulturelle Philosophie*, Junius, 2002, SS.41-63).

24) 서양 근대철학의 주류적 흐름을 주도한 데카르트가 교육받은 라 플레슈(La Flèche) 학교는 원래 예수회에 의하여 설립된 학교이다. 서양 근대철학의 주류적 흐름의 창시자인 데카르트 역시 예수회 철학의 비주류와 무관하다고 할 수 없다.

럽의 새로운 철학의 경향에 대해서도 예의주시하면서 동양사상에서 새로운 문명의 대안과 화합의 길을 모색하였다. 해외선교사들의 교육의 본고장은 포르투갈의 코임브라 학파에 의해 주도되었다 하지만 차츰 로마의 콜레기움 로마눔이 마테오 리치 같은 유능한 인물을 길러냄으로써 유럽 전역에 선교 교육 운동이 확산되었다. 스콜라 변방철학으로 지칭될 수 있는 이들 과학자 및 선교사 그룹은 주로 논리학, 수사학, 토미즘 등의 교육을 받았다.25) 그들은 남아메리카뿐만 아니라, 인도 혹은 동남아를 통하여 일본과 중국에 각각 들어가서 활동하였고, 이들의 선교활동은 유럽에 보고되었다. 이들은 선교지역에서 독립적인 재원을 확보하여 선교활동에 나설 정도로 많은 경험과 과학기술의 노하우를 지니고 있었다. 인도의 경우 선교사들은 자체적인 기술로 인도양에서의 진주 양식에서 얻은 수익금으로 중국 진출의 경제적 교두보를 가지기도 하였다.

실학의 사유유형이 발달하고 있던 시기에, 유럽중심적인 서양철학의 흐름은 '신과 인간과 세계' 그리고 '인간의 본래적 인식능력과 외부세계의 객관성'의 문제에서 대륙의 합리론과 영국의 경험론이라는 진영으로 결별하였다. 이러한 대립은 근대 유럽철학과 근대 비유럽철학과의 관계만큼이나 비교철학적 통찰을 요구한다. 합리론과 경험론은 주로 지구상의 도처에서 선교활동을 통하여 접한 인간성의 보편성 규정과, 어떻게 인간은 외적인 세계의

---

25) 서양인이 처음으로 접한 동아시아 세계는 일본이다. 일본은 일본인 안지로(安次郞)에 의해 선교사 사비에르에게 소개됨으로써 차츰 서방세계에 알려졌다. 그 후 포르투갈 선교사 코스메 데 토레스(Cosme de Torres) 신부가 일본에 오고 본격적인 선교활동이 시작된다. 그는 일본의 야마구치 현의 한 사찰에서 일본의 승려들과 더불어 최초로 동서양의 비교 문명사적 세계개념의 차이에 대한 논쟁을 벌인 바 있다.

대상에 대한 지식을 객관적으로 획득할 수 있는가에 대한 물음에 각각 다른 답변을 하였다. 대륙의 합리론은 인간에게는 본유관념 (本有觀念, Innate Ideas)이라는 것이 있어서 외부세계를 인식하는 데 근거가 된다고 주장하였지만, 영국 경험론은 이를 부정하였다. 합리론은 인간인식이 가능하기 위하여 모순율이 타당한 법칙이라고 주장하였지만, 경험론은 이를 부정하였다. 두 가지 서양철학의 사유유형은 전혀 다른 세계관을 옹호하였음에도 불구하고 오늘날 서양 근대철학사의 양대 진영을 형성하여 내려왔다. 비교철학의 관점에서 서구의 양대 사상의 흐름을 조감하자면, 양대 사유의 독자적인 사유지평에는 별도의 승패가 없는 변증법적 지양만이 있을 뿐이었다.

여행은 사람을 연결시켜 주고 한 지역의 지식을 다른 지역의 지식과 교류하게 하는데, 라이프니츠는 여행을 통하여 서양 근대철학의 비주류적인 흐름을 접하였다. 라이프니츠는 이탈리아 여행길에서 서양과는 다른 동양의 정신세계를 경험하고 그리말디를 통하여 동서철학을 비교하는 작업을 하였다. 라이프니츠 이전에 비유럽세계의 학문을 가장 잘 알고 있었던 중국학자는 위에서 분류한 서양철학의 비주류 계열의 아타나시우스 키르허(A. Kircher, 1602-1680)이다. 키르허는 프라하 제국의 황제로부터 케플러의 후임으로 거명될 정도로 지명도가 높은 만물박사였다. 그는 중국학과 이집트학을 연결하는 연구를 하였다. 그는 성서의 창조설을 중심으로 선교의 관점에서 노아의 첫아들이 대홍수 이후 300년에 이집트에서 페르시아를 거쳐 중국으로 들어가 중국의 조상을 이루었다는 소위 '이집트 테제'를 주장하였다. 라이프니츠는 키르허의 연구 성과로 중국에 관하여 많은 정보를 수집할 수 있었다. 라이프니츠는 1697년 『최신중국소식』 출간 이후 시베리아의 언어

연구, 천체관측소 설치, 과학기술의 전파와 교환, 중국인의 천체 관측의 역사, 북아시아와 북아메리카 사이의 베링해의 존재에 관한 지리 지식 등에 관심을 표명하면서, 유라시안 통합과학의 구상을 가지고 있었다. 라이프니츠는 나아가 동서학술 프로젝트로 유럽, 러시아 그리고 중국을 모두 통괄하는 유라시안 세계학술 포럼을 구상하였다. 통합과학의 지식이란 오늘날 지구상의 어느 곳 어느 누구에게서도 보편타당하게 통용될 수 있는 일반화된 지식의 체계를 의미한다. 케플러(J. Kepler, 1571-1630)도 테렌티우스(Terentius) 신부와의 서신 교환에서 천체의 운동과 성좌의 위치를 연구한 자신의 '루돌프 테이블(Tabulae Rudolphinae)'26)을 중국에 보냈는데, 이는 통합과학의 지식이요, 라이프니츠 의미의 일반과학의 이념을 실현하려는 의도에서이다. 오늘날 시각에서 보자면 라이프니츠가 제안한 유라시안 프로젝트는 하나의 '세계 학술원' 차원에서 본 동서비교철학 연구의 초석의 귀감이다.

지금까지 인류철학의 역사에는 하나의 철학이 다른 하나의 철학체계를 완전히 설득하고 흡수한 적도 없었다. 철학사에는 반드시 하나의 이론이 다른 하나의 이론에 대하여 승리하는 역사로 이어가지도 않았다. 철학사는 인류의 지성사가 처한 고비 고비마다 새로운 창조적 도약을 하였다. 사라지거나 혹은 흡수되어 거의 미미할 정도로 세계인의 주목을 받지 못한 아프리카에도 아프리카 철학이 있다. 유럽 사람들이 아메리카 대륙에 도착하기 이전에도 이미 아메리카의 원형적인 철학이 있었으며 아리스토텔레

---

26) 1627년에 출간된 케플러의 루돌프 테이블(The Rudolphine Tables, 라틴명: Tabulae Rudolphinae)은 별과 행성의 위치를 표시한 도표로서 케플러는 총 1,005개의 성좌와 태양체계에 위치하는 행성의 자리를 도표로 작성하였다. 이 연구결과는 브라헤의 관측을 바탕으로 작성되었으며 고도의 정확성을 지니고 있다.

스 논리학, 이가 논리학에 버금가는 나름대로의 다치 논리학도 있었다. 아프리카 철학도 아메리카 철학도 오늘날은 세계철학의 한 모퉁이를 이루며 명맥을 이어가고 있다.

모나드 전망주의에서 보자면 아프리카 철학과 아메리카 철학과 유럽철학은 지리적으로나 기하학적으로 남북으로 나누어져 있지만 서로가 비교 관점을 지니고 있다. 동양철학과 유럽철학이 동서로 나누어져 있다 하더라도 세계를 보는 지각방식의 결과가 다를 필요는 없다. 동서남북의 세계인은 지구상의 어느 곳에 살더라도 저마다 세계를 자신의 고유한 입장에서 표상하고 자신에 알맞은 지식을 쌓아갈 수 있다. 철학사는 원래의 역사로 돌아가지 않으며 항상 새로운 철학의 가능성을 향하여 열어간다. 근대세계의 기원과 동서존재론의 연구는 그러한 가능성에 도전하기 위한 올바른 미래의 지표 설정에 그 목표가 있다.

4. 야스퍼스와 한국철학

20세기에 들어오면서 인류는 제1, 2차 세계대전이라는 미증유(未曾有)의 물질적 폐해와 긴박한 정신적 공황을 가져온 사건을 경험하면서 서양문명의 자기반성과 동서비교철학의 필요성을 절감하였다. 인류역사의 근원과 생존 조건에 관한 근본적인 문제를 야기 시킨 양차세계대전을 통하여 인류는 서양중심의 인간관과 세계관에 대한 깊은 반성을 하면서 동서양이 함께 나아갈 수 있는 동서비교철학의 길을 진지하게 모색하였다. 세계대전을 거치면서 인류의 비참한 실존상황을 통감한 야스퍼스는 기원전 500년 전후의 기원전 800년에서 200년 사이에 인류의 근원적인 정신의 형성이 이루어졌다고 상정하였다. 야스퍼스는 『역사의 근원과 목표에 대하여(*Vom Ursprung und Ziel der Geschichte*)』에서 인류의 미래 철학과 종교에 심원한 영향을 미친 사상가들이 등장한 시기를 차축시대라고 불렀다. 소크라테스, 붓다, 노자, 공자 등이 이러한 차축시대에 인류의 근원적 사고를 형성한 주역들이다. 인류의 고급문명은 이 차축시대에 이르면서 소멸되었다. 인류는 이때 이래로 인류의 근원적인 사고를 만들어 그 방식대로 살아가고 오늘날까지 존재한다. 인류가 표방한 철학세계의 뿌리는 서로가 만나 엉켜 있기 때문에 조금만 관심 있게 살펴보면 깊은 상호이해의 길이 열려 있다. 지구상에 존재하였던 고대 그리스와 근동 지역과 인도 그리고 중국에 있어 왔던 배타적인 사유유형 사이에는 어떠한 상호소통이 일어났다는 기록이나 증거가 전무하다. 이들의 시대에는 한 지역에서 다른 지역으로 관념의 명백한 직접적인 전송도 없었다. 하지만 이들 사이에는 주목할 만한 사유의 평행선이 형성되어 있었다. 그렇기 때문에 이 시기의 사상가들은 인류의 나머지 다른 시기와는 비교될 수 없는 유일무이한 특성을 지닌다. 차축시대의 특징적인 저자들로는 우파니샤드의 저자들, 호머, 파르메니데스, 헤라클레토스, 투키디데스, 아르키메데스, 엘리야, 이사야, 예레미야 등이 있다. 야스퍼스는 이들 중에서도 소크라테스, 공자, 붓다를 가장 범례적인 인간존재의 인격성을 소지한 인물들로 간주하였다.

차축시대에 탄생한 철학이라는 분과는 중국, 인도, 그리고 근동 지역에서 종교적, 사상적 지도자들의 엘리트 계층을 지배하는 지식이 되었다. 그들은 이러한 지식을 기구화하기(institutionalized) 위하여 도시에서 도시로 아이디어를 교환하는 여행을 하였다. 이러한 학자들의 여행하는 전통에 의하여 생겨난 철학적 이론으로 중국에서는 도가와 유교, 인도에서는 힌두교와 불교, 근동에서는 차라투스트라 종교가 생겨났고, 그리스에서는 소피스트들과 그리스 고전철학이 탄생하였다. 이러한 차축시대를 잇는 중추시대(A Pivotal Age)에는 인류의 영적인 토대가 동시에 그리고 독립적으로 생겨났으며, 오늘날의 인류의 인간성은 이러한 영적인 토대에 기초하여 존속하고 있다. 야스퍼스에 따르면 서양에서의 플라톤주의의 발흥은 차축 이동(axial shifts)을 의미하였다. 플라톤주의는 중세와 르네상스를 통하여, 기독교와 세속사상 사이를 통하여 서방세계에 주요한 영향을 미쳤다. 이 기간에 인도에서 탄생한 불교는 세계에서 가장 영향력 있는 철학으로 등장하였다. 개별 사상가들은 변화하는 사회환경에서 인간성을 묶는 이론을 정초하였다. 중국에서는 유교가 중국에 사회와 종교생활에 심원한 영향력을 행사하게 되었으며 차츰 이웃나라로 전파되었다.

야스퍼스의 차축시대에 대한 사상은 나중에 사회학자들로 하여금 중국과 인도의 종교 등에 대한 연구를 불러일으켰다. 종교역사가 암스트롱(K. Armstrong)은 야스퍼스의 생각을 발전시키며, 뉴턴, 프로이트, 아인슈타인을 포함하는 인물들이 탄생한 시기를 제2의 차축시대로 불렀다. 암스트롱은 오늘날의 종교는 세계의 변형을 가능하게 하는 차축시대의 통찰로 돌아가야 한다고 한다. 하나의 세계철학적 사유가 인류에 존재한다는 야스퍼스의 통찰은 동서를 아우르는 세계철학이 있을 때에만 하나의 세계시민이 가능하다는 전제를 깔고 있다. 야스퍼스의 세계철학에서 철학이란 과학이 아니라 전체로서 존재를 파악하는 존재의 개명이다. 그래서 철학이 등장하는 장소는 그 자신의 고유한 무능과 나약함을 알아차리는 곳이다. 세계철학을 위해서는 3가지 신앙에 기초해야 한다. 그것이 종교적 신앙, 과학적 신앙 그리고 철학적 신앙이다. 야스퍼스의 이러한 구분은 마치 러셀이 철학을 신학과 과학의 중간에 놓은 발상과 같은 것이다. 야스퍼스의 3가지 지식형태의 구분은 러셀의 분류의 대상을 문화인류학적 개념으로 확장한 것이었다. 이 3가지 지식형태 상호간에는 적절한 조화와 협조가 필요하다. 종교적 신앙은 일종의 계시에 의한 진리로 이를 일반타당하게 요구함으로써 자신의 입장을 절대시하는 위험을 떠안고 있다. 반면에 과학적 신앙은 과학에 의한 지식의 절대화로 종교적 신앙에서 말하는 신의 계획과 관련된 주장과 마찰을 갖는다. 철학적 신앙은 스스로의 고유한 입장을 갖고 있지 않다. 철학적 신앙은 열려 있는 자세와 관용으로 종교적 신앙과 과학적 신앙의 양자의 입장을 조절한다. 20세기 초 야스퍼스의 이러한 제안은 동서비교철학의 기본방향을 제시하기에 충분한 것으로서, 그 이후로 서양철학의 서양중심적 성향은 두드러지게 달라졌다.

야스퍼스의 서양철학의 외면적 반성과는 달리 후설은 유럽철학의 내면으로 파고들어갔다. 후설은 유럽과학의 위기를 진단하고 자신의 선험적 현상학의 길을 고수하였다. 그는 근대철학과 인간의 의미를 분석하면서 갈릴레이 이래로 추구해 온 자연의 수학화의 길이 오늘날 현대 유럽 인간성을 왜곡하게 하였고 인간과 자연과의 순수한 관계를 전도하게 되었다고 진단한다. 자연과 주관의 분리가 유럽문화의 위기를 부채질하였다. 이는 근대과학에서 연구의 영역으로부터 주어의 상실로 이끌었고, 이로 말미암아 인간현존의 의미상실, 인간의 자유와 책임의 문제에 실증적 답변을 줄 수 없게 만들었다. 후설이 본 유럽과학이 지닌 현상학의 문제점은 세계에 반향을 일으켰다. 직접적으로는 하이데거에 지대한 영향을 끼쳤고, 제1, 2차 세계대전을 통하여 흩어진 그의 제자들에 의하여 국제 현상학 운동을 일으켜 현상학의 국제화를 촉진하였다. 야스퍼스, 후설, 하이데거는 오늘날 각각 실존주의, 현상학,

존재론이라는 철학의 분과를 창시함으로써 국제적 영향을 끼쳤으며, 이들 사상을 오랫동안 천착한 많은 후학들은 저마다 자신의 고유한 사유지평에서 비교철학27) 내지 다자문화철학의 장르를 열어갔다.28)

한국에서의 비교철학의 전망은 동서문명의 접촉이 이루어지던 17세기로부터 거슬러 올라간다. 비교철학적 전망에서 보자면 두 가지 형태의 학문이 존재하였다. 하나는 대부분 북경으로부터 오는 서양 과학문물에 대한 수요과정에서 서교(西敎)에 대응하였던 사상유형으로서 종교적 신앙의 차원에서의 동학(東學)이 그것이고, 서학(西學)의 과학적 신앙의 차원에 대하여 대응하였던 실학(實學)이 그것이다. 중국이나 한국 모두 서양종교의 실체는 서교, 서양철학의 실체는 서학이라고 불렀다. 야스퍼스의 의미에서 종교적 신앙과 과학적 신앙을 종합하고 조율하는 철학적 신앙의 지평은 곧 비교철학의 길을 의미한다. 서양철학이 전래되기 전까지 구체적으로 동양의 지배적 사유형식은 유학이나 불교, 도교 혹은 샤머니즘이었으므로 서교에 대응하여 동학이라고 불렀다. 비교철

---

27) 하이데거 사유가 화엄적 사유구조와 동일하다는 동서비교철학적 성과는 다음 저작을 참고하라. 김형효, 『하이데거와 화엄의 사유』, 청계, 2002.

28) R. A. Mall und H. Hülsmann, *Die drei Geburtsort der Philosophie, China. Indien. Europa*, Bonn, 1989. 휠스만과 아담 말은 최근에 인류의 세 군데 철학의 동시탄생설이라는 이론을 제창하였다. 고대 그리스, 인도 그리고 중국에서 인류는 서로가 영향을 주고받음이 없이 각기 동시에 철학을 탄생하였다는 것이다. 각각의 세 철학은 동시탄생으로 우열도 없이 등등하게 생겨났고 발전되어 왔다. 이 두 사람은 각각 유럽과 인도 철학 그리고 중국철학의 개요를 집필하고 세계철학의 보편성을 요청하였다. 이들 담론은 종전 야스퍼스의 논의와 별다른 차이는 없다. 그러나 본질적으로 유럽철학이 아시아의 철학에 대하여 갖는 편견에 대하여 지적하고 아울러 주변철학으로 아프리카 철학이나 아메리카 철학까지도 수용하는 세계철학의 전망을 수용한 점이 특징이다.

학적 관점에서 보자면 17세기 이래 동양사상은 서양철학의 일방적 보편주의 요구를 꾸준하게 수용하면서 내성적 반성을 통하여 자기변용을 하였다. 여기서 동양사상은 서양철학과 접촉하면서 자기반성에 의하여 자기의식으로 돌아가는 의식 활동으로 동서비교철학적 반성에 해당되는 사유유형을 창출하였다.

한국의 사유전통은 대륙과의 문물교류를 통하여 성리학의 요체를 수용하고 받아들였다. 이로써 한국의 사유유형은 중국을 통한 서교와 서학의 흐름에서 발원하는 세계관에 대한 열린 자세로 변화된 형태로 발전하였다. 조선 성리학은 이황과 이이를 중심으로 성리학의 전통에서 이기이원론과 이기일원론이라는 원론적 담론을 전개하였다. 사단칠정 논쟁을 거치면서 인간의 심성의 문제해명에 깊은 성찰을 보여준 조선 성리학은 18세기에서 19세기에 이르는 기간에 실학(實學)의 진영이 친서방적, 반성적, 내재적 세계관과 반서방적, 외재적 사상태도로 갈라졌다. 서학에 대한 조선 성리학의 이러한 두 가지 사상태도는 비교철학적 관점에서 지극히 당연한 것이었다. 그럼에도 불구하고 조선 성리학은 비교철학적으로 서양철학의 두 가지 흐름에 대한 차이를 구별하여 받아들이는 데에 한계를 가지고 있었다. 서양철학을 구체적으로 자국의 사유의 바탕에서 창조적 철학으로 만들어가는 어려움은 일본이나 중국에서도 마찬가지였다. 그러나 20세기 후반에 접어들면서 동아시아 세계에서 동양철학과 서양철학의 구분은 새로운 세계철학을 향한 창조적 지양의 관점에서 파악하여야 할 것이다.

제 4 장

근대 동서정신의 가용과 수용

1. 도 입

갈릴레이에서 라이프니츠까지 나의 사유와 그의 외부세계와의 연계노정에는 동서세계를 새롭게 확장해 나간 철학이 있다. 데카르트에 따르면 철학은 "수세기를 걸쳐 일련의 탁월한 두뇌들로부터 염려되고" 그리고 "거기에 더 이상 논쟁의 여지가 없어 따라서 의심할 것이 없게 된" 학문이다. 여타의 나머지 학문은 나의 사유에서 그들의 단초들을 차용하지 않으면 어떠한 상황에서도 확실한 토대 위에서 지식의 지속적인 발전은 없다. 이러한 데카르트에 의한 나의 사유는, 갈릴레이가 망원경으로 세계를 남김없이 샅샅이 봄으로부터, 그 본 것을 다시 나의 관념으로 이끌어 들임으로써 비롯하였다. 봄의 대상은 나의 관념에 집어넣음으로써, 나의 외부세계의 환원 지식이 가능해진다. 거기서 사유는 그 정신의 가용(utilitas)에 의하여 발전하며, 질료적으로 공간에 제약받지 않는다. 거기에 연계된 나의 외부 대상세계는 인식론적 독립성을 갖는다. 나의 사유에 의한 나의 영혼은 물체를 지각함에 있어 시간의 질서를 인식의 조건으로 가진다. 이때 나는 두 개의 사물로 동일한 시간과 장소에 있을 수 없는 공간적 질서를 찾게 된다. 다른 말로는 나는 하나의 동일한 사물로서 서로 다른 두 장소에 동시에 있을 수는 없다. 홍길동같이 동서남북에 동시에 나타날 귀신이 곡할 동일한 인물은 없다. 이러한 근대 유럽철학의 뛰어난 나에 의한 사유의 새로운 발전은 자연과 인간과 세계라는 불후의 삼중 실체화의 맥락에서 유럽 외곽세계로— 구체적으로 중국으로— 접속된다. 당시 스콜라 변방철학과 접속된 사유체계로서 중국사유의 근본 카테고리는 천(天), 지(地), 인(人)으로 대척되는 개념체계를 가졌고, 거기에는 나로부터의 사유체계가 시작되지 않았다. 이때부터 나는 누구인가라는 물음이 새롭게 대두된다.

이러한 나의 사유 체험에는 동서철학사적 계기가 있다. 우리는 우주에서 인간사유의 지위는 오로지 나의 정신적 지주의 유래에 대한 선험성에서 규정될 수 있다는 현상학적 입장[1]을 논의의 디딤대로 받아들일 수 있다. 스트뢰커에 따르면, 우주에서 인간사유의 보편성의 범위는 어떤 땅 내지 국가의 영역에 제한되지 않고 발산될 권리를 갖는다. 인간사유의 반경은 말의 진정한 의미에서

---

1) E. Husserl, *Die Krisis der europäischen Wissenschaften und die trans-zendentale Phänomenologie. Eine Einleitung in die phänomenologische Philosophie*, hrsg. eingeleitet u. mit Registern versehen v. E. Ströcker, Hamburg, 1977, XIV. 스트뢰커는 '유럽인간몸통' 안에 유럽이란 단어는 반드시 지리학적 경계를 한정하는 장소가 아니라, 그리스 철학을 원조로 의무적 상속자를 삼는 하나의 정신적 삶의 통일을 수식하는 뜻이라고 해석했다.

우주 전체에 미치고 자유로운 정신의 발전을 펼쳐나가기 때문이다. 사유주체는 신적인 정신의 본질에 이르기까지 어떤 특정한 곳이나 때의 조건에 독립적이다. 그의 앎의 유래와 확실성의 물음은 그가 디디고 서 있는 곳의 자기인식의 개별과 보편성의 문제로 귀착된다. 그런 점에서 합리론과 경험론의 대립은 섬나라와 대륙이라는 장소에서 벌어진 근대 유럽철학의 나의 사유의 본질에 관한 인식론적 문제로 보인다. 그런데 대부분의 철학사가들은 오로지 이 양대 진영의 대립만을 철학의 주류로서 인식하였다. 신대륙으로 일컬어지는 아메리카에서의 새로운 사유의 계속적인 발전만을 주목하였지, 유럽 사유체계의 확장과정에 생겨난 유럽의 철학과 스콜라 변방으로서 동양의 철학과의 접속문제는 간과하고 있었다.

그래서 본고는 이러한 동서철학의 연결고리를 맺는 중요한 사상가로 라이프니츠를 불러들여 근대정신의 가용과 수용이라는 주제를 해명하고자 한다. 라이프니츠는 자아와 자아를 동일하게 연결하는 중재적 자아와 물체의 개념에 정신적 본질의 이입이라는 방법을 통하여 시간과 장소를 뛰어넘는, 즉 스트뢰커의 의미에서 동서를 하나로 연결하는, 사유의 이정표를 제시하였다. 이러한 라이프니츠의 중재적 자아에는 물체에 대한 정신의 가용으로 동서 사유의 연결고리를 현물 화하는 근대정신의 수용적 계기가 있다.

2. 서 론

인간이 자연에 관계하면 정신은 이를 이끌고 간다. 이것은 전통적으로 정신과 외부세계를 규정하기 위한 유비개념이다.[2] 자연은 가능성의 총체개념이나, 정신은 존재하는 것 전체와 관련된 인식능력으로 보기 때문이다.[3] 따라서 자연은 정신의 가용성 여부에 따라서 규정되고, 자연의 씀씀이는 다시 정신이 시키면 따르는 지적인 수용을 거친다. 여기서 산출하는 자연과 산출된 자연 사이에는 정신의 이중 측면이 있다. 나무는 그냥 자연히 자라지만 숟가락은 기술개념에 의하여 설명되기 때문에, 르네상스 시기에 자연과 예술은 넓은 의미에서 개념정립의 문제가 있다. 그러나 자연의 두 측면에 대하여서는 오직 정신 지도에 의하여 비로소 그의 존재 가능성으로 들어온다.

다만 한 존재자의 반복은 유한한 우주에 비추어보면 그 자체가 정신의 위기이다. 이런 매너리즘의 위기에서 임의적으로 반복되고 반복될 수 있는 폐쇄적인 유한한 우주에서 무한한 우주로 뚫고 나온 정신이 곧 근대철학의 진정한 면모와 특색이다. 고전 물리학 역시 이러한 나태한 물질의 속성을 법칙으로 간파하고 여기에 새로운 속성을 부여하는 데 가담하였다. 스피노자가 정신의 갱생을 위하여 — 혹은 지성의 개선을 위하여 — 모름지기 떨어지는 물방울에서라도 빛의 기하학적 모형과 또 거기서 파생되어 나온 무지개의 성질을 연구한 것도 그런 이유에서이다.

그러나 이때 서양 근대철학은 유럽 내적으로 새로운 출발점을 찾음과 동시에 유럽 외부 지역으로 사유를 확장해 나갔다. 스콜라 변방철학으로서 코임브라 학파는 예수회의 결성을 중심으로 미지의 세계를 탐험하였고 그곳을 개척하여 살아가는 땅으로 식민화하는 데 결정적으로 기여한다. 근대철학의 방법론을 창시한

---

2) U. Roth, "Die Bestimmung der Mathematik bei Cusanus und Leibniz", in: *Studia Leibnitiana, Zeitschrift für Geschichte der Philosophie und der Wissenschaften*, Bd. XXIX Heft 1 1997, SS.63-80.

3) H. Blumenberg, "Nachahmung der Natur", in: *Wirklichkeiten, in denen wir leben*, Reclam, Stuttgart, 1981, S.58.

데카르트의 라 플레슈 교육은 철저히 이런 예수회의 세계관을 배경으로 한다.

먼저 근대철학에서 데카르트적 사유방법이 통용되기 위하여서는 몇몇 전제조건이 충족되어야 한다. 근대세계를 열어가는 사고를 위한 인식의 첫 관문은 먼저 '나'에서가 아니라, '어떤 것'에 대한 관념의 사생에서 정신이 발현된다는 점이다. 블루멘베르크는 이것을 코페르니쿠스 이래 근대정신의 선험성의 원천으로 간주하였다. 당시 태양은 고대의 아리스타쿠스 이래 혹은 이전이라도 있어 왔고, 있고 그리고 있을 태양이었다. 하지만 근대인들은 근대세계를 관통하는 인류의 보편정신의 약진으로서 태양의 등고등락에 대하여 많은 논쟁을 벌었다. 프톨레마이오스, 브라헤, 코페르니쿠스 등에 의하면, 자연에 퍼져 있는 모든 단순한 정신 외적인 실체들의 세계는 무한공간으로 펼쳐져 있다. 반복으로서의 개별자는 곧 반복자가 되고 이 반복자는 개체로 해체되었다. 여기서 보편자는 더 이상 설자리가 없다. 호예에 따르면, 개별자가 반복으로 보편자로 해체되는 과정에 유명론은 무너지고 무수한 신들의 이름이 생겨났다.[4] 더 이상 사고될 수 없고 더 이상 부를

---

4) W. J. Hoye, "Gott - Das Maximum. Eine Untersuchung zur Rangordnung der Gottesbegriffe in der Theologie des Nikolaus von Kues", in: *Theologie und glaube*, hrsg. v. Professoren der Theologischen Fakultät Paderborn, Sonderdruck 참조. 호예에 따르면 고전적인 신의 이름은 '순수작용', '가장 순수한 작용', '존재', '선', '일자' 등이다. 그러나 새로이 등장하는 신의 이름은, '그냥 그리고 절대적 최대 크기(Maximum)', '절대적 동일자(idem)', '능력 있음(posset)', '별 것 아닌 것(non aliud)' 그리고 '능력 자체(posse ipsum)'이다. 그 중에 'Maximum'은 범례적으로 '뺌'의 방법으로 설명할 수 있다. '최대성'은 최대와 최소로부터 해체되면, 그는 그 자신에게서 작은 것이나 혹은 큰 것에도 제한되지 않은 최대성을 보고, 그리고 큰 것과 작은 것 앞에서 해체된 (절대적) 최대성을 보게 된다. 반면에 '그냥 최대의 크기'는 실제 세계의 모든 관계

수 없는 알 수 없는 이름들이 생겨났다.[5] 파스칼도 이 생각하는 자아를, 유형적인 물체가 무형적인 정신 앞에서 그의 본질의 해체와 분할 가능성의 극대화로 지극히 쪼그라든 불안한 존재자로 파악하였다.

여기서 자연을 독해하고 이론으로 장전하고 보고, 재고 계산하고 지배하고 통제하여 자연을 카테고리화함으로써 이를 이용하고 수용해 나간 사유는 일단 세계를 봄에서 비롯된다. 세계를 주체적으로 봄으로써 가장 먼저 자연을 독해해 나간 사람은 갈릴레이이다.[6] 갈릴레이는 동시대 케플러를 제치고 자연 연구자로서 우주의 관찰자로 살았고 연구하였다. 그런데 그는 1633년 6월 22일 성서를 두고 우주의 위계 존재영역에서 천체를 잘못 관찰하였다고 맹세한 실수를 하였다. 때문에 세계를 봄과 사실의 측면에서, 갈릴레이의 세계를 봄(visio)은 더 이상 그 유효성을 얻기 힘들어졌다. 이제 그 주체가 사유의 주체로 바뀌는 반성적 계기가 탄생하는 것은 근대철학의 당연한 요구사항으로 등장한 것으로 보인다. 여기서 데카르트에 의하여 근대철학의 핵심적인 주제인 "참되고 현실적으로 존재하는"[7] 나를 사유의 본질로 인지하는 역사가 시작되었다. 아는 내가 있음으로써 인간, 자연, 신의 대상실체를 나의 지적 의식대상으로 바꾸어놓을 수 있다. 데카르트는 주

로부터 용해되어서, 그는 하나의 지각이 아니고, 순수한 추상이 된다.

5) G. W. Leibniz, 『철학자의 고백』, 『철학저작 및 서한전집』 3권, 학술원판, 베를린, 1980, S,122. 이 시기에 개념과 사실이 일치되지 않은 한 소리를 빌리트리(Bilitri) 혹은 비즐리푸즐리(Vizplipuzli)라 불렀다.

6) 서양근대철학회, 『서양근대철학』, 51쪽. 저자는 인정받는 갈릴레이의 업적을 "제1성질은 수학적으로 정량화할 수 있는 성질이고 제2성질은 정량화할 수 없는 성질"로 나눈 점으로 들었는데, 여기서 세계를 봄이라고 할 때에도 적절하게 적용될 수 있는 개념이다.

7) 최명관, 『데카르트의 중심사상과 현대적 정신의 형성』, 1972 참조.

의 깊게 생각하고, 꼼꼼히 생각하고, 의식하고 착각하고 속고 믿으면서도, "그래, 나는 인간이다."라고 외쳤다. 데카르트는 나에서 신의 존재에까지 이르는 깊은 명상을 하였다. 그에 의한 사유주체의 발견은 15세기 중엽에서 17세기 후반에 이르는 긴 기간의 암중모색에서 생겨난 불멸의 인간영혼의 독창적 탐색결과이다.

세계를 봄을 나의 관념 안에 치환하여 사유를 시작하여도, 정신의 가용으로서 사유대상이 감각에 없으면 그 대상은 인식론적으로는 공허할 수밖에 없다. 여기서는 데카르트 사유와 연장을 벗어나서, 사유하는 나를 중재하는 자아의 존재가 필요하다. 정신에 의한 물질의 가용에서 감각이 어느 수준에 올라가 감동에 이른다 하더라도, 지성은 언제나 사물의 총체비율로서 이성에 속해 있다. 하나의 열등한 정신은 다른 하나의 정신보다 완전하게 이끄는 지성을 필요로 한다.[8] 이때 나의 정신과 정신 외부와의 관계에서 외부세계의 실재를 확인하고 통제하는 사유의 주체가 중재하는 자아이다. 중재하는 자아는 해독된 자연의 정신의 가용을 통하여 세계에서 나의 사유의 존재이유를 발견한다. 중재하는 자아는 나의 사유에 의한 외부세계를 정신적으로 수용한다.

3. 갈릴레이의 세계를 봄

근대철학에서 사유의 길을 맨 먼저 보여준 사람은 1633년 늦겨울 우르반 8세에 의하여 종교재판에 회부되었던 갈릴레이이

---

8) R. Descartes, *Discours de la méthode pour bien conduire sa raison, et chercher la verité dans les sciences*, übersetzt u. hrsg. v. L. Gäbe, Hamburg, 1960. Première partie, 2. 데카르트는 정신을 완전하게 이끄는 것은 이성과 지성 내지 오성에 의하여서라고 말한다.

다.9) 로마의 피렌체 사절단의 집에 가택연금된 채 종교재판 청문회 답변준비를 끝낸 갈릴레이는 6월 22일 산타 마리아 소프라 미네로바 성당의 도미니카 수도원 법정에 섰다. 그곳은 33년 전 로마 교황청으로부터 사형을 언도받아 장작더미 위에서 산화한 브루노가 섰던 자리였다. 70세의 노구를 이끌고 10명의 추기경들에게 둘러싸인 갈릴레이는 재판관 앞에 무릎을 꿇고 성경 위에 손을 올리며 맹세하였다.

> "나는 참으로 신성한 가톨릭과 사도교회가 믿고 설교하고 그리고 가르치는 모든 것을 항상 믿었고 또한 지금 믿고 그리고 신의 도움으로 미래에도 믿게 될 것입니다. … 나는 '태양이 세계의 중심이고 태양은 움직이지 않으며, 그리고 지구는 세계의 중심이 아니며 지구가 움직인다'는 완전히 엉터리 견해를 품었습니다."10)

이 선언으로 목숨을 건진 갈릴레이는 다음날 교황 칙령에 따라 로마를 떠나 그의 거주지인 시에나로 간다. 그의 귀향길에 이탈리아 전역에는 그에 대한 판결문과 맹세의 파기에 대한 진술을 담은 유인물이 즐비하게 뿌려졌다고 한다. 이 희대의 종교재판에서 오랫동안 자연탐구를 이끌었던 과학자 갈릴레이는 국가와 자연의 경계를 넘지 못했다. 그는 세계를 바꿀 수 있다는 생각 혹은 사유의 권리를 정당화할 수 없었다. 갈릴레이 시대는 연구자가 연구조건과 수입 등이 맞으면 어느 곳이라도 선택하여 갈 수 있는 오늘날과 같은 시대와는 달랐다. 갈릴레이는 르네상스 시기에

---

9) 이 내용은 주로 헴레벤이 기술한 내용에 따른다. J. Hemleben, *Galilei*, mit Selbsterzeugnissen und Bilddokumenten dargestellt v. J. Hemleben, Reonbeck bei Hamburg, 1989, S.120 참조.

10) Ibid., S.7.

풍미하는 관찰주체로서 기술의 결과에 의하여 언어와 자기 자신을 상실하였다.[11] 갈릴레이는 세계를 봄에서 사유하는 철학자의 길로 넘어가지 못했다. 그는 스스로를 사유주체로 규정하는 철학의 길로 들어선 자가 아닌 과학자였기 때문이다. 우리는 이를 갈릴레이의 세계를 봄의 소송과정이라고 부르고 그 경과를 살펴보기로 하자.[12]

자연 읽기와 성경 읽기

갈릴레이는 우주의 비밀을 캐기 위하여, 오늘날 과학기술사의 측면에서 보면 표절 의혹이 매우 짙은 볼록 대물렌즈를 오목렌즈에 묶어서 30배나 강력한 성능을 가진 망원경을 조립하였다. 곧 갈릴레이에게 봄은 앎이고, 그 중에서도 중요한 것은 첫 번째로 보는 일이다. 그는 1610년 이를 통한 천체의 관측 결과를 케플러에게 두 차례에 나누어 통보하였다. (1) 한번은 8월경에 37개 문자의 수수께끼에 담았고, (2) 다른 한번은 9월 12일 편지에 한 구절의 시로 담아 보냈다.

(1) Smaismrmilmepoetaleumibunenugttauiras
(2) 이 세련되지 못한 놈이 곧 저로부터 헛되이 읽혀지게 되었습니다.[13]

---

11) H. Blumenberg, *Wirklichkeiten, in denen wir leben*, Reclam, Stuttgart, 1981. S.60.
12) 특히 한국에서 서학을 수용하였던 학자들이 국가가 인정하는 제도적인 힉문의 편력징지에 내하서 택아넀던 순교의 떽사는 사실상 갈릴레이 과정을 밟는 듯한 인상을 준다. 때문에 여기서는 더 이상 역사와 사상의 차이가 없다.
13) J. Hemleben, *Galilei*, S.61. 원문은 "Haec immatura a me jam frustra leguntur, o. y"이다.

케플러는 위의 문장을 읽고 나서 갈릴레이가 무엇을 보고 그러는지 도무지 내용을 해독할 길이 없었다. 이 소식을 접한 루돌프 황제 2세도 궁금해 하였다. 같은 해 11월에 갈릴레이는 케플러와 황제에게 (1)의 비밀을 다음의 문장으로 풀어주었다.

"저는 가장 위에 있는 행성을 3층으로 보았습니다."14)

갈릴레이는 이 3층의 토성을 노인에 비유하였다. 이 노인은 금성같이 자기가 가는 것을 도와주고 그리고 그의 모습으로부터 시종일관 두 명의 노예를 달고 다닌다. 이것이 올리브 열매 모양을 하고 있어서 정확하게는 목성이 길쭉하게 삼성으로 관측되는 결과를 낳았다. 콜롬보는 갈릴레이의 지각이 하나의 광학적 기만에 전거를 두어야 할 것이라며 반박했다.15) 즉 토성은 항성천에 가장 가까운 유성이기 때문에 천체에 적합한 완전한 형식의 구형을 가질 것이라는 것이다. 콜롬보는 결코 망원경으로 천체현상을 관측하지 않은 자이다. 갈릴레이는 유머러스하게 반박하였다.

"무엇보다 저는 그가 말한 것을 이해할 수 없습니다. 그러나 저는, 만약 어느 누군가 자신이 결코 관측하지 못했던 사물들에서, 그

---

14) J. Hemleben, *Galilei*, S.60. 원문은 "Altissimum planetam tergeminum observavi"이다. 이 양자의 문자식을 나란히 배열한 다음 각각의 겹치는 단어들을 서로 소거해 가기 시작하면, 마지막에 남는 것은 위 구절에 'u'라는 철자와 아래 구절에 'v'와 'v'의 두 개의 철자만 남는다. 이들의 위상은 곧 삼각형으로 토성의 형태를 비유한 듯하다. 참고로 당대 의사이자 철학자인 스페인 출신의 산체스의 저술 *Quid nihil scitur*에서 산체스는 V자와 U자는 첫 문장에서 같은 문자로 취급하고 있다. 따라서 상기 세 문자는 모든 한 문자로 보아도 좋을 것이다.

15) J. Hemleben, *Galilei*, S.61.

것을 수천 번이나 관측하였던 자를 반박하려 한다면, 거기에 몇몇
의 삼면을 염두에 두었다는 점을 알고 있습니다."16)

갈릴레이와 콜롬보 사이의 논쟁은 관측과 이론, 자연과 예술
내지 기술의 경계 짓기의 논쟁을 반영한다.17) 그리고 이 논쟁은
독해 대상으로서의 자연 내지 코스모스를 오직 인간의 기술에 의
해서만 사물의 세계를 만들어보려는 근대 사고경향의 전향을 예
시한다. 세계를 봄에서 사실로 이어지는 연계는 더욱 유의미한
정보 그물망으로 씌워져 갔다. (2)의 수수께끼에 대해 케플러18)
는 그릇된 해독에 집착하고 있었다.

　　"목성에는 한 붉은 점이 있다."19)

---

16) Ibid.
17) M. Heidegger, *Basic Writings*, edited, with general Introduction by D.
　　F. Krell, Harper & Row, Publishers, New York, 1977. 하이데거가 올
　　바로 지적한 대로 중세의 과학은 일반적인 명제나 개념으로부터 출발하
　　지만 근대과학은 철저히 사실로부터 출발한다.
18) Ibid. 케플러는 자신을 삼인칭의 주어로서, 먹을 것이 눈에 들어오면 달
　　려들어 조심성 없이 물어뜯고 손님을 보아도 개같이 접대하고, 으르렁
　　거리고 아양을 떠는 엉덩이를 키운 개에 비유하였다.
19) M. Lemcke, *Johanenes Kepler*, Dargestellt v. M. Lemcke, Reinbeck
　　bei Hamburg, 1995, S.83. 원문은 "Macula rufa in Jove est ⋯."이다.
　　케플러는 그 당시 프랑크푸르트에서 출간한 『새해선물 혹은 六角 雪에
　　대하여(*Sterna seu de nive sexangula*)』라는 저작의 연구결과를 내어놓
　　았다. 케플러는 갈릴레이의 비너스, 즉, 금성의 연구관측 결과를 자신의
　　목성연구 결과와 관련시킨 해답을 제시하였던 것이다. 케플러는 먼저
　　눈송이를 연구의 출발점으로 삼았다. 눈송이를 라틴어로 'nix'라고 하는
　　데 이는 곧 무(無)를 의미한다. 케플러는 무에서 출발하여 밀랍과 석류
　　씨앗과 5개의 잎사귀의 수학적 형식을 고찰한 다음 플라톤의 다면체를
　　통하여 부동의 아르키메데스적 물체의 기하학적 창조모델에 도달하였
　　다.

(2)에 관한 설명은 태양에 가장 가까운 행성인 금성에 대한 피렌체의 관측 결과이다. 갈릴레이는 이 문장을 1611년 1월 1일 메디치에게 보내는 편지에서 다음과 같이 해명한다.

"사랑의 어머니는 아폴로와 다이아나의 출생지 형태를 모방한다."[20)

금성은 달의 주기를 모방하며 자신은 빛이 없으면서 태양 주위를 돈다. 금성은 태양의 위치에 따라 증가하고 감소하는 빛의 경과를 갖는다. 금성의 빛의 경과, 그 주기에 대한 연구가 완결되지 않은 상태에서 같은 해 4월 갈릴레이는 하늘을 열심히 관측하여 마침내 목성-달의 운행경과 시간을 성공적으로 측정하였다. 그리고 첫 번째는 아니지만 태양 흑점까지 발견하였다. 이런 연구결과로 갈릴레이는 바울 5세(1552-1621)의 로마 교황청과 우호적인 관계를 유지하였다. 그러나 갈릴레이는 자연과학과 「여호수아」 10장[21)의 말씀은 배치되는가 하는 1613년의 카스텔리의 보고서 논쟁에 휩싸인다. 이것이 코페르니쿠스 옹호와 프톨레마이오스 체계의 반대를 공적으로 표명하게 한 사건이다. 갈릴레이는 종교와 자연탐구의 경계를 지으면서도 신앙과는 지식의 분리도 결합도 주장하였다. 갈릴레이는 강경하게도 데카르트나 뉴턴처럼[22) 종교

---

20) Ibid. Cynthiae figuras aemulatur mater amorum.
21) 「여호수아」, 10장 12-13절. " '태양아, 너는 기브온 위에 머물러라! 달아, 너도 아얄론 골짜기에 머물러라!' 하니 태양이 머물고 달이 그치기를 백성이 그 적에게 원수 갚도록 하였느니라. 야살의 책에 기록되기를 태양이 중천에 머물러서 종일토록 지지 않았다고 하지 아니하였느냐."
22) G. W. Leibniz & S. Clarke, *The Leibniz-Clarke Correspondence*, Together with Extracts from Newton's Principia and Opticks, Edited with Introduction and Notes by H. G. Alexander, New York, 1976,

와 될 수 있으면 거리를 두지 않으려 하였다. 급히 로마 교황청으로 소환된 갈릴레이는 1616년 2월 19일 교황의 명령을 받은 11명의 신학자들에 둘러싸여 다음 명제를 검증할 것을 강요받았다.

"태양이 세계의 중심이고 그리고 태양은 움직이지 않는다. 지구는 세계의 중심이 아니며 그리고 지구는 움직이지 않는 것이 아니다."23)

이 사건 이후 근 17여 년에 걸친 갈릴레이와 로마 교황청의 싸움은 갈릴레이의 패배로 끝났다. 그 결과 그는 종교의 권위 앞에서 무릎을 꿇었다. 러셀에 따르면 철학은 과학과 종교의 중간쯤에 위치하고 있다.24) 갈릴레이의 자연 읽기의 결과는 정신 외부의 세계의 존재를 엄연하게 사유와 연장의 구분에서 종착점을 찾지 못했다. 세계를 봄에서 사유하는 **나**의 관념적 실체를 발견한 것은 데카르트의 업적이다.

1978, 1984, pp.153-159. 뉴턴은 그의 『프린키피아』 1권, 정의 VIII의 계에서, 운동의 주체에 동일한 대상이 한 장소와 다른 장소에서 다르게 보이는 것처럼, 상대적인 양들은, 그들이 담지하는 양들 자신이 이름에 있지 않아도, 그들에 대한 감각적인 측정은 정확하든 혹은 정확하지 않든, 측정된 양들 자신 대신에 공통으로 사용된다고 설명한다. 단어들의 의미가 그들의 사용에 의하여 결정된다면, 그 이름들에 의하여 시간, 공간, 장소 그리고 운동, 그들의 감각적인 측정은 적절하게 이해될 수 있다는 것이다.

23) J. Hemleben, *Galilei*, S.96.

24) 철학은 사실과 이성의 진리를 넘나들며 과학에서 개별자의 존재의미를 흐민히게 채우는 세계를 민들있다. 그러나 갈릴레이는 더 이상 사유를 요구하지 않은 사실 진리의 추구자인 과학자로 남게 되었다. 실제로 갈릴레이가 망원경 제작을 완전히 끝낸 1624년 가을에서 겨울 사이에 데카르트는 울므에서의 꿈의 맹세를 위해 '로레트' 성모 순례의 로마여행을 하였다고 한다.

4. 관념과 정신의 가용

17세기의 자연은 정신 바깥에서 어두움과 밝음으로 대비되었다. 자연은 건, 습, 냉, 온이라는 성질의 상호대립으로 항상 그 자신의 생성과 소멸을 실현한다. 근대인의 정신 안에는 사물의 이유로서 더 이상 아리스토텔레스의 형상이나 질료원인이란 없었다. 사유는 정신 바깥의 자연이 행한 것을 투명하게 보며 투사한다.25) 그러나 실천적 생활에서 정신은 마치 바람과 같은 것이었다.26) 자연에 대한 정신의 가용은 완성된 자연으로 발전한다. 그래서 자연을 통한 예술작품에서 정신이 한 역할을 이해한다는 것은 자연의 대상을 사유의 객관성에 의하여 독해한다는 것이다. 거기서 지성은 자연에 대한 정신의 가용성을 위한 세계의 존재이유를 밝혀간다. 지성에 의한 사물의 봄은 감각에 의한 사물을 지각함과는 다르다. 지성은 항상 어떤 이상성 혹은 관념성27)을 필요로 한다. 이 세계를 봄에 관념의 제거와 관념의 도입을 반복함으로써 지성은 사물 자체를 뛰어넘는다. 여기에 자연에 대한 정신의 가용성이 드러난다.

정신의 가용을 위하여 데카르트는 정신의 발전이 열려 있는 징

---

25) H. Blumenberg, *Wirklichkeiten, in denen wir leben*, Reclam, Stuttgart, 1981, S.55.

26) 근대정신은 유럽을 넘어 아메리카로 장소이동을 하였다. 형식과 질료를 사랑하는 아리스토텔레스적 원인에 근거를 두는 유럽 및 아메리카의 정신은 장소규정으로부터 해체되었다.

27) 한스 블루멘베르크의 담론방식을 따라서 '이상성(Idealität)'이라는 단어는 근대철학 일반에서 여러 가지 다른 의미전용이 있다. 이상적으로 사물을 본다(spectare), 혹은 관념적으로 사물을 본다는 것은 거의 동의어로 취급할 수 있으므로, 본고에서는 '이상성'과 '관념성'을 동의어로 사용한다.

표를 자연 읽기가 아닌 성경[28] 읽기에서 찾았다. 자연에 대한 정신의 가용을 자연 읽기가 아닌 성경 읽기에서 찾는 일은 근대에 철학과 신학이 처한 상황을 잘 설명해 준다. 데카르트는 파리 대학 신학부의 학장과 교수 및 강사들에게 헌정한 「제일철학에 대한 성찰」에서 제일철학의 첫 번째 과제를 정신의 가용으로 말미암아 나타나 알 수 있게 되는 모든 이유를 신 앞에서 핑계 대지 못하게 논증하는 것이라고 못 박았다. 그러므로 신에 대하여 알 수 있는 모든 것은 오로지 정신의 가용에 의해서 찾아 증명되어야 한다. 그러기 위하여 물질의 형태와 크기 및 연장을 향하여 나가는 곳에도 정신의 본질의 선점이 있어야 한다. 정신의 가용은 유한한 우주의 반복자에서 무한한 우주로의 공간의 확장을 가능하게 한다. 이로써 부동의 원동자에 대한 중세적 제일철학의 사유의 모델에 드디어 무한한 우주에 대한 정신의 가용이라는 근대 철학의 합리적 사유체계가 대치되기 시작하였다. 물질에 구조가 다양하고 복잡하면 할수록 여기에는 정신의 상응하는 가용의 구조를 설명하여야 한다. 이것이 근대 합리성의 사유패턴의 기본골격이고, 거기서 나의 관념을 찾아 그 근거를 주어야 하는 것이 철학의 과제였다.

1) 나의 관념

1618년 30년 전쟁이 발발하자 유럽의 하늘에 3개의 혜성들이 나타났다. 인간의 역사와 자연의 사실로서 다가온 전쟁과 자연현

---

28) 「로마서」, 1장 18-19절. "이는 하나님을 알 만한 것이 저희 속에 보임이라. 하나님께서 이를 저희에게 보이셨느니라. 창세로부터 그의 보이지 아니하는 것들 곧 그의 영원한 하나님 능력과 신성이 그 만드신 만물에 분명히 보여 알게 되나니 그러므로 저희가 핑계치 못할지니라."

상 앞에 데카르트는 세상이라는 책을 읽기 위해 학원을 떠나 군에 지원 입대한다. 현대 분석철학의 흐름을 창조한 비트겐슈타인도 제1차 세계대전 중에 '트락타투스' 세계관을 배낭에 짊어지고, 이미 근대철학의 아버지가 행하였던 것과 다를 바 없이, 군에 지원했다는 사실은 널리 알려진 바이다. 데카르트는 1619년 7월 20일에서 9월 9일까지 군인으로 프랑크푸르트에서 거행된 페르디난트 2세의 황제 대관식을 참관한다. 그리고 나서 데카르트는 남부 독일 울므 근처에 머물면서 놀랄 만한 학문의 기초에 관한 꿈을 꾼다. 거기서 데카르트는 밤낮을 꿈에서 깨어나기를 거듭하면서 어렴풋이나마 나의 정신의 각성이 철학의 출발임을 감지하고 예고한다. 이것이 철학의 시작을 경이로 보고하는 아리스토텔레스의 고대적 발상이 전적으로 근대적으로 반전되는 계기이다. 정신의 각성과 통각을 떠나서는 외부세계에 대한 혹은 물질세계에 대한 철학이 오지 않는다.

데카르트는 몸과 정신을 들어 이 관계를 설명한다. 먼저 정신의 선점이란, 정신은 임의로 물체를 보기 위하여 고개의 방향을 돌릴 수 있게 하는 것과 마찬가지다. 즉 정신은 물체를 지배하는데, 힘 안 들이고도 능숙하게 말을 타는 마부와 같다. 마부는 고삐, 재갈, 박차들의 모든 수단을 동원하여 말을 이끌고 몬다. 이것은 곧 영혼이 육체를 타고 다니는 것과 같다. 이 양자의 주어인 사유하는 나는 상상에 의한 대상이든 지성에 의한 대상이든, 그의 대상에 대한 관념을 내 안에 가진다. 내가 삼각형을 상상한다는 것은 그것을 3개의 선으로 둘러싸인 형태로 이해할 뿐 아니라 그 3개의 선이 마치 동시에 현존하는 것인 양 정신의 눈으로 보는 것을 의미한다.29) 전자는 상상에 의존하고 후자는 순수지성에 의존한다. 이것이 사실과 존재의 차이를 넘어서는 데카르트 관념

142

의 양면성이다.

사유의 대상에 대한 정신의 주관적 가용에 따르면, 정신은 물체의 한계 내의 관념성으로 외부세계에 자기 자신을 위임한다. 이것이 관념에 의한 외부세계의 객관성이다.[30] 데카르트에 따르면 정신 안에 가두어 둔 관념에 대하여 의식하는 주체는 자신이 지각하는 물체보다 더 완전한 사물의 관념을 갖는다고도 할 수 있다. 그렇다고 그 관념이 자기의식보다 더 완전하지는 않다. 관념 자체를 통하여 대표된 것은 정신 밖에 떨어져 독립적으로 존재한다고 말하지는 않는다. 그 이유는 관념이라는 단어의 동음이의 때문이다. 관념은 두 가지 용도로 사용된다. 하나는 관념을 지성의 조작을 위하여 심리학적으로 쓴다. 이때 이 관념은 사유주체보다 더 완전할 수 없다. 다른 하나는 관념이 논리적 의미로 쓰일 때이다. 이때 관념은 지성의 조작으로 대표되기 위하여, 지성 외부의 대상으로 존재한다고 상정되어서는 안 된다. 심리학적으로 사유에는 적어도 자기 자신보다 완전할 관념은 없다. 그러나 논리적으로는, 생각하는 자기 자신보다 더 완전할 관념이 있을 수 있다. 그러므로 그러한 관념은 그의 본질에 근거하여 사유주

---

29) R. Descartes, *Meditationes de prima philosophia*, Aufgrund der Ausgaben von A. Buchenau neu hrsg. v. L. Gäbe, Durchgesehen v. H. G. Zekl, Hamburg, 1977, Meditatio VI, S.2.

30) 서양근대철학회, 『서양근대철학』, 110-114쪽. 저자들에 의하면, 데카르트에서 비유로서 태양의 형상적 실재와 태양의 표상적 실재는 관념의 등급과 위계화에 의존한다. 사유하는 자아의 행위의 양태도 그러한 관념의 서상에 서 있다. 저자들은 이에 앞서 같은 방식에서 데카르트의 두 가지 방식의 신 존재 증명을 소개한다. 하나는 후험적 인장(印章) 증명이고 다른 하나는 선험적, 존재론적 증명이다. 그러나 라이프니츠는 이러한 사물의 실재를 실재적 정의와 명목적 정의에 의하여 접근한다. 신 존재는 그렇게 실재론적으로 정의될 수 있는 것이 아니기 때문에, 오히려 신의 존재는 필연성의 존재의 가능성에서 출발하여야 한다.

체로서 나보다 완전할 수 있다.31) 여기에는 생각하는 실체와 생각된 실체 사이에, 석연치 않은 인식론적, 존재론적 문제가 있다. 나의 사유주체의 영역에 명석 판명하게 증가하는 인식론적 자의식이 반드시 감각적, 존재론적 자의식과 일치하지는 않는다는 것이다.32)

여기에서 스피노자는 물체의 여러 가지 감각이 처한 인식론적 오류를 지적하였다. 그에 따르면 영혼 안의 의지는 무조건적이며 자유의지는 없다. 그러므로 영혼 안에는 인식하고 원하고 사랑하고 그렇게 이어질 무조건적인 능력은 없다. 문제는 지성의 개선을 통하여 해결하여 나가는 것이다. 그가 하는 일은 낱낱의 의욕들에 있어서 삼각형의 삼각이 동시에 180도를 이룬 데 대하여 사고의 양태를 통하여 긍정하는 것뿐이다. 돌이 이 돌 그리고 저돌, 인간이 바울 그리고 베드로로 진술되는 것과 같다. 이 경우 서술어는 더 이상 분배될 수 없는 명사이다. 그러므로 영혼은 사고의 양태에 대하여 이러쿵저러쿵하는 바가 없다.33) 반면에 물체

---

31) R. Descartes, *Meditationes de prima philosophia*, Praefatio. 데카르트가 라틴어로 집필한 『성찰』에서, 1637년 불어로 집필한 『방법서설』에 대한 세간의 두 가지 이의 중 두 번째 이의에 대한 답변에서 데카르트는 관념(idea)을 두 가지 의미에서 사용한다.

32) 서양근대철학회, 『서양근대철학』, 170-175쪽 참조. 여기서 저자는 " '나'라는 개인은 나의 관점과 지향점에 따라 세계를 경험하고 반응하면서 나를 나 자신으로 만들어간다."고 지적한다. 그리고 저자는 "주어개념이 그에 관계하는 술어들에 의해 유의미"해지는 개념 규정적 사태에서 주체, 예정, 결정 그리고 무한이라는 속성을 도출할 수 있다고 말한다. 그러나 여기에는ー라이프니츠가 스피노자를 만나면서 언명한 바 있는ー개별자의 개념의 양립성의 문제를 설명할 수 없으면, 모나드의 논리적 주어를 세울 수 없다.

33) B. de Spinoza, *Die Ethik nach geometrischer Methode dargestellt*, Übersetzung, Anmerkungen und Register v. O. Baensch, eingeleitet v.

는 그의 주변 환경과 관련하여 하나의 항상변화 상태에 있다. 그는 에너지의 큰 교환 없이도 자유로이 작용한다. 정신도 그의 사유에서 상대적으로 자유롭고 활동적으로 물체와 소통한다. 그래서 스피노자는 세계를 봄의 관념 이외에 일상적으로 외부의 물체에 대해 하나의 지각적인 판단으로 생긴 '관념된 것'이라는 말을 생각해 내었다. 하나의 물체는 어떤 다른 하나의 물체와 상호접촉에서 오는 사고의 양태이다. 그것이 관념체(Ideatum)이다. 흔히들 '좋은 인상을 심어주었다' 혹은 '찍어 두었다'고 할 때 마음속에 그려지는 것은 '관념된 것'을 의미한다. 우선 베드로라는 한 개별자에는 두 가지 관념이 있다. 하나의 관념은 베드로 자신의 영혼이고, 다른 하나의 관념은 다른 인간 바울 안에 있는 베드로이다. 전자는 베드로 자신의 몸에서 그의 물체의 본질이 직접 해명된다. 그는 베드로가 존재하는 한에서 존재가 유지된다. 후자는 베드로의 본질이기보다는 바울의 몸의 상태를 나타낸다. 바울의 영혼은 그의 신체의 상태가 지속되는 한에서, 베드로가 현존하는 양, 자기 자신을 본다. 이런 관념체 때문에 베드로가 존재하지 않더라도, 바울의 영혼에 경과하는 것은 그의 신체에 그가 있는 듯하다. 예를 들자면 철수와 영희에 대하여, 철수는 비록 영희를 보고 있지 않더라도 철수는 마치 자신의 신체에서 영희가 현재하는 양 여긴다.[34] 스피노자의 이러한 설명이론은 이 세계에 오로지 홀로 있는 하나의 개별자만 있을 경우만을 위한 필연주의를 지닌

R. Sachottlaender, Hamburg, 1989, II. Teil, Lehrsatz 17. 72.

34) Ibid, II. Teil, Lehrsatz 44. 인간의 물체가 두 개의 외적인 물체들로부터 촉발되면, 스피노자는 영혼이 나중에 그들의 한 물체를 표상할 때 동시에 다른 하나의 물체를 기억한다고 말한다. 즉 영혼은 자신에서 이들의 현재적 존재를 방해하는 원인이 없으면 이 두 개의 물체를 현존하는 것으로 볼 수 있다는 것이다.

다. 여기서 보통영혼으로서 철수의 신체와 그의 영혼은 정신의 가용의 감각적 한계를 넘어선다. 스피노자 철학은 철저히 범신론적 체계를 고수해야 타당하게 된다.

그러나 라이프니츠에서는 우주에서 하나의 물체는 다른 모든 물체들과 함께 연관을 가지고 조화의 건전성을 유지한다. 라이프니츠는 철수와 영희는 서로를 분간할 수 없는 동일한 속성을 갖는 개체라도 세계에서 상이한 존재론적 차별을 갖는 경쟁원리를 그의 모나드 철학체계에 도입한다. 마치 물체와 영혼은 서로가 아무렇지도 않게 있는 것처럼 보이지만 우주공간에서 정신 외적인 조화의 산물로 있는 것이다. 거기에는 드러나지 않은 경쟁원리가 작용하고 있음에도 불구하고 물리적 유출로까지 번지지 않고 있다. 실제 바울과 베드로의 신체와 영혼은 그 자체로서 이 우주에서의 충족근거에 의거한 것이다. 나의 사유가 품는 영혼의 관념은 이 세계 어느 곳에 있더라도 물질세계를 꿰뚫어 관통한다. 나는 다르게 있을 수 없이 이 세계에서 나의 신체와 함께 현존하는 것이다. 나는 언제 어느 곳에 있더라도 언제나 나의 신체이며 거기서 무엇을 하고 보더라도 나의 정신과 함께 존재한다. 어떤 한 작은 나의 이 순간의 지각도 놓칠 것이 없는 곳에 전체 우주의 표상이 함께 공존한다.

2) 이중진리와 인간 개별자

데카르트의 「제일철학에 대한 성찰」의 집필의 두 번째 동기는 대다수의 견해가 엇갈렸던 영혼의 본질의 문제를 다루는 데 있었다. 영혼과 신체는 이 우주에서 어떠한 방식으로 존재하는가?

영혼은 신체와 함께 몰락하나, 오직 신앙에서만 그의 반대에 대하여 확신을 가질 수 있는가? 강력한 신학의 학설로 이성 앞에서는 영혼불사를 거부하나, 신앙 앞에서는 오히려 그의 반대를 주장하는 이중진리이론이 등장하면서, 데카르트는 이 이중진리이론을 자신의 철학의 공격목표로 삼았다. 1521년 <라테란 공회>에서 이러한 이중진리를 공개적으로 저주하면서 이론적으로 배격할 것을 선언한 시대적 분위기에서 데카르트도 이 이중진리의 반증의 기치를 들었다. 이 이중진리는 원래 아베로이스주의자들의 주장이다. 이 이론은 이 세계에는 오직 하나의 개별자만 있다고 주장한다. 이 세계에는 하나의 영혼만 있다는 의미에서 이 이론을 세계영혼이론이라고 부른다. 합리론자인 스피노자로부터도 지지된 바 있는 이 세계영혼이론은 특히 데카르트가 존경과 찬사를 아끼지 않은 소르본 대학 신학부에서도 세력이 강했다. 이 진영에는 인간영혼을 구원의 인식으로 끌어올리기 위한 방식으로 아리스토텔레스의 활동지성35)의 학설을 승계하던 13세기 이래 빌헬름 폰 성 아무르 박사 및 신비적 신학자들이 교수활동을 하고 있었다.36) 아베로이스의 해석에 따르면, 우주에는 오직 하나의 그리고 동일한 개별지성만이 있다. 우리가 사고라고 부르는 것은 우리의 것이 아니라 모두 신의 것이다. 여기서 능동지성은 외부로부터 오고 영원하며 모든 사람에게 공통적이다. 반면에 수동지성37)은 모든 사람에게 죽음 이후에 사라진다. 그래서 이 능동지성은 우주에서 각 영혼을 불멸성으로 귀인(歸因)하게 하는 일종의 초개별적 보편성이다. 아베로이스주의자들은 더 나아가 천체를 움직이는 지성들로서 분할된 실체인 가능지성38)까지도 상정

---

35) 'intellectus agens'의 번역이다.

36) G. W. Leibniz, *Discours de Metaphysique*, §28.

37) 'intellectus passiv'은 능동지성에 반대되는 개념으로 수동지성이다.

38) 'intellectus possibilis'는 이 세계의 가능지성이다.

했다.[39)]

하지만 이미 갈릴레이에 의하여 천체의 모든 비밀이 관찰된 이후에, 자연의 질서를 지성에 의하여 천체가 움직여지는 운동 모델을 따르기에는 정신의 가용이 너무나 멀리 나가고 있었다. 논의를 좀더 살펴보자면 가능지성으로부터 스스로 밑에 존립해도 물체에 결속이 되어 있지 않은 별개 형[40)]인 최하위 종이 있다. 가능지성은 인식하기 위하여 나를 필요로 한다. 가능한 사유의 대상이 생각되고 인식될 수 있기 위해서는, 가능지성은 나로부터 오직 사고와 인식의 도구로서만 사용되어야 한다. 그러나 가능지성은 하나의 영혼의 습관[41)]이고 지성이지 나는 아니다. 그렇다고 가능지성이 그 자체에서 그리고 그에게 부과된 능동지성에서 별도로 현실화될 수는 없다. 그는 오직 한 인간 개별자에 붙어 있어야만 현실화된다.[42)] 데카르트는 이러한 자아를 발견하고 아베로이스의 개별자를 공략하는 데 치중하였다. 하지만 데카르트는 어떻게 자아가 인간 개별자에서 현실화되는가의 문제를 취급하지 못했다. 그래서 신체의 몰락과 영혼불멸이라는 과제에 고유하게 돌아오는 사유의 몫에 인간 개별자에 인식론적 지위를 주는 일은 데카르트 이후 독일 관념론에서 활발하게 이루어졌다.[43)] 우왕좌

---

39) A. Maier, *Ausgehende Mittelalter*(1-3), *Gesammelte Aufsätze zur Geistesgeschichte des 14. Jahrhunderts*, 1, Roma, SS.8-9.

40) 'forma separata'는 질료에서 떨어져 나간 형태이다.

41) 'virtus animae'는 중세 이래로 영혼의 행덕이라고 할 수 있는 것으로 영혼은 그의 기능에 따라 순수한 지적인 영혼, 감각적인 영혼 그리고 식물적 영혼으로 구분된다. 라이프니츠 당대에도 이 구분은 지속되나 칸트 시대에는 거의 소멸된다.

42) A. Maier, *Ausgehende Mittelalter*(1-3), *Gesammelte Aufsätze zur Geistesgeschichte des 14. Jahrhunderts*, 1, SS.8-9.

43) 칸트는 인간 개별자를 선험적 통각의 관점에서 하나의 개념적 보편자

왕하지 않고 처음에 마음먹은 대로 죽는 날까지 발걸음을 흩트리지 않고 똑바로 걸어간 데카르트의 나의 길[44]은 바로 그러한 범례적 인간 개별자의 길이다. 분명한 것으로 데카르트의 사유하는 자아는 정신과 물체의 양면을 인간 개별자에 이원적으로 통합시켰다. 거기서 사유와 연장으로 세계창조의 힘의 보존의 법칙을 세워나감으로써 이중진리의 문제를 비켜나갔다. 데카르트의 사유는 천상계의 자연운동과 지상계의 자연운동을 몇몇의 보편법칙을 통하여 통일적으로 파악하기는 하였지만, 그의 충격의 법칙은 실천적 과학이론과 관측의 측면에서 많은 문제를 노출하였다.

5. 교정 테제로서 동서정신의 수용

데카르트가 사유를 통하여 얻어낸 결론은 '내가 있다'는 것이었다. 즉, "나는 세계 안에 있다." 이러한 세계는 연장된 사물의 세계이다. 여기에 낮은 종들의 무의식의 세계가 있다는 점은 라이프니츠에 의하여 처음으로 지적되었다. 그것은 연장된 실체에 대한 비판과 더불어 미처 의식하지 못하는 분야의 등장을 예고한다. 작은 지각세계에도 자아에 의한 인격의 동일성이 유지될 수

혹은 지적인 종 자아로 취급한다. 마이어에 따르면 칸트의 선험적 통각은 개념의 지적인 존재에서 오기 때문에 그것은 아베로이스의 개별자의 구체적 존재로서 '분할지성'의 역할과는 다르다고 한다. 그러나 하나의 개별적 보편자요 보편적 나인 피히테의 자아가 아베로이스의 나와 유사하다고 한다(A. Maier, *Ausgehende Mittelalter*(1-3), *Gesammelte Aufsätze zur Geistesgeschichte des 14. Jahrhunderts*, 1, SS.8-9 참조). 그러나 어떤 각도에서든 아베로이스 이론의 흔적이 독일 관념론에서 재론되어야 하는지 그 이유에 대하여서는 논쟁의 여지가 많다.

44) R. 슈페히트, 『데카르트傳』, 이규호 옮김, 『삼성문화문고』 35, 1973, 286쪽.

있다. 그렇기 때문에 라이프니츠는 정신의 본질을 결핍한 무기체적 세계의 일부로서의 물체개념을 철저하게 비판한다. 라이프니츠는 인격의 동일성을 나와 중국 황제의 비유를 들어 설명하였다. 이미 데카르트가 확립한 대로 사유하는 '내가 세계에 있다'는 것은 유럽에만 안주하지 않고 저 중국에서도 타당하다. 원래 지구 어디에서도 이러한 나의 사유와 존재의 타당성을 갖는 한에서, 나는 하나의 이성적인 영혼으로 자신의 본질에 대한 의식을 수반하고 형이상학적인 도덕적 의미를 수반할 수 있다. 나는 자신이 과거에 무엇이었던가에 대한 기억으로 일종의 칭찬과 벌을 아는 인격적 동일성을 갖는다. 나는 나의 본질이 무엇이었던가를 잊었고 나 자신이 절멸되었다고 하더라도, 나에 관한 새로이 태어난 인간이 의식할 수 있는 결과작용과 관련하여 동시에 한 인간이 창조되어야 한다면, 내가 중국 황제가 못 될 이유도 없다.[45] 필자는 이러한 라이프니츠의 중국 황제의 논의를 중국 황제에 대한 나의 정신의 수용을 받아들이는 중재[46]적 자아라는 개념을 통하여 그 근거 주기를 줄 수 있다고 본다.

이런 중재적 자아는 데카르트의 연장된 실체에서는 등장할 수 없는 오직 라이프니츠에서만 가능한 새로운 반성적 개념이다.[47]

---

45) G. W. Leibniz, *Discours de Metaphysique*, §35.
46) 독일어의 'Vermittlung'의 의미에서 필자는 '중재'라는 단어를 사용한다. 데카르트가 꿈을 꾸고 난 이후에 '나'를 각성했듯이 하나의 중재된 자아(ein vermitteltes Ich)도 자신의 동일성을 의식적으로 포착할 수 있다. 라이프니츠는 『철학자의 고백』에서 한 중인계층의 인간이 왜 자신의 부모가 둘 다 귀족이 아니었는가에 대한 불평을 보기로 든다. 1999년 한민족 철학자 대회에 조가경 교수는 동서철학의 가교의 의미에서 '매개'라는 개념을 사용하였다. 조가경, 「동서철학 매개의 앞날을 위하여」(1999 한민족 철학자 대회 기조논문) 참조.
47) 필자는 이전의 논문「개념의 구조」(『사색』 14집, 1989)에서 개별존재론

이 개념은 그의 청년시절 신과 인간 사이에 사랑을 매개로 성립하는 수직적 개념 그리고 인간과 인간 사이에 의식으로 연결되는 수평적 개념에서 각인된 적이 있다. 내가 나의 물체로서 나의 몸을 투명하게 의식하는 것은 그리고 내가 남의 몸을 의식하여 그 동반되는 정신까지도 의식하는 것도 이런 중재적 자아개념 때문이다. 내가 너에게로 가는 사랑이 있는가 하면, 너에게서 나에게로 오는 사랑도 가능하다. 내가 너의 기쁨에, 너도 나의 기쁨에 동참하는 것도 두루두루 가능하다. 마찬가지로 중재된 상상이 없이는 나는 고통도 즐거움도 가질 수 없다. 우리에게는 그 자체로 우리 자신의 지각의 고통이나 즐거움의 기억이 있기 때문이다. 기억이 없이는 죽음 이후에 일어날 것도 아무런 소용이 없다. 죽음을 잠을 자는 자에 비유한다면, 잠을 자는 자의 경우는 죽음 이후에도 어떤 기억이 있을 수 있다.[48] 데카르트의 연장된 실체와 뒤이어 정신적 본질을 결핍한 홉스의 물질개념에 대한 라이프니츠의 대안은, 곧 코나투스의 정신적 변용으로 집약된다.

의 관점에서 '나'와 '너'를 개념적으로 중재하는 대화 파트너로서 이러한 중재적 자아의 의미이론을 개진한 바 있다. 문제적인 것은 동일한 사물에 두 이름을 덮어쓴 구성적 딜레마이다. 파스칼도 인간을 신도 악마도 아닌 중간자라고 규정하는 한에서 암묵적으로 이러한 중재하는 자아의 개념을 사용하였다.

48) 이러한 기억(reminiscentia)의 개념을 바탕으로 훗날 라이프니츠는 궁극적으로, 형이상학적으로 죽음도 탄생도 없는 세계관을 제시한다. G. W. Leibniz, *De Summa Rerum, Metaphysical papers*, Translated with an Introduction and Notes by G. H. R. Parkinson, New Heaven and London, Yale University Press, 1992, p.12; *De Reminiscientia et de Reflexione Mentis in se Ipsum*, SS.70-73.

1) 중국 황제와 중재적 나

중재적 자아에 의한 정신의 주체는 나도 중국 황제와 같은 인격을 가질 수 있다는 생각을 포함한다. 나는 한 순간에 여러 가지를 궁리하며 생각하기도 한다. 이 중재적 자아는 중국 황제와 동등한 인격의 자아관념에 도달할 수 있다. 이와 대립된 나는 11세기의 안셀무스 이래로 승계되어 온 인간의 완전함은 세계의 완전함에 해당된다는 테제에 접목된 데카르트의 사유의 나이다. 라이프니츠는 중재적 자아의 관념을 여러 방면에서 실천적으로 중국과의 서신교환을 통하여 사고실험을 수행하였다. 라이프니츠는 1716년 수신인 니콜라 드 레몽에게 보내지 않은 편지에서 이러한 중재적 자아를 탐색하였다.49) 그런데 이 중재적 자아는 데카르트의 사유의 나로부터 나를 거쳐 중국 황제의 인격에 이르기까지 정신의 전용작용을 가진다. 중재적 자아는 자연적 충동과 예정된 질서를 통해 사물을 생겨나게 하는 일에 관계한다. 그러한 나에 의한 나의 고유한 사상의 형성은 데카르트의 '현재 세계체계'50)에서나 중국철학의 이와 기에서도 동일한 철학의 원칙으로 유지될 수 있다.

라이프니츠는 『이가 산수체계와 중국철학에 관한 두 서한』에서 동서철학의 비교개념의 설명으로써 이러한 자아에 대한 개념적 장치를 만들었다. 라이프니츠의 생각에 따르면, 이기(理氣)의 철학적 원리도 전통적 스콜라 철학의 개념의 틀 안에 다소간 통속적으로 간직되어 있다. 이기는 쿠사누스에서 갈릴레이까지, 만

---

49) G. W. Leibniz, *Zwei Briefe über das binäre Zahlensytstem und die chinesische Philosophie*, Aus dem Urtext neu ediert, übersetzt u. kommentiert v. Renate Loosen u. F. Vonessen, mit einem Nachwort v. J. Gebser, Belser-Presse, MCMLXVIII.

50) Ibid., S.64.

152

드는 자연과 만들어진 자연의 전통적 자연해석의 맥락에도 보존
되어 있다. 이기의 철학적 원리는 천(天), 지(地), 인(人)을 하나
로, 이들의 통일만이 우주의 보편적 실재라고 정의한다. 중재적
자아도 하늘과 땅은 인간이 자연에 근본적 조화를 주는 정신의
수용을 규정할 수 있다.

라이프니츠가 이해하고 설명하려고 한 것은, 하늘과 땅 사이의
바람과 불의 순수행위[51]의 작용으로 순수한 물질적 한계에서 의
식이 오가는 정(情)의 문제이다. 이것은 곧 인간의 죽음과 해체,
그의 물체가 그 본래의 근원으로 돌아감이다. 하늘로 올라가는
것은 영혼이고 땅으로 내려가는 것은 혼백이다. 인간이 죽으면
불과 바람의 본질은 하늘로 올라가고, 물체는 땅의 본질로서 땅
으로 돌아간다. 인간의 죽음은 하늘과 땅이 갈라짐을 의미하고,
탄생은 하늘과 땅의 합일을 의미한다. 여기서 인간이 태어나도
그리고 인간이 죽어도 우주에 보편본질[52]은 없다. 라이프니츠는
이 보편본질의 부정을 소위 창조에 관한 기독교 이론의 부인으로
해석하였다.[53]

데카르트의 나와 더불어 라이프니츠의 중재적 나가 신체의 몰
락과 더불어 인간영혼의 부분에 불멸로 남는가의 논의가 바로 동
서철학의 관점의 중요한 분기이다.

---

51) 'actus purus'는 형상적 성격이 배제된 순수한 작용이다.

52) 여기서 보편본질(la nature Universelle)이란 상제에 해당되는 인격의 존
　　재를 뜻한다. 기독교에서 보편본질은 오직 예수만이 인육화로 인간이
　　된 사건을 지칭하고 있다.

53) G. W. Leibniz, *Zwei Briefe über das binäre Zahlensytstem und die
　　chinesische Philosophie*, S.114. Quand l'homme meurt, c'est ʾa-dire,
　　qaund le Ciel et la Terre se separent, la Nature Universelle ne s'en
　　va pas (car elle est toujours par tout).

서양에는 자신의 물체를 장작더미 위에 불사르게 함으로써 죽어간 브루노의 불꽃같은 영혼이 있다. 지동설을 깨닫고도 거짓말로 죽음을 모면하여 영혼을 속여가며 목숨을 보존한 갈릴레이의 길이 있다. 갈릴레이의 과정을 숨을 죽여가며 지켜보다『천체론』의 출간의 포기까지 결심하는 데카르트에게는 인간 개별자의 길이 있다. 종 자아의 낮은 본질이 이 세계에 존재한다는 것은 자연의 독해를 통한 정신의 가용 과정에 존재자의 등급이 있다는 것이다. 중재적 자아는 하늘과 땅의 순수작용에 참여함으로써 낮은 등급의 존재자에서 높은 등급의 존재자까지의 화해의 길을 열어갈 수 있다고 할 것이다. 그런 점에서 중재적 자아는 — 가령 위에서 언급한 브루노나 갈릴레이의 인간 개별자로서 — 우주의 보편성 혹은 보편본질을 향한 개별영혼의 회귀방식에 해답을 줄 수 있다. 합리론과 경험론의 논쟁은 인간영혼의 개별성과 보편성을 둘러싼 인간의 신적인 자기인식의 근원이 어디에 있느냐의 물음에서 온다. 적어도 이러한 중재적 자아의 원리는 데카르트 전통의 나와 그의 신적인 존재의 실체성과 상충하지 않는다.54) 그는 독해된 자연을 정신의 가용에 의하여 기술적으로 지배하고 통제하는 자아이다. 그는 정신의 수용을 위하여 하늘과 땅과 인간 모두를 하나로 귀일시키는 세계철학사의 해석학적 교정 테제로 나설 수 있다.55)

---

54) 졸고, 「라이프니츠의 존재원칙」,『철학』제62집, 2000 참조. 라이프니츠의 철학의 원칙은 존재할 수 있는 어떤 모든 것과 그것과 양립하는 것은 존재한다는 것이다.

55) R. A. Mall und H. Hülsmann, *Die drei Geburtsorte der Philosophie. China. Indien. Europa*, Bonn, 1989, SS.11-15.

2) 코나투스의 이중게임과 정신통일

'내가 이 세계에 있다'의 문제로 돌아와서, 이 중재적 자아가 설 곳을 살펴보자. 나의 사유의 주체는 오히려 정신의 본질로서 전체의 각 행성 간의 운동궤도와 거리 측정을 두고 시간과 공간의 제약을 받는 물체에 대하여 자유이다. 16-17세기 갈릴레이의 지동설에 의한 물체의 '운동의 주체'에 대한 역학적 물음에도 자유의 문제가 등장한다. 기하학의 방법은 공공연하게 신 존재 증명을 위한 것이고 사유주체의 자유를 보장하는 수단이기도 하다. 정신이 물체에 함께 있는 한에서, 어떻게 사유하는 정신이 물체를 인식하고 또 어떻게 이것이 객관적으로 인식되는가? 이 물음에 대한 답변은 사유주체의 자유에 과학적 숙고를 필요로 한다. 물체의 작용은 운동과 운동법칙에 의존하지만, 사유하는 정신의 작용은 코나투스에 의존하기 때문이다. 여기서 라이프니츠는 중재적 자아를 통하여 코나투스의 물질적 본질에 정신적 요소를 전입하여 물체와 정신에 통일을 주려고 하였다. 이 코나투스의 개념은 일단 극소운동이라고 하더라도 '감추어진 질'이나 혹은 '거리를 둔 작용'의 의미에서 원격작용을 가하는 리모콘 같은 것이 아니다. 이 개념은 라이프니츠가 구체적으로 홉스에서 수용한 '형식적 원자'의 개념이며, 훗날 모나드 이론으로 발전하였다. 라이프니츠는 1671년 파리 학술원과 하노버의 요한 프리드리히 백작에게 각각 이를 보고했다. 그는 파리 학술원에 제출한 『추상적 운동이론』에서 다음과 같은 글을 적고 있다.

"운동이 없이는 어떤 코나투스도 어떠한 순간에도 정신 안에서 지속되지 않습니다. 순간 안에 있는 것이 코나투스입니다. 이것은 물체의 운동이 시간 안에 있다는 것입니다. 이것으로부터 아무 설명 없이도 정신의 참된 물체가 구별되는 길이 열립니다. 요컨대 모든 물체는 순간적 정신입니다.[56] 혹은 그는 기억을 갖지 못합니다. 왜냐하면 코나투스는 그의 반대물과 남의 반대물을(이 두 가지는 요컨대 작용과 반작용, 혹은 비교를 그리고 거기에 따른 조화를 통하여 의식들이 없이는, 기쁨이나 고통의 의식을 위하여 아무것도 필요로 하지 않는다) 어떤 순간도 꽉 붙잡고 있지 않기 때문입니다. 그러므로 물체는 기억을 결핍하고, 그의 능동적 그리고 수동적 의식을 결핍하며, 사유하지 않습니다."[57]

이 단락에서 라이프니츠는 물체와 정신의 구분에서 정신의 우위를 말한다. 어떤 경우에도 물체는 순간적 정신을 얻지 못하면 아무것도 아니라는 것이다. 정신은 코나투스를 통하여 물질을 시간적으로 제한된 정신으로 보기 때문이다. 다만 반원자론적 관점에서 물체에는 의식이 없으므로 존재론적으로 항상 물체적인 것의 불안정이 계속된다. 거기에는 별도로 분리된 물체가 순간적으로 있으므로 단순한 제일질료의 구조상실이 온다. 유리 시험관 통로에서 수은과 물의 관계를 실험하면 알 수 있듯이, 순간적으로 머무르는 물체에 공기를 빼면 그 사이에는 뻥 뚫린 빈 공간이 생긴다. 이 두 물질은 사이에 있는 공기를 중심으로 시험관 통로에서 기억을 갖지 못한다.[58] 라이프니츠는 1671년 10월 하노버

---

56) 'mens momentanea'라는 용어는 '순간적 정신' 혹은 '머무르는 정신'이라는 뜻에 가깝다. 순수한 우리말로 '짬을 낸 정신'으로 옮길 수도 있다. 이를 학술적으로 정립하기에는 한계가 있어 보이지만, 우리말 철학하기의 의미에서 '짬'도 괜찮아 보인다.

57) G. W. Leibniz. *Sämtliche Schriften und Briefe*, hrsg. v. der Deutschen Akademie der Wissenschaften zu Berlin, Darmstadt, 1923, Leipzig, 1938, Berlin, 1955, VI, 2, 266, SS.13-20.

58) 라이프니츠가 클라크에게 보내는 제5서한에서 §7에 대한 33, 34, 35 참조. 이것은 마치, 짬을 낸 물체는 뻥 뚫린 빈 공간만 생기면 좋아라 하

의 요한 프리드리히 백작에게 보낸 편지에서, 물체가 순간적으로 머문 곳에서는 운동의 충격이 그 자신의 코나투스와 동시에 반대에서 달려드는 남의 코나투스를 꼭 붙잡기 위한 위치에 있지 못한다고 설명한다. 순간을 넘어 꼭 붙들기 위한 반대편의 코나투스 때문이다.[59] 그러나 물체의 작용과 반작용은 비교를 통하여 조화의 의식을 향하여 나간다. 이 의식이 없이는 아무것도 없다. 곧 이러한 충족근거 위에서 기쁨과 고통이라는 감각의 적극적인 혹은 부정적인 인상 찍기는 비교를 가능하게 하고 조화를 지각하게 한다. 이것이 코나투스의 이중게임이다. 곧 의식함에 미치는 것과 의식함을 받음으로써의 정신의 생겨남은 코나투스가 그렇게 하기 때문이다.[60]

"자연신학의 관점에서 내가 … 운동의 본질에 대하여 논증할 수 있는 것이 있습니다. 그것은 물체들 안에서 포착된 운동은 정신이 들어오지 않으면 그 자체로 동시에 존재할 수 없다는 것입니다. 하나의 사물의 궁극근거 혹은 보편조화는 신이라고 하는 것인데, 그러한 것은 죄들의 원인이 아니라는 것입니다. 그리고 그럼에도 처벌은 그 자체가 보편조화의 상쇄이고 응징이어야 한다는 것입니다. 음영의 조화가 그림을, 조율된 음이 음정을 생겨나게 하는 것과 같습니다. 정신이 비물질적이라는 것은, 그 자체에서 정신을 행하게 하는 것입니다."[61]

고 의식을 주체 못하는 것 같다.

59) 'ultra momentam'의 용어를 '순간을 너머'라는 뜻으로 'conatus contrarius'를 '반대편의 코나투스'로 풀이한다.

60) K. Moll, "Die erste Monadenkonzeption von Leibniz und ihr Ausgano punkt in Conatus-Begriff und Perzeptionstheorie von Thomas Hobbes", in: *Leibniz*, Tradition und Aktualität. V. Internationaler Leibniz-Kongreß. Hannover, November, 1988, S.580.

61) G. W. Leibniz. *Sämtliche Schriften und Briefe*, II, 1, S.162.

라이프니츠는 이 두 편지에서 인간에게 직접적으로 관련된 물체와 정신에 대한 관계에서, 물체와 정신이 합성되는 원리를 작용원인과 목적원인으로 돌린다. 라이프니츠는 물체에는 정신의 본질의 전이가 있으므로 코나투스 개념을 통하여 자연을 더 잘 설명할 수 있다고 본다. 이것은 그가 철학을 평화와 용서의 도구로 본다는 사실을 잘 보여주는 것으로 보인다. 몰(K. Moll)에 따르면 여기서 근본적인 라이프니츠의 모나드의 개념이 도출되었다. 이 모나드는 순수 독일어로는 '미묘한 실체의 씨앗 또는 핵'이라고 부른다. 여기에 인간, 동물, 철분 함유 물질 기타 등등은 자신들의 존재를 그에게서 감사하여야 한다. 이들은 모두 함께 순간적으로 머문 곳을 떠나면서, '하나의 보이지 않는 중앙'에 의하여 잡아당겨지고 있다. 이것이 모나드의 다른 이름인 실체의 핵이다. 이 실체의 핵은 물리학에서 지속적인 점이라고 말한다.62)

생각하는 나의 정신이 물체가 공간에 제약받는다는 것을 인식한다면, 영혼은 물체를 지각함에 시간을 질서의 조건으로 갖는다. 한마디로 두 개의 사물은 동일한 시간과 장소에 있을 수 없다. 그렇다면 어떻게 분간할 수 없는 동일한 사물이 물체와 정신의 관계화에서, 세계 안에서 일어난 사건으로 기억될 수 있는가? 몰에 따르면, 모나드의 현재경과는63) 물체의 가용에 대한 정신의

---

62) Ibid., S.17. 몰에 따르면 라이프니츠는 독일어의 표현으로 "이 실체의 씨앗"을 "가장 근접한 도구 그리고 예를 들어 수학적 점으로 구성된 영혼의 수레(proximum instrumentum et velut vehiculum Animae in puncto mathematico constitutae)"에 비유하였다. K. Moll, "Die erste Monadenkonzeption von Leibniz und ihr Ausganspunkt in Conatus-Begriff und Perzeptionstheorie von Thomas Hobbes", in: *Leibniz*, S.581.

수용을 통하여 세계 안에서 일어나는 사건을 현재의 사물로 드러낸다.

6. 맺는 말

근대철학은 단연코 갈릴레이의 세계를 봄을 데카르트의 사유주체에 의한 관념으로 전환함으로써 정립되었다. 철학이 과학이 되지 않고 역사에 머물지 않을 이유가 데카르트의 사유주체에 있다. 봄과 사유는 관념으로 매개된다. 내가 관념을 통하여 세계를 본다는 것은, 나의 사유 안에 장착된 관념을 정신의 가용에 의하여 세계를 안다는 것을 의미한다. 사유하는 나는 심리학적, 논리적 양면성에서 세계를 관념적으로 이해한다. 사유하는 나는 근대정신의 역사에서 인간과 우주를 완전한 전체로 보는 관점과 불완전한 물질적 우주와 인간에서의 보편적 본질을 거부하는 입장과 마주치게 된다.

거기서 라이프니츠는 중재적 자아를 정신의 가용을 위하여 물체, 신체, 몸 대 정신, 영혼과의 보편조화에서 철학적 관점으로 정립하였다. 이 관점은 단연코 관념적이다. 이 관점이 물질의 운동에 짬만 나면 정신을 쫓아가게 하고, 틈만 나면 정신으로 하여금 물질의 수용을 가능하게 만들고 있다. 나의 관념이 관계하는 나의 몸과 정신의 양면성에 대한 라이프니츠의 이러한 문제해결은 인간 개별자의 이중진리의 문제의 새로운 형이상학적 해결의 빛을 던졌다. 삶과 죽음 혹은 물체와 정신의 관계에서도, 물질의 운동에 코나투스의 이입은, 현상에서 물체에 대한 순간적인 정신

---

63) 맨해튼 프로젝트의 철학적 반성에 관한 논의는 다음 책을 참조하라. H. Hülsmann, *Die Technologische Formation*, Berlin, 1985.

의 머무름으로 나타난다.

이러한 정신의 짬은 우리에게 반성적 사유와 관계되는 한에서, 세계를 봄에서 사유함으로 돌리게 한다. 처음 한번 보았던 세계에서 더 볼 필요가 없이 세계를 봄에서 깨어나 머무르는 정신의 역할에서, 우리는 '영원의 철학(philosophia perennis)'의 의미에서 진정한 나의 철학으로 돌아와야 한다.

제 5 장

세계관적 근거

1. 유기체 철학

오늘날 인류는 모든 것이 유기적으로 연결되어 있는 하나의 지구촌에 살고 있다. 자연과 환경문제에 관한 한 동서가 따로 없다. 환경의 중요성이 점차 대두되면서 많은 서양철학자들은 지구적인 차원에서 발생하는 환경문제의 원인을, 자연을 지배대상으로 고찰하고 해석해 왔던 서양의 자연관과 인간관에서 찾으려고 시도해 왔다. 동양철학자들은 서양의 자연관이 환경문제 해결에 부적절하므로 동양의 전통적 자연관이 새로운 빛을 줄 것이라고 믿는다. 하지만 오늘날 동서를 막론하고 자연을 개발과 보존의 대상으로 보는데, 이에 동양직 자연관이니 서양직 자연관이니 하는 시각은 미사여구에 불과하다. 환경문제의 본질은 결코 동서양의 자연관에서 그 해결책을 찾을 수 없다. 역설적이지만 유럽의 물질문명세계가 오히려 오늘날 인류가 처하고 있는 환경문제에 중

대한 시사를 던진다. 통상적인 환경문제의 원인에 대한 해명으로서 서양의 과학문명은 기계론적이고 비유기적 관점에 서 있고, 동양은 유기체적 세계관을 갖고 있으므로 차후 환경재앙이나 자연재해, 공해 등의 문제에 동양적 세계관이 서양적 세계관보다 더 나을 것이라는 기대가 있어 왔다.[1] 전통적으로 서양에서 다루어 온 자연(自然)과 인간(人間)과 신(神)이라는 사유대상이 동양에서 다루어 온 천(天), 지(地), 인(人)의 문제대상과의 인식차이에서 덜 유기체적인 세계관에 접근하고 있었던 것이 아니냐는 문제제기 때문이었다.

서양 근대철학은 자연, 인간, 신이라는 실체로 세계를 구성하였고, 동양에서는 천, 지, 인이라는 삼재(三才)로 우주만물을 형성하는 존재론적 토대를 삼은 점은 분명하다. 전통적인 성리학에서 파악한 유기체적인 세계는 인간과 자연을 독립된 사물이 아니라 조화로운 상생관계로 보며 서로가 분리되지 않은 유기체적 전체에서 파악한 것도 사실이다. 라이프니츠도 모나드 세계를 하나의 유기적인 전체로서의 우주로서 파악하였다. 모나드 세계의 일체만물은 단지 의식의 등급의 차이만 존재할 따름이지 그들 사이에는 본질적으로 차이가 없다. 여기서 뉴턴의 고전역학의 세계에서

---

1) 많은 논의들 중 서양에 유기체적 세계관이 없었다고 말하는 것은 어불성설이다. 서양은 환경을 잘 가꾸지 않고 동양은 환경을 보호하고 아낄 것이라는 것도 그릇된 진단이다. 오늘날은 유기체적 세계관이라는 이름으로 과학적 세계관은 인간과 환경에 해악을 가져오는 지식을 제공하는 터전이고, 동아시아 사유에 익숙한 지식은 인간과 환경에 이로움을 준다는 논의는 자칫 근대에 생겨난 유기체적 세계관 논쟁의 본말을 호도하는 경향이 있어 보인다. 서양은 동양보다 훨씬 더 환경을 잘 보존하고 환경문제를 극복할 수 있는 지혜를 소중히 여기고 있다. 환경문제에서는 오히려 서양의 체계적이고 조직적인 환경보호방식에서 배우는 바가 클 것이다.

말하는 절대공간과 절대시간이란 존재하지 않으며, 만물의 개별 존재자들은 전체와의 조화에서만 파악될 뿐이다. 만물은 만물과 함께 동시에 존재한다. 그러므로 시간은 만물 사이의 선후의 질서를 의미하는 것이고 공간은 전후의 배열을 의미한다.

20세기 초에 동서비교철학의 길을 열어간 몇몇 선구자적인 이론가들은 17세기 라이프니츠의 모나드 철학과 유기체적 세계관과의 연관관계에 대한 궁금증을 가졌다. 현대의 유기체적 세계관의 기원의 문제로서 모나드 철학이 동양사상으로부터 영향을 받았는지, 혹은 모나드 철학은 독자적으로 형성되었는지에 대한 질문이 등장하게 되었다. 이 논쟁은 근대 동서존재론의 어느 쪽이 다른 한쪽에 영향을 주었는지에 관한 질문으로 비화하였다. 하나의 사유모델이 다른 하나의 사유모델에 대해 자기비하(自己卑下)하거나, 어느 한쪽이 다른 한쪽에 대한 단순비교우위를 주장하는 것은 동서비교철학의 정신에 맞지 않다. 동서양은 서로를 존중하면서도 유기체적 세계의 공통된 지반을 마련할 수 있는 이론지반이 있어 왔다면, 상호영향관계는 부수적으로 있어도 좋고 없어도 좋을 존재론적 성질의 것이기 때문이다.

중국철학이 라이프니츠에게 영향을 주었다는 비교우위 주장을 한 자는 고라이 긴조와 휴즈(R. Hughes) 그리고 체코 학자 아더 쳄플리너(A. Zempliner)이다. 일본인 고라이 긴조는 1920년대에 유럽에 유학을 와서 프랑스와 독일(1904-1913)에서 공부하였다. 그는 독일 하노버 도서관의 <라이프니츠 문고>를 방문하여 라이프니츠의 저작과 편지들을 수집하다가, 부베와 라이프니츠의 서신 그리고 라이프니츠의 중국철학에 관한 서신 등을 발견하였다. 그는 이 자료를 바탕으로 『중국사상이 독일정치철학에 미친 영향 (*Confucianism and its Influence on German Political Thought*)』

이라는 주제로 박사학위논문을 구성하면서 부베와 라이프니츠의 서신 교환에 관한 자료를 책으로 번역하여 출간하였다. 고라이 긴조는 부베와 라이프니츠 사이에 오간 편지를 일본어로 번역하였고, 이 번역본은 다시 중국어로 번역되어 1935년과 1941년에 상해에서 출판되었다. 그리고 독일의 학자 빌헬름은 이 중국어 번역본을 토대로 영어 번역을 내놓았다. 1943년『중용』과『대학』을 번역한 휴즈 역시 라이프니츠가 송의 신유학의 영향을 받았다고 논의하였다.

아이러니한 일이지만 니덤(J. Needham)은 이 두 사람의 책을 토대로 1956년 자신의 저작에서 라이프니츠의 살아 있는 유기체로서의 예정조화의 세계는 중국인의 세계관과 아주 유사하다고 단언하였다.[2] 모나드의 위계와 그의 예정조화가 더 높은 유기체에 가담하는 점은 송의 신유학의 이(理) 개념과 유사성을 갖는다는 것이다. 그래서 니덤은 서양철학에서 라이프니츠의 모나드 이론은 동양의 유기체 철학이 처음으로 표현된 것이라고 논의하였다. 니덤 이후에 체코 학자 아더 쳄플리너는 1970년『중국인의 자연신학론』을 처음으로 독일어로 번역하면서 중국철학의 변증법이 라이프니츠에게 강한 영향을 주었다고 주장하였다. 이로써 근대 이래로 동양철학이 서양철학에 영향을 주었다는 침소봉대(針小棒大)의 해석이 널리 확산되었다.

20세기 후반에 접어들면서 먼젤로(D. Mungello)는 라이프니츠에 대한 중국철학의 영향은 근원적(germinal)이 아니라 확증적(corroborative)이라고 반론을 제기하였다. 먼젤로는 라이프니츠의

---

2) H. J. Zacher, *Die Hauptschriften zur Dyadik von G. W. Leibniz, Ein Beitrag zur Geschichte des binären Zahlensystems*, Frankfurt am Main, 1973, S.75.

예정조화이론이 이미 초기에 전개되었다는 점과 1689년 이전의 라이프니츠의 중국철학에 관한 이해가 없었다는 사실을 그 근거로 들어 기존의 주장들은 문헌 연대기적으로 타당성이 떨어진다고 지적하였다. 라이프니츠의 『중국인의 자연신학론』의 집필배경은 특히 말브랑슈를 포함한 17세기의 영향력 있는 유럽철학자들이 품고 있던 중국철학에 대한 곡해된 해석을 바로잡는 데 있었다. 말브랑슈는 당시 전례논쟁에서 예수회 중국선교사의 입장을 논박하는 입장을 지지하는 데 전력을 다하였고, 중국 고전학자들은 무신론적이고 유물론적인 경향을 갖는다고 몰아붙였다는 것이다. 말브랑슈는 1707년 저작 『신 존재와 본질에 대한 기독교 철학자와 중국 유학자 사이의 대화(Entretien d'un philosoph chrétien et d'un philosophe chinois sur l'existence et la nature de Dieu)』에서 중국철학에서의 스피노자주의를 분석하였다. 그는 분명히 자신의 철학을 스피노자적인 일원론으로부터 거리를 두려고 하였다. 그는 결국 자신의 철학이 스피노자의 요소를 포함하고 있다는 아르노(A. Arnauld)의 비판을 재비판하기 위하여 중국철학을 공격하였다.[3] 그런데 말브랑슈는 말년에 유럽인의 관점에서 중국철학을 비판하기 위하여 스피노자 철학을 중국철학과 동일하게 해석하였던 초보적인 중국 연구가인 데 반하여, 라이프니츠는 수년간을 중국철학에 대하여 전념하였던 수준급의 중국 전문가라는 점을 주목하여야 한다. 이 점에서 쿡(D. J. Cook)과 로즈몬트(H. Rosemont, Jr.)가 1994년 그들의 『중국에 대한 저작(Writing

---

3) D. E. Mungello, "European philosophical responses to non-European culture", *China*, in: *The Cambridge History of Seventeenth-Century Philosophy*, Vol. 1, Edited by D. Garber and M. Ayers, Cambridge University Press, 1998, p.98.

on China)』에서 라이프니츠의 중국철학과 종교에 대한 저작들은 그의 『형이상학론』, 『모나드론』, 『신인간오성론』과의 중요성에서 비교될 만하고, 그래서 형이상학의 저작들과 '동급(on a par)'으로 놓을 수 있다고 한 주장은 경청할 만하다. 먼젤로는 라이프니츠의 중국철학의 전송(transmission)이 깊숙한 심층이해에 도달할 때까지 이러한 중요성의 분류 등급을 유보하여야 한다고 본다.

동서 유기체적 세계관이 서로 영향을 주고받았는지의 영향관계를 해명하기 위해서는 먼저 공통지반에 의한 유기체적 세계의 창조와 구성에 대한 설명이 선행하여야 한다. 근대 동서존재론의 심층차원에 두 가지 공통요소가 존재하였다. 첫째로 근대 동서존재론에는 상호독립적이면서 순수하게 공통된 형식적 사유지반이 있다. 라이프니츠는 부베와의 서신 교환과 파리 학술원과 여러 다른 서신 교환 및 저작에서 동서존재론의 동근원에 대한 논의를 본격화하였다. 부베와 라이프니츠는 역의 상징의 수리적 구조와 라이프니츠의 이진법과의 일치에 관한 토론을 하였다. 동서철학은 이 양자의 구조적 일치에서 순수하게 공통된 존재론의 유기체적 사유지반의 형식을 갖고 있었다. 둘째로 근대 동서존재론은 상호포괄적인 공동 사유지반으로서 이성적 조화와 인간본성의 기원에 관한 공통인식이 있었다. 외부세계 사물의 존재를 객관적으로 해명할 수 있는 정초된 과학세계와 도덕법칙에 관련된 이론은 동서양의 사유전통에 늘 있어 왔다. 서양 근대는 주로 스토아 사상에서 전승하여 새롭게 각색하였다면, 근대의 동양은 인간의 도덕법칙을 성리학 전통에서 끌어다가 설명하였다. 이 부분은 구체적으로 근대 동서철학이 상이한 사유전통에 서 있었다 할지라도 동일한 근원의 존재론적 사유모델을 추구하였다는 점을 잘 보여주는 예이다. 실제로 전자의 가설과 관련하여 본다면 세계창조의 비밀을 이진법의 수리원칙을 통하여 설명하려고 한 라이프니츠의 시도나, 역의 구성원칙을 이진법의 원리와 비교하며 하나의 일치를 발견한 부베의 테제는 모두 동일한 근원의 사유모델을 추구한 시대적 맥락에서 나왔다. 마테오 리치가 17세기에 『천주실의(天主實義)』를 집필하면서 동양의 정신세계에서 양식 내지 양심의 인식론적 전제를 상정하면서 생겨난 이론이 있다. 그것이 곧 본래 인간본성의 기원에 관한 것이다. 데카르트 철학도 모든 인류에게 이러한 양식은 공통으로 분배되어 있다고 생각하였고, 라이프니츠도 이러한 관념은 전통적으로 옹호되어 온, 어느 누구에게나 공통으로 전제되는 건전한 것이라고 간주하였다. 근대 동서존재론의 원형적 사유지반의 최종근거는 공통된 동근원에 있지만, 동시에 항상 깨어 있는 세계화를 위하여 새로운 지식기반을 만들어갈 필요가 있다.

스피노자의 신 혹은 자연(Deus sive Natura)이라는 일원론에서는 존재하는 사물들에는 본질적인 차별성이 없었다. 그래서 많은 유럽 사람들은 스피노자를 흔히들 무신론자로 비난하였다. 스피노자에 대한 유럽 지성인들의 비난의 가장 큰 핵심은 그가 신을 질료와 같은 것으로 여겼다는 것이다. 질료는 아리스토텔레스에 따르면 형상을 만들어내는 원인을 제공한다. 동상이 구리로 만들어졌다면 질료는 구리다. 신이 질료에 속한다는 이론은 스피노자가 일체만물이 신의 것이라고 생각한 데서 비롯된다. 스피노자의 이러한 생각은 신의 존재의 부정으로 이어진다고 보기 때문에 말브랑슈는 스피노자를 적극 비판하였다. 왜냐하면 스피노자의 생각이 타당하자면 이 세계는 유물론적으로 완벽하게 존재하여야 하는데, 그렇다면 무형이면서 정신적 실체로서의 신의 지위는 이 세계에 존재할 여지를 상실할 수 있기 때문이다. 이 점에서 말브랑슈는 신유학의 전체 구성을 스피노자의 일원론과 동일하게 봄으로써 양대 사유 진영의 무신론을 공격한 것이다. 스피노자의 질료는 곧 신유학의 이(理)와 같은 것이다. 모든 질료가 하나같이 같아야 한다는 스피노자의 일원론은 중세를 지배하면서 근대에 이르기까지 영향을 미쳐온 모든 영혼은 하나같이 똑같다는 아베로이스주의의 관점에 접근하고 있다. 이러한 사상계의 양상은 그간 토미즘 이래로 전승되고 지켜온 서양철학의 단절 없는 연속적인 기독교 철학의 지평에서 스피노자의 유태계 사유형태와 아랍계의 사유형태가 서로 어울려 혼선을 형성하고 있을 때 중국계 사유형태가 뛰어든 것과 같았다. 스피노자주의에 대하여 라이프니츠는 1694년『실체관념과 제일철학의 개선에 대하여』에서 질료를 일차적 및 이차적 질료로 구분한다. 모든 영혼이나 질료가 동일하다면 존재하는 사물의 세계에는 도무지 구분되는 존재자의 속성을 기대할 수 없을 것이다. 라이프니츠가 일차 질료와 이차 질료로 구분하는 것은 형이상학적 근거에서이다. 말하자면 만물은 일차적으로 질료로서는 구분이 되지 않는 원상태에서 각자의 성향과 속성에 따라 각 사물로 분화될 수 있는 단계를 거쳐야 한다. 라이프니츠는 고대 중국인의 사유유형은 정신적 실체를 인정하는 입장을 가졌다고 간주함으로써 스피노자와 아베로이스주의로의 무신론을 반박했다.

라이프니츠는 근대세계의 기원에 관한 진정한 논의를 위하여, 데카르트 역학, 뉴턴 물리학의 원자론의 세계를 극복하는 논의를 위하여 동양세계로 관심을 돌렸다. 라이프니츠는 뉴턴 이론의 대변인으로서 클라크와의 서신 교환에서 표면적으로 신의 권능과 세계기원에 관한 공간 논쟁을 전개하였다. 뉴턴은 절대공간과 절대시간을 상정하면서 우주의 보편법칙으로서 만유인력을 제창하였다. 뉴턴의 원자론의 형이상학적 배경을 깊이 들여다보면 그리스의 아리스토텔레스 물리학과 성서의 신학이 결합된 학문이다. 여기에는 동아시아 세계에는 물리학이 없고 동아시아인들은 물리학을 알 턱이 없을 것이라는 암묵적 전제가 깔려 있다. 뉴턴의 고전물리학이란 유럽인의 지식과 유럽인의 세계에 어울리도록 고안된 학문체계라는 뜻이다.

서양 중세는 신에 속한 지식과 인간에 속한 지식을 구분하였다. 그래서 천상(天上)의 사물을 대상으로 하는 과학과 지상(地上) 혹은 월하(月下)의 사물을 대상으로 하는 과학으로 구분하였다. 수학, 천문학 등은 천상의 사물을 다루는 과학이고 기하학은 특히 지상의 사물을 위한 과학이었다. 그러나 르네상스 이래의 이성은 인간과 신에 의한 지식의 구분을 두지 않았기 때문에 서양 근대과학은 천상의 과학과 지상의 과학의 구분을 인정하지 않았다. 근대과학은 스콜라 과학이 자연을 질적으로 보았던 것과는 달리 양적으로 정량화함으로써 천상의 과학과 지상의 과학을 통합하였다. 갈릴레이는 정량화할 수 있는 수학적 대상을 물질의 제1성질, 정량화할 수 없는 대상을 물질의 제2성질로 구분하였다.[4] 데카르트 철학도 천상의 과학과 지상의 과학을 몇몇 충격법칙으로 통일하면서,[5] 갈릴레이의 정량화할 수 없는 대상을 감각의 질적 성질, 정량화할 수 있는 물질을 사물의 양적 성질로 치환하였다.

서양과학에서는 법칙이 한 번 세워지면 그 법칙 앞에서는 누구라도 혹은 무엇이라도 등등하게 적용을 받는다는 전제가 깔려 있

---

4) 서양근대철학회, 『서양근대철학』 참조.

5) H. Poser, *Wissenschaftstheorie, Eine philosophische Einführung*, Reclam, 2001, S.72.

다. 여기서 데카르트 철학은 자연학의 방법에 주관적 인식대상과 객관적 인식대상을 구분하면서 이 세계를 단지 몇몇의 극소의 공리에만 의존하는 원칙으로 이루어지게 하는 통합과학의 체계를 확립하였다.6) 데카르트 철학체계에서 이 세계를 보자면, 신은 세계에서의 동일한 에너지 보존의 법칙을 유지하게 하는 담보자였다. 중세적 사유방식에서도 천체의 운동은 궁극적으로 신이 최종원인이었다. 아리스토텔레스-프톨레마이오스 천동설이 1천 년 이상이나 중세를 지배할 수 있었던 것도 신이 천체운동의 최종원인이라는 아리스토텔레스 형이상학의 배경 때문이다. 데카르트 철학에서조차도, 신이 있었던 까닭도 이러한 서양 형이상학의 전통에 따른 것이다.

근대세계는 정교하게 꿰맞추어져 작동하게 되어 있는 기계론적 세계이다. 근대인은 세계의 기원에 관한 질문에서도 확고하게도 신에 의한 세계창조이론으로부터, 풀린 태엽을 수시로 감아주어야 돌아가게 되어 있는 시계제작자에서 신을 찾았다. 라이프니츠는 이때 신을 초 세계지성(Intelligentia Supramundana)으로 상정한다.7) 이러한 우주론적 신 존재 증명의 원천은 인식주관의 외부세계 존재 내지 세계에 대한 확인에 기초한다. 초 세계지성으로서의 신은 결국 모순으로부터 자유로운 사유의 왕국에 최상의 세계를 예정조화와 이성으로 안착시킨다. 중세 스콜라 철학에서는 이러한 세계관념을 사유로부터 모순의 자유를 갈구하는 아무것도

---

6) R. Descartes, *Le Monde ou Traité de la Lumière, Die Welt oder Abhandlung über das Licht*, übersetzt und mit einem Nachwort versehen von G. Matthias Tripp, Acta Humaniora, 1989, SS.45-57, 7장 참조.

7) G. W. 라이프니츠, 『라이프니츠와 클라크의 편지』, 배선복 옮김, 철학과현실사, 2005, 221쪽.

아닌 것이 아닌 전체로서의 그 무엇이라 불렀다. 그것은 누구나 최상으로 알 수 있는 것(Maxime Sciabilia)이다. 이러한 세계는 '둥근 사각형'이 그 범례적, 기하학적 내지 산술적 모델이다. 라이프니츠는 동양의 자연신학은 태극도설로 천지생성의 기원에 설명하고 동시에 남녀합성지도 원리로 인간본성에 대한 논의를 전개하며, 아울러 소강절의 복희씨의 64괘 방원도 역시 이런 모습으로 도해되어 있음을 익히 알고 있었다.

동양 성리학의 사유는 우주만물의 생성과 존재원인을 무극이태극(無極而太極)이라는 설명에서 찾았다. 그리고 태극의 정동(靜動)에서 음양소식(陰陽消息)이 유추(類推)되고, 이기(理氣)의 이산집합(離散集合)에 의하여 운동원인이 설명되었다. 천체의 운동과 사물의 운동의 원인에 대한 동서양철학의 형이상학적 설명방식은 서양 중세철학의 이론과 크게 다르지 않았다. 그러나 동양에서는 성리학 이후에 대안적인 과학적 세계관을 만들지 못했다. 반면에 서양에서는 중세 이후에 근대과학과 종교개혁과 더불어 새로운 세계관으로서 근대역학을 탄생시켰다. 서양 근대철학은 신의 존재 증명의 원천을 인간의 마음에서 찾은 다음 외부세계의 사물의 본질의 해명은 기계론적인 역학에서 찾았다. 신 존재는 인간의 마음에서 찾을 수도 있고, 마음 밖의 외부세계는 역학에 의하여 해명할 수 있다. 전자의 탐구방식을 존재론적인 신 존재 증명 방식이라고 하고, 후자는 우주론적 신 존재 증명 방식에 의존한다고 말한다. 서양 근대의 존재의 생성원인과 세계의 기원에 관한 사고는 존재론적인 인식주관(Subject of knowledge)가 우주론적인 인식객관(Object of knowledge)과의 교감을 필요로 한다. 인식주관은 사물의 대상과의 객관적 일치에서 참된 세계개념에 도달한다는 것이다. 서양 근대철학에서 인간이 머릿속에 생각하고 고안하고 몸으로 만들어내는 것은 마음 외부세계의 사물의 대상과 역학적으로 일치한다는 것을 의미한다. 또한 기계론적 역학의 세계에서는 자연재해나 재앙 및 환경문제에 직면하여 운동의 결과의 원인 제공자는 명약관화한 방식으로 찾아질 수 있도록 프로그래밍이 될 수 있다.

이에 반하여 동서존재론의 토대가 되는 유기체적인 세계관에서는 운동의 원인 제공자에 대한 소재가 불분명하다. 동양에서는 선불교의 달인 또한 이와 유사한 논의를 전개하는 것을 더러 볼 수 있으며, 동양철학의 입장에서는 세계에서의 인간의 지위에 인간 외부의 자연과 존재론적인 차별이 없다고 보고 있기 때문이다. 고대 동아시아 사유는 주관과 객관을 전체주의적 일치에서 본다. 주관과 객관에는 분리가 없고 이 양자는 동일한 근거에 속해 있다. 인간의 둥근 머리는 '하늘'이고 사각의 발은 '땅'이고 두 눈은 '태양'과 '달'이고 정맥은 '강'이고 숨은 '대양'이고 머리와 피부 색깔은 '별들과 행성'이며, 이빨을 깨물어서 '천둥'을 만들어간다.8) 만물은 서로 교차하며 우주적인 작용의 힘인 음양이 결합되어 오행(五行)의 주기를 만든다. 동아시아 세계인의 사고란 우주의 보편적인 연관에서 구조적인 객관적 인식을 지향한다. 인간과 자연 사이에는 본질적인 경계가 없다. 그러나 생각이 도달하는 최종적인 현실은 사회적인 조직형식의 투사이다. 우주만물이란 곧 인간과 사회의 모사이다. 인간, 즉, 사람 사이는 상호연관의 그물망의 네트워크에 있다. 세계의 탄생계기로서 모든 본질의 존

---

8) H. Roetz, *Mensch und Natur im alten China, Zum Subjekt-Objekt-Gegensatz in der kalssischen chinesischen Philosophie. Zugleich eine Kritik des klischees von chinesischen Universismus*, Frankfurt am Main/Bern/New York, 1984, S.56.

재론적인 통일은 유비적으로만 인식되며, 인간과 세계, 사유와 존재는 주관과 객관으로 서로가 대립되지 않는다.9) 사회, 인간, 세계는 포괄적인 지식의 대상이며, 대우주와 대우주에 들어 있는 소우주의 만물에 대한 지식은 단지 유사성의 추론의 적용에만 기인한다. 하지만 이러한 유비는 그의 허용을 검토할 분석을 전제하지 않는다. "유비가 적용되기 전에 분석되지 않는다. 또한 분석적인 전거의 근거로 환원되지도 귀납되지도 않는다. 개별적인 부분들의 이념과 법칙이 실제로 전체의 이념과 법칙에 일치하는지를 탐구하지도 않으며, 무비판적으로 유비에 이러한 사고의 약점이 놓여 있다." 따라서, "고대 동아시아 사고는 그 출발이 무지에 있으며, 그때마다의 정치적, 도덕적 의지에 의존하는 수공업적인 지식"이다.10)

라이프니츠의 모나드론은 굳이 뉴턴 물리학을 몰라도 지구상의 어느 곳에서라도 몸과 마음에 따라 자신을 세계에 표현할 수 있다. 라이프니츠는 데모크리토스, 가상디, 뉴턴 등의 원자이론에 반대하고 모나드 이론으로 동서세계를 통합하였다. 원자는 물질을 점하는 공간의 최종실체가 아니다. 자연의 참된 실재란 물질의 최소단위로서 원자가 아니라, 개체들의 관계의 사태를 머금는 모나드이다. 결국 모나드는 추상적 수준의 물질을 점하는 공간에서 구체적으로 '장소', '위치'로 국지화된 관계관념에서 발전한다. 라이프니츠는 물질의 최소단위로서 원자 개념을 배격하고 자연의 참된 실재를 모나드로 내세우는 이론 전망으로 점차로 세계창조와 공간문제에 관한 유럽중심의 안목을 넘어 아시아를 통괄하는

---

9) Ibid., S.58.

10) Cho Kah-Kyung, *Die Bedeutung der Natur in der chinesischen Gedankenwelt*, Diss. Heidelberg, 1956, SS.49-50.

유라시안 구도를 구상하였다.

라이프니츠는 모나드 형이상학을 통하여 동양사상을 수용하였다. 세계를 향한, 세계를 위한 신에 의한 세계창조의 관념을 분명하게 전제한 다음에, 동서남북의 공간과 상하좌우의 질서를 모나드 관념으로 제시하였다. 라이프니츠는 세계의 공간에 관한 논쟁을 계기로 인간의 완전함은 우주의 완전함에 상응한다는 기독교적 신관과 인간관이 깊숙하게 자리 잡고 있었던 우주에서의 인간의 지위에 대한 안셀무스-데카르트 논의에 대하여, 인간과 신과 우주가 합일되는 유기체적 세계관을 찾았다. 라이프니츠는 인간, 자연, 세계에 대하여 진정으로 평화와 화해와 용서를 추구하는 동서비교철학의 기본방향을 제시하였다. 서양의 근대철학이 결국 르네상스를 경과하면서 과거로 돌아가지 않았듯이, 우리의 근대 사상의 활동도 단순한 전통으로 돌아갈 수 없다. 오늘날 동서양은 거의 동일한 몸과 마음의 철학을 하는 한에서, 동서존재론은 만나야 하고 하나의 같은 근원에서 출발하여야 한다. 이미 동서 사유의 근원적 형식이 몸과 마음에 의한 동일한 유래를 갖는다면, 거기서 출발하고 거기로 돌아갈 길로서 동서세계인의 최종근거 역시 몸과 마음의 형식에 있으며, 그 유기체적 기반은 모나드 철학이다.

2. 세계체계 우위논쟁

1450년에서 1700년 초에 이르는 서양 근대의 인본주의 혹은 인문주의 운동의 중심에는 신으로부터 독립을 선언한 개인이 있다. 개인은 신의 전능을 새롭게 인식하였고 동시에 세계의 무한을 새로이 발견하였다.[11] 개인이 오직 의지하고 지탱할 수 있는 힘은 이성이다. 이성은 아리스토텔레스 자연학 전통에서 타당한 '세계'에 관한 기본관념을 무너뜨렸고, 승인된 이론 상정의 프레임 안에서 가능했던 '규범과학'을 두드려 부수었다. 따라서 과거에 타당했던 이론은 새로운 이론 패러다임의 변형과정에서 더 이상 설자리를 잃어버렸다. 이성은 과학혁명 시대의 새로운 이론을 가능하게 하는 경쟁적 패러다임도 만들었다. 근대 이전의 '세계'가 고대 그리스의 플라톤, 아리스토텔레스의 전통12)과 1천 년 중세 스콜라적 세계이해를 크게 일탈하지 않고 내려왔을 때,13) 17

---

11) 한국인에게서 가장 독창적인 철학하기의 시작은 1450년 훈민정음의 창제로 손꼽아야 할 것이다. 훈민정음의 언어이론은 스콜라 철학의 언어이론과 견줄 만하다. 세계의 기원에 대한 유일하고도 통일된 원인을 추구하며 언어를 만들어가는 스콜라적 원인이론과는 달리, 한글의 사유체계는 외부세계의 객관적 실재를 음성언어의 현상에서 찾고 있다. 이 문자체계와 스콜라 언어철학의 구문론과의 비교검토는 언어철학적인 관점에서 관심 있는 분야이다. 우리가 세계를 파악하는 도구로의 구문으로서의 훈민정음은 우리의 과학적 근대세계를 열어나간 자립적 사유의 독창적 흔적이다. 이것을 세계의 영원성의 테제와 결부시킨다면, 사유의 처음과 근원으로서 우리의 문자, 기록, 기념물 등에 용해되어 있는 한국인이 열어나간 사유의 지평을 해명할 수 있다. 라이프니츠의 철학도 독일어의 연구에서 한 민족의 정신은 민족언어에서 나오는 것이며 어떻게 표현하느냐에 따라 언어의 힘이 증가한다고 보았던 것이다. 한국인의 말과 글의 사고와 표현은 한국인의 사상의 과거와 현재와 미래를 결정한다.

12) '세계'에 대한 가장 근본적인 이론은 플라톤의 기능적 유비논증이다. 태양이 지각의 세계에 봄(Vision)을 가능하게 만들 듯, 세계는 예지계의 지식을 가능하게 하는 선의 이데아에 따라 만들어졌다. 이러한 플라톤의 이론기능적 유비논증은 아리스토텔레스에서 철저하게 비율에 따라 사물의 질서를 담아내는 비례석 유비논증으로 발전하였다.

13) 먼저 중세에 사용한 '세계' 개념의 근원은 당대의 인간영혼의 불멸성과 신 존재 증명의 문제에 있다. 그 뿌리는 길게는 스콜라적 연원에 있는 것으로 1279년 파리 대학의 대정죄의 '세계의 영원성(mundus est aeterna)' 논쟁까지 거슬러 올라간다. 이 논쟁은 파리 대학 문학부에 넘나

세기의 몇몇 소수의 천재적 개인들은 이성에 의한 '세계'는 닫힌 우주에서 열린 우주로 가고 있다고 해석하였다. 세계는 이들의 이성에 의한 해석으로 유한한 지성에서 무한한 지성으로 도약하였다. 반면에 동양의 성인군자의 개념은 서양에서 말하는 뛰어난 과학을 고안한 천재가 아니었다.

새로운 우주관을 열어가는 데 가장 선두적인 개인은 갈릴레이였다. 태양의 흑점까지 발견한 자신감에 가득 찬 갈릴레이는 천체의 비밀을 과학의 진리에 의하여 무력화하였다. 하지만 갈릴레이는 성서의 진리와 과학적 사실 사이의 갈등에서 무릎을 꿇는 소위 갈릴레이 소송과정을 겪는다. 갈릴레이는 1616년 종교재판에 회부되기 3년 전에도 성서의 말씀이 자연과학과 배치되는가에 대한 논쟁에 휩싸였다. 성서의 말씀과 과학적 진리가 모순을 일으킨 문제의 성서 구절은 「여호수아」 10장 12-13절이다.[14] 여기서 진술된 내용대로 믿는다면, 종일 지지 않고 중천에 있었던 해에는 시간이 정지하여야 한다. 천문학적 시간이 이다지 늦게 가거나 정지할 정도로 늦게 가는 경우는 관찰되기도 어렵고 수학적으로 계산하기도 어렵다.[15] 근대의 자연과학은 세계에는 오직 운

들었던 교설들에 대하여 신학위원회가 신학과 철학에서의 219개 오류 명제들을 비난함으로써 시작되었다.

14) 「여호수아」, 10장 11-13절. "주님께서 아모리 사람들을 이스라엘 자손에게 넘겨주신 날에, 여호수아가 주님께 아뢰었다. 이스라엘 백성이 보는 앞에서 그가 외쳤다. '태양아, 기브온 위에 머물러라! 달아, 아얄론 골짜기에 머물러라!' 백성이 그 원수를 정복할 때까지 태양이 멈추고, 달이 멈추어 섰다. 야살의 책에 해가 중천에 머물러 종일토록 지지 않았다고 한 말이, 바로 이것을 두고 한 말이다."

15) 반면에 신이 우주를 창조하였다고 믿은 전형적인 천체물리학자 케플러는 「시편」 19장 1절에 따라 "하늘은 하나님의 영광을 드러내고, 창공은 그의 솜씨를 알려준다. 낮은 낮에게 말씀을 전해 주고, 밤은 밤에게 지식을 알려준다."고 믿었다.

동만 있고, 이에 대한 목적이나 배후에 대한 질문과 답변을 거부하였다.16) 여기서 근대과학이 목적론과 결별하는 로마 교황청과 갈릴레이 사이에 소송이 발생하였다. 갈릴레이는 "지구는 태양 주위로 돌지 않는다."라고 선언함으로써 스스로 소송에 패소하였다. 과학자가 발견한 사실의 진리는 성서의 진리 앞에서 무력화되었다. 갈릴레이는 신앙을 지켜 신앙인으로 그리고 신실한 가톨릭 신자로 남기 위하여 자신의 과학이론인 지동설을 포기하였다. 갈릴레이 소송 이후에 이성과 신앙의 마찰에서 오랫동안 함께 공존하였던 종교와 과학은 결별하였다. 근대과학은 목적론을 포기함으로써 독자적인 지식의 길로 향해 나갔다.

이성의 신기루 같은 활약에 힘입은 과학이었지만 이신론의 문제와 종교와 과학의 갈등의 프로그램은 이미 예정된 수순이었다. 세계창조 이후의 세계로부터 신의 은퇴를 강력하게 밀고 나간 이론신이 대두되면서, 아메리카 대륙에서는 대표적으로 초대에서 3대에 이르기까지 미국 대통령이 모두 이신론자였다. 한편 영국에서는 세계이해에 필요한 도구로서 자연신학이 퇴락하기 시작하였다. 이신론의 배후에는 합리적인 건축자로서의 신의 상이 뒤에 있었다. 합리주의 신 관념에 따르면, 세계창조 이후에 일탈된 선험성의 영역으로 은퇴한 신은 자연의 규칙에 따라 합리적으로 작동하는 세계를 떠났다는 것이다. 하지만 동시에 르네상스 이래

16) 뉴턴에 이르러서도 성서의 진리를 자연과학적으로 증명하는 것도 어려운 것이지만, 자연과학의 진리를 성서의 진리에 꿰어 맞추는 일은 너무도 힘든 일이었다. 이러한 양자의 경계의 갈등은, 시간, 공간, 운동, 장소 등에 의한 감각에 의한 양의 측정이란 단어사용과 혹은 오용과도 관련된다는 점이 지적되면서 수그러들었다. 중세 말에서 근대 초까지 불어 닥친 유명론과 실재론의 극단적 마지막 대결구도가 언어와 세계로까지 영향을 미친 것이다.

종전의 신, 인간 그리고 자연의 삼각 실체구도의 무너진 질서에서 신으로부터 독립된 개인의 지위가 묘연해졌다. 이로써 서양 근대철학 일반에는 인간본성과 본유관념에 관한 논의가 새롭게 일어났다. 여기서 서양 근대철학은 합리론과 경험론으로 양분되어, 합리론은 이성에 의하여 외부세계의 존재에 대한 지식을 가질 수 있다고 보았고, 경험론은 경험에 의하여서만 배울 수 있고 새로운 지식을 얻을 수 있다고 보았다. 이러한 극단적 논쟁상황에서는 더 이상 지식이동은 일어나지 않고 지식의 절대 고정화와 교조적 경향을 보이게 된다. 그렇기 때문에 근대철학에서 독립적으로 발전되어 나간 합리론과 경험론의 양대 진영으로부터 진정한 근대세계의 근원과 기원에 관한 해답을 찾을 수는 없다. 오히려 근대철학의 초창기에 유럽철학에서 분지되어 나간 동서비교철학의 진영에서 그 해답의 실마리를 찾을 수 있다.

서양철학은 이성의 배타적인 보편주의의 요구로서 서양중심주의로 발전하였다. 하지만 근대에 일어난 동서 '세계체계'의 우위논쟁은 서양의 과학혁명의 성공적 패러다임 전환에서 비롯된다. 패러다임의 전환은 유럽과학 자체의 창조적 전승에도 있었지만, 서양에서 동양으로 이동되는 수평적 전송에서도 찾아볼 수 있었다. 서양과학은 천문학 체계의 우월한 지식과 정보를 동양에 거의 동시적으로 전송하였다. 이는 동서양이 모든 존재의 생성과 기원에 관한 합리적 이해로 하나의 세계에 대한 영원의 철학의 전제를 공통으로 가졌기 때문에 가능한 것이었다. 그런데 근대세계의 '세계체계'의 기원에 관한 지식기반에는 양분된 서양 근대철학의 진영에만 특권적인 지분이 있는 것이 아니라 동양세계도 한몫을 차지한다. 먼저 몇몇 탁월한 근대철학자들 간에 불기 시작한 '세계체계'의 우위논쟁에 가장 강력한 배경지식은 르네상스의 인문주의와 자연과학이었다. 자연과학의 발흥과 르네상스 인문주의 운동은 새로운 근대세계의 태동을 이끌어간 주도적인 힘이었다. 그들은 자연과학과 인문주의 정신이 이러한 새로운 세계관의 등장을 뒷받침할 수 있다고 믿었다.

　동서세계 기원에 관한 '세계체계'의 우위논쟁이 일어난 시기에 새로운 세계관의 패러다임을 찾아 나선 철학자는 라이프니츠였다. 라이프니츠는 1700년을 전후로 이 문제의 시발과 핵심적인 방향을 알고 그 해결점을 찾아 오늘날 동서비교철학의 근본전망을 던졌다. 라이프니츠는 1715년에서 1716년에 이르는 동안 클라크와 논쟁을 벌이면서 동시에 『중국인의 자연신학론』을 집필하였다.17) 여기서 라이프니츠는 처음으로 오늘날 우리가 말할 수 있는 동서비교철학의 효시를 이루는 주목할 만한 이론전망을 하였다. 라이프니츠는 이 세계는 몇몇의 극소의 공리에 의존하는 원칙에 의하여 이루어졌다고 주장하는 데카르트 입장을 비판하고 당시 시대상을 조감한다.18) 라이프니츠는 당시 고대 그리스의 원자론, 유물론 등의 이론이 경쟁적으로 부활하였기 때문에 근대세계가 한편으로는 그리스적 세계관으로의 회귀적 측면과 전적으로 새로운 방향으로 가려는 기로에 서 있다는 점을 직시하였다. 동양이라는 새로운 세계와의 접목과정에 생겨난 복합적인 '세계체계' 우위논쟁에서 질료인, 형상인, 작용인 그리고 목적인에 의하여 세계 4원인설을 말하던 아리스토텔레스의 세계이해 모델은 더

---

17) G. W. 라이프니츠, 『라이프니츠와 클라크의 편지』, 37쪽.

18) R. Descartes, *Le Monde ou Traité de la Lumière. Die Welt oder Abhandlung über das Licht*, übersetzt und mit einem Nachwort versehen von G. Matthias Tripp, Acta Humaniora, 1989. 이 주장의 직접적인 근거는 데카르트 『우주론』에서 오고 있다. 데카르트 세계는 오직 사유와 연장 두 가지뿐이다.

이상 통용되기 어려웠다. 그렇기 때문에 라이프니츠는 근대세계 관이 그리스적 세계관으로의 회귀가 어려워진 점을 주목하였다. 근대역학은 아리스토텔레스의 작용원인과 질료원인만을 인정하 고 더 이상 형상으로서 목적원인이나 운동원인을 인정하지 않는 다. 또한 전통적 아리스토텔레스의 10개의 카테고리 이론도 세계 의 4원인설과 더불어 소멸되었다. 여기서 라이프니츠가 제기한 철학적 화두가 동서의 조화(調和)이다. 모나드 철학체계는 스콜 라적 세계개념에 필적하는 세계구성원리를 갖추면서 세계의 기원 에 관한 동양의 형이상학적 원리와 조화를 이룬다. 라이프니츠는 모나드 철학으로 하나의 통합적 세계이해를 가져오기를 강력하게 바랐고, 이 희망을 보편적이라고 생각하였다. 동양의 세계를 자신 의 모나드 사상체계에 조화롭게 포섭하려고 하였다. 라이프니츠 의 이 입장은 우선 철학사의 관점에서, 그리고 동양의 전통사상 의 자립적이고 수용적인 측면에서 처음이자 마지막이었던 근대 동서존재론의 입장이 되었다.

라이프니츠는 스콜라 철학의 개념을 원용하여 신과 이(理), 질 료와 기(氣), 진공과 태허, 원칙과 이기 이후의 태극 등의 중심논 의를 동서비교철학의 영역으로 끌어들인다. 진공의 존재와 태허 개념의 비교분석에서 공간논쟁이 촉발되면서, 라이프니츠는 데카 르트 철학에서 자연, 인간 그리고 신, 스피노자에서 신 즉 자연으 로 감소된 실체의 영역에 모나드 개념을 끌어들였다. 세계구성을 위하여서는 이제 남은 것은 실체와 관계들뿐인데, 라이프니츠에 따르면, 자연의 참된 실체는 모나드(Monad)이다. 모나드는 개별 자의 사고와 의지 이외에 다른 것이 아니다. 스콜라 철학에서는 가능, 현실, 필연 그리고 선험이라는 양상개념을 통하여 이 세계 에서 발생하는 모든 사건을 설명하였다. 하지만 라이프니츠는 가

180

능, 불가능, 필연 그리고 우연이라는 양상개념을 통하여 이 세계에서 발생하는 모든 사건존재를 통일적으로 파악하였다.

라이프니츠는 더 나아가 이진법의 체계와 역의 상징인 음양의 수리 논리적인 기초를 세웠다. 이것이 동서비교철학의 근본 출발점이다. 태양과 달빛의 비유가 교황과 황권으로 비유되는 중세적 유비논증에서, 근대의 '세계체계'는 점차 아날로그 및 디지털 변화에 따른 세계이해로의 전망을 취하였다. '0'과 '1'을 논리적 가치의 기초단위로 하는 이 신사고법의 기원은 동양의 복희씨, 서양의 라이프니츠에 의하여 그 새로운 가능성을 열어간 것이다.

라이프니츠 이후 칸트 철학은 모든 질료세계의 원인으로부터 순수하게 지성 혹은 오성을 분리한 다음, 순수하게 사유를 통하여 세계체계를 구성하였다. 칸트 철학은 질료에 대한 감성과 오성의 차이를 분명히 하며 시간과 공간을 몸과 마음의 직관 형식으로 보았다. 유럽을 혹은 자신이 살던 도시를 한 걸음도 떠나지 않고도 세계를 구상한 모든 질료세계의 원인으로부터 순수하게 지성 혹은 오성을 분리하려는 칸트의 시도는 성공을 거두었다.[19] 그러나 순수오성개념의 선험적 연역이라는 칸트의 구상은 라이프니츠에게 접수된 동양사상의 역의 팔괘에 방위로 표기되는 선천 그리고 후천 도식에 이미 주어져 있었다.[20] 칸트 철학의 의의는

---

19) I. Kant, *Kritik der reinen Vernunft*, Hamburg, 1956, S.287. 칸트는 순수오성의 분석을 끝낸 다음 현상계와 물체에 해당되는 노우메나(Noumena)의 대상을 구분하는 자리에서 자신의 오성의 나라를 파도와 뱃사람에게 희망도 실망도 안겨주는 동해(Ostsee)의 한 섬에 비유한다. 불변의 경계에서 자연으로 눌러싸인 이 섬나라는 뱃사람을 실망시키기도 하고 그들을 위해 투쟁하기도 하면서 바다의 파도치는 가상으로 안개가 자욱하고 녹아내리는 얼음으로 새로운 땅으로 이어진다.

20) G. W. Leibniz, *Leibniz Korrespondiert mit China. Der Briefwechsel mit den Jesuitenmissionaren*(1689-1714), hrsg. von R. Widmaier, Frank-

라이프니츠에서 이미 숙지되어 있었던 내용이지만, 동양에서는 오래 전부터 선천도식과 후천도식이라는 선험적 사유형식으로 전래되어 온 것이었다. 칸트 철학의 동양철학사적 의의는 역의 지식체계를 상세하게 연구함이 없이도 서양에서도 독자적인 철학체계를 구축하였다는 데 있을 것이다.

동서 '세계체계'의 우위논쟁으로서 '세계'의 실재 문제란 곧 세계를 보는 관점으로서 관념의 이원성의 귀결로 돌아갔다. 데카르트 철학은 관념 안에서 자기가 바라보는 태양의 크기와 실제로 존재하는 태양의 크기는 차이가 있다는 관념의 이원성을 수용한다. 라이프니츠는 아리스토텔레스의 카테고리가 해체된 마당에 공간을 궁극적으로 모나드의 지각과 그의 판명한 인식등급에 따라 사물들 간에 상존하는 질서로 배열하였다. 이것은 역의 방위 구도의 방향과도 일치한다. 선천과 후천의 양대 도식은 팔괘의 배열에 따라 공간과 시간을 서로 다르게 도출할 수 있게 한다. 근본적으로 팔괘의 각 요소들은 모두 자연현상을 닮아 있다. 라이프니츠가 접수한 역의 팔괘에는 방위에 의한 각각의 선천 그리고 후천 도식에 공간과 시간의 도출이 상세하게 연역되어 있다. 역의 방위구도가 공간과 시간의 방향과 일치될 수 있는 것은 라이프니츠가 시간과 공간을 일종의 술어로 취급하기 때문에 가능하다. 질료에 의한 사물 간의 관계에서, 역의 양대 도식의 팔괘의 배열이 공간과 시간을 달리 도출할 수 있게 한 것도, 술어의 구조가 다르기 때문이라고 해석할 수 있다. 동서비교철학의 관점에서 역의 상이 포착하는 자연현상과 자연과학의 발전의 이미지에는 동일하게 공통되는 논리근거가 있다.

furt am Main, 1990, SS.147-170.

3. 동서세계관의 공통근거

마테오 리치가 중국 땅을 밟던 17세기에 대부분 예수회 중국선교사들이 대변한 철학은 유럽 근대철학의 입장에서는 변방철학이었다. 이러한 스콜라 변방철학은 토미즘이 주류를 이루었다. 라이프니츠가 1715년『중국인의 자연신학론』에서 취급한 동서존재론의 기원과 세계체계의 우위논쟁의 시대적 배경의 범위는 12세기까지 거슬러 올라간다. 이 기간은 서양에서는 안셀무스의 스콜라철학이 융성하고, 동양에서는 11-12세기 성리학이 발흥하던 시기이다. 이때부터 근대에 이르는 기간에는 약 500여 년이라는 시간적 스펙트럼이 있다. 서양은 1277년에 세계원인과 신의 전능의 문제에서 불거진 '세계의 영원성'에 관한 논쟁을 겪는다. 그 이후 유럽의 지성세계는 1585년 브루노의 화형과 1610년 갈릴레이의 종교재판에 이르기까지 세계체계의 우위논쟁이 끊이지 않았다. 반면에 동아시아 세계의 철학과 종교에서는 파리 대학의 1277년 대정죄사건과는 반대 현상이 일어났다. 11세기 전후로 송의 성리학은 전통적인 원시유교의 개념을 부흥하고, 도가의 기본개념을 통해 인도에서 전래된 불교경전의 개념을 이해하고 설명하는 데 성공하였다. 중국에는 세계의 기원과 존재의 생성에 관한 이론에서 신유학 이론과 불교의 격렬한 논쟁이 일어났다. 하지만 세계철학으로 성장한 이 시기 중국의 학문은 스스로 불교 세계관에 잠입하여 "이 세계는 비실재적이다(The world is ir-real)."라는 비과학적 신념의 세계에 빠짐으로써 더 이상 중국에서 근대과학의 발전이 일어나지 못하였다. 소위 명가(名家)의 과학이론 전통 속에서 발전해 온 음양오행으로 일컬어지는 중국의 자연과학은 더 이상 발전하지 못하고 자취를 감추었다. 반면에 세계의 기원에 대한 이론으로서 태극도설, 남녀합성 성인지도의 원형적 모델 등의 형이상학적 사변은 활발하였다. 북송의 주렴계(周濂溪, 1017-1073)는 태극도설(太極圖說)을 제작하였고, 주희는 이를 해설하였을 때, 동양의 존재론은 태극도설과 직접적 연관을 맺는다. 동양의 우주론은 소위 팔괘의 배열순서에 따라 생겨난 '선천방위도'의 철학원리에 기인한다. 소강절은 주역의 64괘를 기하학적 사각형태에 순서에 따라 배열하고, 또다시 이 사각 정방을 둘러싸는 64괘의 원형배열을 방원도에 압축하여 그리면서 원이 사각 정방을 에워싸는 모습으로 사유의 무모순성을 표현하였다. 이 시기는 서양의 11세기 안셀무스의 '신즉인(cur deus homo)'이라는 신인간론이 등장하던 시기와 대충 일치하고 있다. 안셀무스에 의하여 탄생하게 된 스콜라 철학의 사유의 특징은, 어떻게 신이 인간이 되었는가? 혹은 어떻게 신이 이 세계에 낮추어서 오게 되었는가? 하는 물음을 설명하는 것이었다. 신이 인간으로 오시는 것이 이 세계의 구원의 길이다. 안셀무스의 사상은 근대의 데카르트의 인간의 완전성이 세계의 혹은 우주의 완전성과 부합하고 있다는 테제로 이어졌다. 데카르트 철학의 '나'의 완전함은 세계의 완전함과 같다. 인간 신체의 구조를 우주의 구조와도 동일하게 본다는 것이다. 이런 이론은 인간 신체의 피의 흐름을 행성운동과 동일시하는 하비스의 의학이론에도 잘 드러나 있다.

17세기 중엽에 유럽에서 등장한 인간과 세계의 완전성의 일치 테제는 동양에서도 있었다. 동양에서는 태극과 양의를 바탕으로 선천적 연역도식의 원칙으로 남녀합성지도(男女合性之道)의 길을 해석한다. 서양에서 원이 사각 정방을 에워싸는 이 기하학적 형태는 사유의 무모순성의 표현이다. 스콜라 철학에서는 이러한 형태의 '둥근 사각형'의 개념구성은 누구나 알 수 있는 아무것도 아닌 그 무엇으로 해석한다. 라이프니츠는 선험과 초월을 아우르는 모순으로부터 자유로우며, 사유의 왕국에 최상의 예정조화와 이성으로 세계를 안착시키는 신을 초 세계지성으로 해석한다. 이로써 동서존재론의 공통 근거로서 동양의 태극도설에서 말하는 남녀합성지도의 길은 데카르트 철학의 인간과 우주의 동일성의 테제와 접목될 수 있었다. 라이프니츠는 인성론과 우주론 그리고 동서의 지리적 연결에서 동서존재론의 세계관적 공통 근거를 찾았다.

서양이 본격적으로 유럽인간을 위한 철학을 탐구하고 과학이론을 축적하며 과학기술을 발전시킨 것은 12-13세기로서 당시 유럽 학문의 요람은 프랑스의 파리 대학이었다. 파리 대학에는 유럽 각국에서 몰려든 유학생들로 붐볐으며 여기서 강의되는 지식내용은 유럽의 다른 지역의 학문 종사자나 이론가들에게 속속들이 전파되어 유통되었다. 파리 대학의 강좌는 아리스토텔레스 철학 가운데 특히 『자연학(Physica)』이 주목을 받았다.

스콜라 철학은 아리스토텔레스 철학을 이용하여 세계의 운동원인을 신 존재의 존재론적 증명의 기틀로 삼았다. 천체의 운동이 궁극적으로 신의 최종 운동원인 제공에 의거한다면, 태양과 달의 운행에 필요한 힘조차 전적으로 신의 능력 내지 전능에 의존하는 것이다. 여기서 아리스토텔레스의 자연학은 성서와 기독교가 가르치는 진리와 마찰을 빚고 있었다. 처음에는 아리스토텔레스 철학을 해석함에 있어서 아랍적인 시각이 주도적 위치를 차지하고 있있나. 그러자 중세 유립에 많은 영향을 미치고 있딘 아립 칠힉자들과 유럽의 기독교 철학자들 사이에 이교도 논쟁이 일어났다. 이교도 논쟁에 가담한 대부분의 스콜라 철학자들은 고도의 정교한 논쟁을 주고받았기 때문에 피아(彼我)의 구분이 되지 않을 정도로 서로의 이론과 주장이 얽혀 있었다. 그래서 파리 대학의 교강사들은 철학에서 취급하는 아베로이스주의자들의 주장과 성서가 가르치는 진리와의 갈등에 대한 논쟁에서 자유로울 수 없었다.

가장 논란이 많았던 쟁점의 하나는 아리스토텔레스 철학을 잘 알고 주석하였던 중세의 아베로이스주의자들의 주장이다. 모든 인간에게는 오직 하나의 유일한 가능지성만이 있고 이 세계에는 오로지 하나의 개별자만 있다는 것이다. 모든 인간이성은 그들 자신의 정신의 능력에 따라서가 아니라, 하나의 유일한 지성의 입장에서 같다. 그래서 모든 인간에게 가능지성들은 오직 하나의 유일한 지성으로 통일되어야 한다. 이러한 아베로이스주의자들의 견해를 받아들인다면, 개별인간들의 영혼의 불멸성과 덕의 보상 및 죄의 벌이 불가능하다. 이것이 1250년경에 나돌았던 소위 아베로이스 내지 아베로이스주의자들의 아리스토텔레스 텍스트 해석에서 문제가 되었던 내용이다. 다른 하나의 쟁점은 기독교 철학의 입장에서 성경은 '세계'는 창조되었다고 가르친다는 것이다. 이 가르침에 따르면 세계는 기원을 가져야 하는데, 아베로이스주의자들은 세계의 '영원성'을 주장하였다. 오늘날 창조설과 진화설의 대립에서 그 해결점을 쉽게 찾지 못하듯이, 중세의 세계의 영원성 이론은 성서에서 말하는 세계창조론과 일치할 수 없었다. 이성에 의한 학문인 철학과 계시를 바탕으로 하는 신앙의 학문인 신학은 갈수록 이성과 신앙의 문제로 갈등이 첨예화되었다. 파리 대학 강사 브라방(Siger von Brabant)의 이론도 집중적인 공격을 받고 있었다.[21]

---

21) 단테의 『신곡』의 「천당」 10편에 지거 브라방이 등장한다. 그는 파리 대학의 강사로 토마스와 더불어 천사들의 반열에 오른 인물이다. Dante Alighieri, *Die Göttliche Kömedie*, Reclam, SS.303-306 참조.

로마 교황청과 파리 대학 당국은 교강사들의 철학과 신학 강좌에 대한 대대적인 검열 작업을 벌이면서 아리스토텔레스 철학을 근본적으로 비판하기 시작하였다. 따라서 파리 대학은 13세기 중엽 이래 여러 번 아리스토텔레스 자연학 강좌를 금지하였고 아울러 아베로이스 철학을 배격하였다. 여기서 파리 대학의 교강사들이 다루었던 이론과 명제들을 그릇된 것이라고 비난하고 대거 폐기하면서 이단으로 몰아붙인 것이 1277년 파리 대정죄사건이다.[22] 먼저 1270년 12월 10일 파리 대학의 탕피에르(E. Tempier)는 파리의 주교 스테판(Stephan)과 더불어 모든 인간의 지성은 수적으로 동일하다는 것, 지상에서 일어나는 만사는 천체의 강요에 예속된 것, 세계는 영원하고, 첫 인간은 없었다는 것 등을 포함한 13개의 문장을 기각하였다. 탕피에르는 13개의 비난테제의 모두(冒頭)에서 파리 대학의 교강사들과 철학에서는 참이나 신앙에서는 그렇지 않다는 학문적 입장을 취하던 이러한 거짓테제들을 비난하였다. 교황 요하네스 21세도 이 문제의 현안에 가담하여 파리 대학 교강사들의 이중진리의 잣대에 대한 진상을 규명할 것을 지시하였다. 이에 탕피에르는 하인리히 겐트(H. von Gent)와 더불어 파리 대학의 진상규명 신학위원회를 구성하여 1977년 3월 7일에 종합적으로 219개의 테제를 공개하였다. 이 219개 테제들에는 신의 인식능력, 신의 지식, 신의 전능, 신의 의지, 인간 의지의 자유, 영혼의 불멸성, 성만찬, 도덕론, 우주론 등의 주제들을 포함하고 있었다. 비난이 된 219개 테제들 가운데에는 심지어는 아퀴나스의 교설로 보이는 명제들도 포함되었다고 한다. 파리 대학 신학위원회는, 이 테제들을 지지하고 강의했던 교강사들은

22) K. Flasch, *Das philosophische Denken im Mittelalter*, Reclam, 2000, SS.426-433.

파문의 범죄를 저지른 것이라고 선언하였다.

　로마 가톨릭 교회와 파리 대학 신학부에서 정죄하였던 파리 대 정죄사건의 가장 중요한 대목은 13세기 철학과 신학의 이중진리 문제로 철학과 신학 사이의 영역갈등이다. 이중진리 문제에 대하여 아퀴나스는 지성은 수에서 하나이지만, 신앙에서는 그 반대를 생각할 수 있다고 하였다. 신조차 논리적으로 불가능한 것을 참으로 만들 수 없으며, 하나의 필연적 결론에 반대되는 것은 논리적으로 불가능하다. 신앙은 이러한 논리적 불가능성을 포함할 수 있다는 것이다. 아퀴나스는 이중진리의 문제에 대해 그의 스승인 마그누스(A. Magnus, 1223-1280)와 더불어 신앙과 이성의 일치를 강하게 주장하고 있었다. 1245년 신학석사가 되어 아리스토텔레스를 라틴어로 새로 쓴 마그누스는 "누군가 자연과학을 근본적으로 지배하면, 그에게는 주님의 말씀이 의심스러울 까닭이 없다."라고 주장하였다.[23] 마그누스의 뒤를 이어 아퀴나스도 이성의 진리와 신앙의 진리가 동일한 근원에 있다고 보았다. 아퀴나스에 따르면, 지성은 신에 의하여 움직여지기 때문에 인간은 어떤 진리에 대하여 신적인 도움을 필요로 한다. 지성은 신에 의해 움직이고, 감각은 지성 안에 들어 있음으로써 알려진다. 이때 진리는 이성을 통하여 곧 자연적 계시로 알려지고, 신앙은 초자연적 계시를 통하여 도달한다. 아퀴나스가 신앙과 이성을 통일하였다고 칭송받는 부분이 바로 지성과 감각 사이에 일어나는 이러한 자연적 계시와 초자연적 계시의 구분이다. 초자연적 계시는 예언자, 성서, 전통이라고 부르는 전체에서 계시되도록 믿어진다. 그런데 자연적 계시는 그들의 인간적 본질을 통하여 모든 인간들에

---

23) Albert Magnus, *Sein Leben und seine Bedeutung*, hrsg. von M. Entrich OP, Verlag Styria, 1982, SS.127-128.

게 통용될 수 있다. 그러나 특별한 계시는 예수 그리스도 안에 있는 신의 계시와 같다. 특별한 계시와 자연적 계시, 곧 신앙과 이성은 모순되기보다는 상보적이다. 아퀴나스 학설이 가톨릭 교회에서 공적인 정설로 채택되면서 중세 교회 내에서는 오히려 탕피에르의 후계자들이 죄를 범한 것이 아니냐는 의혹을 제기하였다. 따라서 1325년에 파리 주교 부레(E. Bourret)에 의하여 파리 대정죄의 목록에 포함된 아퀴나스에 관한 부분은 삭제되었다. 1277년의 파리 대정죄사건 이후로 차츰 철학은 신학의 영향으로부터 벗어나기 시작하였다. 프랑스 물리학자이자 과학사가 피에르 뒤엠(Pierre Duhem)은 이 사건을 일러 근대과학의 탄생으로 보기도 하였다. 중세를 지배하였던 진공의 공포와 더불어 점차로 아리스토텔레스 물리학은 사라졌기 때문이다.

1600년 마테오 리치가 중국에 도착하였을 때, 유럽에서는 아리스토텔레스 물리학을 위시한 중세적 세계관이 자취를 감추면서 서서히 코페르니쿠스의 태양중심설과 갈릴레이의 지동설이 등장하였다. 마테오 리치는 곧 새로운 근대 세계체계가 성립되어 가는 혁명적인 시대에 새로운 천문학 이론보다는 인간의 본유관념의 연역적 증명을 더 요긴하게 받아들였다. 이 점은 나중에 마테오 리치가 중국인에게 이러한 본유관념이 있을 것이라고 가정하는 데 중요한 이론적 근거가 되었다. 본유관념이란 인간이 세상에 태어나기 이전에 이미 갖고 있는 앎의 저당이다. 본유관념에 따르면, 삼각형의 내각의 합이 180도라는 사실은 경험을 통하여 안다는 것은 도저히 불가능하다. 이러한 지식은 인간이 나면서부터 알고 있다는 가정에 기인한다는 것이다. 인간의 본유관념은 인간과 세계와 신에 대하여 인간이 공유하는 지식의 선험적 요소를 존재론적으로 근거 지우는 데 중요한 출발점이었다. 데카르트 철학도 본유관념의 존재를 만인에게 분배된 '건전한 오성(le bon sens)'에서 찾았다. 마테오 리치는 데카르트 의미의 본유관념을 바울이 말하는 인간의 심장에 씌어진 법으로 해석하고 이를 중국인들에 대하여서도 적용하였다. 이러한 법은 양심의 선험적 존재 증명에 해당된다.[24] 마테오 리치가 『천주실의』에서 사용한 '양능(良能)' 혹은 '양선(良善)'이라는 단어는 스토아 철학이나 데카르트 철학의 의미에서 먼저 가정된 원칙과 같다.[25] 근대인들은 외부세계 존재 증명을 위하여 인간의 보편적 심성에는 내면의 불꽃 같은 지성이 있다고 생각하였다. 불꽃이 지성이라면 인간의 영혼은 아리스토텔레스가 말한 대로 백지(Tabula rasa)와 같이 비어 있어야 하였다. 윤리학과 형이상학 그리고 존재론의 구분이 없이도 최고 지혜의 유형을 창시한 스토아인들은 이러한 선험적 양심의 존재를 처음부터 인정된 것으로 상정하였다. 그들이 부른 '프로레페이스(prolepheis)'는 곧 근본가정 혹은 근본원칙을 의미한다. 근대 수학자들은 스토아 철학의 근본가정 혹은 근본원칙을 공통관념(notiones communes(koinas ennoias))으로 불렀다. 스칼리거(J. Scaliger)는 이를 영원의 '씨앗(semina aeternitatis)'이라고

---

24) 동양의 성리학에도 인간본성에 대한 다양한 메뉴가 있다. 인간본성을 선하다고 본 맹자(孟子)가 있었고 선하지도 악하지도 않고 다만 물이 흐르는 것처럼 이끌어주는 것에 달려 있다고 본 고자(告者)가 있었으며 인간본성 자체가 악하다고 본 순자(荀子)가 있었다. 서양 근대 합리론의 인간본성에 대한 연역적인 본유관념은 인식론적, 존재론적 관점에서 바라보지만 동양의 인성론은 윤리적인 안목에서 출발하고 있다.

25) 마테오 리치, 『천주실의』, 송영배·임금자·장정란·정인재·조광·최소자 옮김, 서울대학교출판부, 1999, 45쪽, 161쪽, 346쪽. 마테오 리치는 양능의 조화의 흔적은 기의 오그라짐(屈)과 펼쳐짐(伸)이라는 점에서 귀신과 같지 않다고 하고, 태어나면서 아는 능력으로서 양선(良善)과 배워 익혀서 아는 습선(習善)을 구분하고 있다.

190

불렀고, 조피라(Zopyra)는 우리의 내면에 감추어진 모양들로 감성적인 체험에 접촉되기만 하면 철거덕하고 튀어 오르는 살아 있는 불, 누르고 있다가 놓으면 튀어 나가는 방아쇠에 의한 총탄 같은 찬란한 불꽃이라고 하였다.[26]

마테오 리치가 중국으로 온 것도 동서존재론의 지리적 공통근거가 있었기 때문이다. 동아시아 세계의 중국이나 한국은 모두 아시아 대륙에서 유럽 대륙으로 연결되어 있다. 일찍이 라이프니츠도 동아시아를 유럽과 같은 대륙에 있다는 의미에서 단지 지리학적인 위치표시만으로 지칭한 적이 있다. 역으로 동아시아에서 유럽을 지칭할 때에도 결코 아시아와 동떨어진 곳이 아니라 자꾸 서쪽으로 가면 와 닿을 곳이 유럽인 셈이다. 그래서 이익(李瀷, 1682-1764)도 마테오 리치를 일러 개벽 이래 서로 소통된 적이 없었던 8만 리 이상 떨어진 곳에서 바다를 건너 3년 만에 중국에 도착한 구라파(歐羅巴) 사람으로 지칭하였다.[27] 이 동서로 이어진 대륙에서 마테오 리치는 여전히 도상에 있는 위대한 합리론의 사유전통을 쫓아갔다. 중국과 한국을 잇는 지리적인 근거는 명약관화하다. 한국의 전통사상은 한국과 중국을 잇는 지리적 근거에 입각하여 12-13세기 신유학의 중국철학의 근본전제를 수용함으로써 16-17세기의 조선 유학체계를 형성하였다. 이황 역시 이를 수용하여 태극도설을 옮겨 적으며, 무극이면서 태극이 되는 원리를 다음과 같이 설명한다. 태극이 동하면 양을 낳고, 동이 극하면 정하여지고, 정하면 음을 낳는다. 정이 극하면 다시 동하고, 동하

---

26) G. W. Leibniz, *Nouveau essais sur l'entendement humain. Neue Abhandlungen über den menschlichen Verstand*, hrsg. und übersetzt von W. von Engelhardt & H. Holz, Wissenschaftliche Buchhandlung, 1985, 서언 IX-VI.

27) 마테오 리치, 『천주실의』, 439쪽.

면 정하는 것이다. 여기서 음과 양으로 나누어져 양의가 성립한다. 마찬가지로 건도는 남성을 이루고 곤도는 여성을 이루는데, 이기가 교감하여 만물을 화생하게 하며 그렇게 나온 만물에는 변화가 무궁하다.[28] 이황은 "이를 궁구하고 성을 다하여 명에 이르는 것과, 신을 궁구하고 조화를 아는 것이 덕을 융성하게 하는 것이다."라는 역의 구절을 인용하여 역의 도리를 설명하고 있다.

이황을 필두로 하는 16세기 한국 근대사상의 발현 역시 인간본성의 기원에 관한 사단칠정론 논쟁에서 풍성하게 꽃피웠다. 조선 성리학에는 서양 근대철학에서 말하는 세계기원과 인성론의 기원에 관한 논쟁에 합리적이고도 주체적인 지분이 있다. 가령 칸트 철학은 프로이센의 쾨니히스베르크에서 꽃을 피웠고 그곳은 오늘날 독일에 속해 있지 않고 러시아에 속해 있지만 독일철학이자 유럽철학의 큰 축을 형성하였다고 평가한다. 조선 성리학 역시 중국에서 발원하였던 신유학체계를 새롭게 해석하고 형성하여 나갔다는 점에서 17세기 라이프니츠가 접목하고자 하는 동양사유의 핵심적인 부분을 이룬다. 16세기 조선 안동의 이황은 18세기 유럽의 항구도시 쾨니히스베르크와는 너무나 멀리 떨어져 있다.

---

28) 이황, 『알기 쉽게 해설한 성학십도(聖學十道)』, 조남국 옮김, 교육과학사, 2000, 47쪽. "無極而太極. 太極動而生陽, 動極而靜; 靜而生陰, 靜極復動. 一動一靜, 互爲其根. 分陰分陽, 兩儀立焉. 陽變陰合, 而生水火木金土. 五氣順布, 四時行焉. 五行一陰陽也, 陰陽一太極也, 太極本無極也. 五行之生也, 各一其性. 無極之眞, 二五之精, 妙合而凝, 乾道成男, 坤道成女. 二氣交感, 化生萬物. 萬物生生, 而變化無窮焉. 惟人也, 得其秀而最靈. 形旣生矣, 神發知矣. 五性感動而善惡分, 萬事出矣. 聖人定之以中正仁義(自註: 聖人之道, 仁義中正而已矣)而主靜(自註: 無欲故靜), 立人極焉. 故聖人與天地合其德, 日月合其明, 四時合其序, 鬼神合其吉凶. 君子修之吉, 小人悖之凶. 故曰: 立天之道, 曰陰與陽. 立地之道, 曰柔與剛. 立人之道, 曰仁與義. 又曰: 原始反終, 故知死生之說. 大哉易也, 斯其至矣."

이 두 철학자는 2세기 가량의 간격이 있었음에도 불구하고, 이황이 구상한 인간학은 칸트 인간학 못지않은 윤리학적 성찰과 반성을 토대로 성립하고 있다. 칸트가 이황을 따르지 않았느냐고 할 정도로 칸트는 인성론과 윤리학에서 이황과 가까이 있다. 양자의 차이는 칸트가 뉴턴의 과학혁명을 바탕으로 하는 고전역학을 배경으로 철학하였다면 이황에게는 그러한 과학이 없었다. 라이프니츠가 의도한 근대 동서존재론은 점점 형상과 질료의 원인에 의한 '개별화의 원칙'과, 남녀합성지도에서 태극과 양의를 바탕으로 하는 선천적 원칙으로 연역도식에 초점을 맞춘 보편화의 길과 개별화의 길이 만나는 것이다. 서양의 사유는 개별화의 길이요 동양의 사유는 보편화의 길이다. 동양의 우주론은 태극도설을 해석하는 소위 '선천방위도'의 철학원리이다.

개별화가 이루어지기 위한 원칙은 분간할 수 없는 동일성과 동일한 것의 분간할 수 없음이다. 이황과 칸트 이들은 서로 형상이 달라도 전체 존재와 시간과 공간이라는 외적인 조건에서 개별화하였다. 소크라테스, 플라톤, 이황, 칸트, 이들이 다른 것은 형상이 달라서이다. 동일한 동종의 개별자들이 똑같은 동일한 우유들을 가질 수 있는 것은 이들은 질료가 달라서가 아니라, 단지 수에서만 다르기 때문이다. 신, 인간, 자연이라는 토대에서 신이 인간이 되는 길과 인간에서 신으로 올라가는 길은 데카르트, 스피노자 철학에서 잘 드러난다. 서양에서의 인간은 인식의 합리적 등급에 따라 동물이나 식물의 위계로 떨어지기도 하고 아니면 신적인 본길로 올리기기도 한다. 동양에서는 인도(人道)를 도덕격으로 연역된 개념으로 마땅한 보편자의 길로 규정한다. 동양에서 인간과 짐승이 다른 점을 도덕적 윤리성에서 추구하였다면, 서양은 오히려 그 차별성을 합리성에서 찾았다. 라이프니츠가 신과 인간의 중간지대에 모나드라는 개념을 첨가하여 자연과 더불어 모두 함께 공존하는 유기체적 우주를 구상한 실체화 전략은 동양 존재론을 일반화한 개별화와 보편화의 도식에도 크게 어긋나지 않는다.

제 6 장

존재론적 근거

1. 방법론적 토대

인간사유와 자연의 비밀은 언어를 통하여 알려진다. 서양철학
에서는 이러한 언어를 로고스(logos)라고 불렀다. 자연에 있는 로
고스를 과학적으로 탐구한 것은 고대 그리스의 탈레스부터이다.
자연을 탐구한다는 것은 사물의 존재의 원인에 대한 물음에 답변
을 얻는 과정을 말한다. 서양에서는 이러한 과정을 지배하고 통
제하는 언어를 로고스라고 불렀고 이를 추구하는 것을 학문이라
고 불렀다. 아리스토텔레스는 각 로고스에 속한 학문을 체계화함
으로써 서양학문을 창시하였다. 자연의 탐구 역시 인간의 질문에
서 비롯되고 인간의 앎의 요구와 관련되므로 기연학은 인간학과
불가분의 관계를 이루고 있다. 그래서 자연을 탐구하는 로고스의
전통이 곧 자연학을 만들었고 인간에 대한 로고스의 탐구가 인간
학을 만들었으며, 자연학과 인간학이 어울려서 인문학의 사유전

통을 만들었다. 인간이 자연을 이해하고 해석하고 지배하는 자연학과 인간이 인간을 아는 인문학의 역사는 이러한 로고스의 발전 양태에 따라 이루어졌다. 로고스를 배타적으로 인간 외부로부터 오는 것이 아니라 내면이나 선험적으로 오는 것으로 인식한 것은 철학의 오랜 전통이었다. 소크라테스는 이러한 자신의 내면으로부터 오는 로고스의 소리를 다이몬이라고 부른 바 있고, 성서에서 태초에 로고스가 있었다는 것도 로고스의 선험성에 기인한 것이다. 19세기의 힐베르트(Hilbert)가 수란 신의 선물이라고 말하였을 때, 이 의미도 로고스가 인간지식의 한계를 넘어서 수학의 지평을 넓혀가고 쌓아간다는 것을 뜻하였다.

특별히 인류에 위대한 업적을 남겼던 수많은 서양의 자연과학자들은 자신들의 학문의 최고 로고스의 정점에서 기꺼이 신과 함께하였다. 이러한 학문의 태도는 신이 창조한 세계의 완전성에서 곧장 자기 자신의 완전성을 도출하고, 자신의 완전성이 세계의 완전성과 일치한다는 로고스에 대한 신념의 전통에서 온다. 근대 철학이 태동하던 시기에 대부분의 합리론 학자들도 자연의 모든 비밀은 완벽하게 짜인 수학적 보편언어인 로고스에 의하여 밝혀진다고 생각했다. 무한을 그 속성으로 대우주와 소우주로서 열려가는 세계는 보편언어에 의하여 해명되는데, 이를 위하여 로고스는 분화되는 특성을 지닌다.

12-13세기 이래 파리 대학에서 강의되기 시작한 철학 역시 르네상스에 이르면서 의학, 물리학, 화학, 과학기술, 식물학, 원예학, 등 자연과학 영역에서 일어나는 체계적인 로고스의 분화의 역사였다. 철학은 곧 이성 내지 계산에 의한 자연을 지배하고 통제하는 언어에 대한 신념을 폭넓게 확장하는 역사를 가지기 시작하였다. 이러한 철학의 역사는 합리적 이성에 의한 고전물리학의 탄

생을 낳았으며 근대인의 삶을 새로운 세계로 인도한 지리학 지식을 만들었다. 따라서 근대인은 인간의 보편적 의사소통의 도구로서 만인에게 공통된 이성에 바탕을 둔 존재론을 필요로 하였다.

존재론(Ontology)이라는 단어는 에이나이(εἶναι)라는 그리스어 동사에서 파생된 온(ὄν)이라는 명사형과 온토스(ὄντος)라는 소유격, 그리고 로고스(λοΥος)라는 그리스어의 합성어이다. 그리스어로 온토로고스란 존재하는 것에 대한 담론을 의미한다. 곧 존재론은 형이상학의 기본적 주제로서 존재나 실존을 탐구한다. 인식론이 인간은 무엇을 알 수 있으며 어떻게 알 것인가의 문제에 전념하는 데 반하여, 존재론은 무엇이 있었고 있고 있을 것인가에 대한 물음에 전념하였다. 무엇이 있는지의 질문은 존재하는 사물들에 대한 근본적인 분류와 특별히 이러한 존재론을 다루는 언어가 전제되어야 한다. 이러한 언어를 최초로 취급한 철학자가 아리스토텔레스이다. 아리스토텔레스는 10가지 사물의 분류방법을 알고 있었는데 이러한 분류를 일컬어 카테고리 혹은 범주라고 한다. 동서양을 막론하고 카테고리를 잘 알면 알수록 인간과 사물을 이해하고 소통하고 나아가 통솔할 지혜까지 얻을 수 있다는 것은 불문가지(不問可知)이다. 칸트 역시 카테고리를 통하여 사물을 이해하고 알고자 하는 입장을 취하였다. 곧 그의 선험철학의 뿌리가 범주론에 있었다.

아리스토텔레스는 『범주론(*Organon*)』에서 존재하는 사물은 모두 10가지의 분류에 의하여 서술할 수 있다고 하였다. 곧 (1) 실체, (2) 양, (3) 길, (4) 관계, (5) 장소, (6) 시간, (7) 시점, (8) 소유, (9) 능동, (10) 수동이 그것이다. 이 범주들은 언어와 세계의 근본구조를 담고 있다. 말하자면 사람은 범주의 도움으로 세계에 대하여 말할 수 있게 된다. 그러나 사람은 범주에 의하여 세계에 대한 존재 자체의 가장 일반적인 사유형식에 도달한다. 존재 자체의 가장 일반적인 사유형식은 최고류이기 때문에 그것은 언설 불가지의 영역에 속한다. 즉 범주는 말할 수 있는 것에서 말할 수 없는 영역까지 포괄하고 있다. 스토아 학파에서 말하던 최고 존재인 '어떤 것'이라든지 스토아 논리학의 5가지 증명할 수 없는 논증 혹은 비트겐슈타인이 말하던 말할 수 없는 것의 대상 혹은 하이데거의 존재 또한 여기에 해당된다.

그리스의 범주론은 3세기에 이르러 시리아 출신의 신플라톤주의 철학자 포피리우스(Porphyrius, 233-309?)를 만나면서 새롭게 변모하였다. 그는 곧 그리스어로 『에이스게(*Isagogê*)』를 쓰면서 아리스토텔레스의 『범주론』을 새롭게 주석하였다. 보에티우스는 이 책을 라틴어로 번역하여 고대 그리스 문명세계를 로마의 교양세계로 인도하였다. 서유럽에서 그리스와 로마 문명의 최후의 교양인인 그는 중세의 가장 표준적인 아리스토텔레스 『범주론』 해설서를 후세에 남기게 되었다.

포피리우스는 아리스토텔레스 『범주론』에 따라 실체를 모두 (1) 류(類), (2) 종(種), (3) 차이(差異), (4) 속성(屬性), (5) 우연(偶然)의 5가지 구성요소로 이루어졌다고 주석하였다. 포피리우스가 공헌한 철학의 업적은 흔히들 존재의 나무라고도 불리는 '포피리우스 나무(Arbor porphyriana)'의 실체의 분류에 있다.

'포피리우스 나무'에서 가장 아래에 있는 개별자란 전체 존재자로부터 가장 미세하고도 멀리 분화되어 나누어진 존재자이다. 이 분류에 따르면 동양에서 말하는 성인(聖人)이나 소인(小人)조차도, 고대 노예제 사회의 대인(大人)이나 조선시대의 양반(兩班)이나 상민(常民)조차도 예외 없이 최하위에 놓은 존재자로서 개별자로 떨어진다.

[포피리우스 나무]

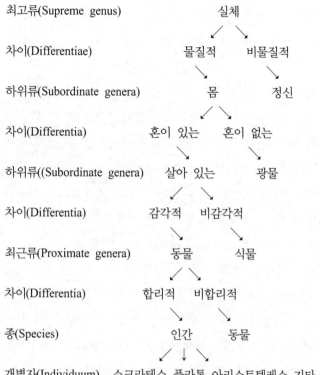

최고류(Supreme genus)　　　　실체

차이(Differentiae)　　　　물질적　　비물질적

하위류(Subordinate genera)　　　몸　　　정신

차이(Differentia)　　　　혼이 있는　혼이 없는

하위류((Subordinate genera)　살아 있는　　　광물

차이(Differentia)　　　　감각적　비감각적

최근류(Proximate genera)　　　동물　　　식물

차이(Differentia)　　　　합리적　비합리적

종(Species)　　　　　　인간　　　동물

개별자(Individuum)　소크라테스 플라톤 아리스토텔레스 기타 등등

　중세에 이르면서 룰루스(Raimundus Lullus, 1232-1315)는 아리스토텔레스 범주체계와 포피리우스 나무의 구조를 근본적으로 개혁하여 새로운 사고체계를 개발하였다. 그는 인간의 사고를 형식적이면서도 기계적으로 계산하는 방법을 고안하였다. 그가 고안한 '조합기술(ars combinatoria)'은 중요한 개념단어를 자의적이고 기계적으로 결합하는 방법이다. 이 방법으로 그는 인간사고 능력을 극대화하는 기계를 만들었다. 룰루스가 생각한 조합방법은 다음과 같다. 먼저 B를 선(Bonitas), C를 크기(Magnitudo), D

를 지속(Duratio), E를 능력(Potestas), F를 지혜(Sapientia), G를 의지(Voluntas), H를 덕(Virtus), I를 진리(Veritas), K를 영광(Gloria)이라고 정한다. 이러한 문자들을 동일한 간격으로 원으로 배열한다. 그러면 B에서 K까지의 문자는 첫 번째 원을 형성한다. 룰루스는 이 단어들은 신의 속성을 나타내는 개념이라고 정의하였다. 다음에는 첫 번째 원을 둘러싸는 더 큰 원을 그린 다음에 마찬가지로 상이한 개념의 단어들을 일정한 간격으로 이 원에 배열한다. 첫 번째 원에 배열된 단어 혹은 개념들은 두 번째 원의 단어 혹은 개념들과 상이한 조합으로 상이한 새로운 개념이 생겨날 수 있다. 이러한 방식으로 다양한 사고의 카테고리와 관계들이 원환(圓環)에서 생겨난다. 룰루스는 개념들을 기계적으로 결합하는 방법의 주어를 신(Deus)이라고 생각한다. 주어는 자신에 대한 가능한 진술과 언명이 무엇인지를 보여줄 수 있고, 기계를 다루는 기술자로서 어떤 진술이 참이고 거짓인지를 결정할 수 있다. 오늘날 관점에서 보자면, 룰루스는 분명히 정의된 기계적 알고리즘으로 데이터의 출력, 진술, 결과를 만들어내는 논리기계를 만들었다. 룰루스는 라이프니츠 이전에 수학적 조합이론을 토대로 컴퓨터를 제작한 첫 번째 인물이었다.

[룰루스 원환]

B

C   K

I

D

H

E   G

F

[물종류도(物宗類圖)]

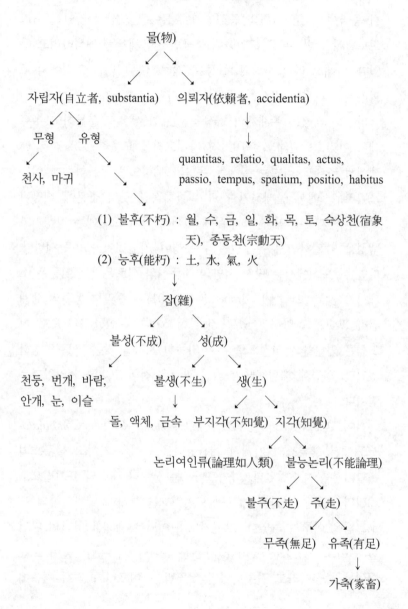

물(物)

자립자(自立者, substantia)　　의뢰자(依賴者, accidentia)

무형　　유형

천사, 마귀

quantitas, relatio, qualitas, actus,
passio, tempus, spatium, positio, habitus

(1) 불후(不朽) : 월, 수, 금, 일, 화, 목, 토, 숙상천(宿象天), 종동천(宗動天)

(2) 능후(能朽) : 土, 水, 氣, 火

잡(雜)

불성(不成)　　성(成)

천둥, 번개, 바람, 안개, 눈, 이슬

불생(不生)　　생(生)

돌, 액체, 금속　부지각(不知覺)　지각(知覺)

논리여인류(論理如人類)　불능논리(不能論理)

불주(不走)　주(走)

무족(無足)　유족(有足)

가축(家畜)

스콜라 토미즘 철학에 정통하였던 17세기의 마테오 리치는 당시 중국에서 서양철학의 중심영역에서는 문제 삼지 않았던 아리스토텔레스 범주론을 도입하여 중국의 사유체계를 해석하려고 하였다. 마테오 리치는 위의 '물종류도(物宗類圖)'라는 도식에서 포피리우스 나무의 방식을 재해석하였다.[1]

마테오 리치는 존재계의 양상을 실체와 우유로 분류하고 우유에서 아리스토텔레스의 10가지 카테고리를 도출하였다. 같은 레벨에서 마테오 리치는 실체를 유형과 무형으로 구분하는데 이는 포피리우스에서 물체적인 것과 비물체적인 것의 구분에 해당된다. 두 번째 분지인 혼의 유무에 있어서 상기 도식에는 항성천과 행성을 배열하면서 우주만물의 운행이 자립적이라고 규정한다. 다만 이 도식에서는 당시 서양의 지동설의 새로운 천문이론은 소개하지 않고 브라헤(T. Brahe, 1546-1601) 수준의 천동설의 세계관을 그대로 반양하고 있는 것이 특징이다. 특이할 사안으로 이 도식은 인간을 논리적으로 추론 가능한 지각을 갖는 자로 규정하였지만, 인간에 대한 생물학적인 관점은 전혀 고려하지 않았다는 점이다.

라이프니츠는 1666년 『조합법(Dissertatio de Arte Combinatoria)』에서 룰루스의 기계적 계산방법을 높이 평가하고 룰루스의 조합이론을 계승하였다. 라이프니츠는 산수나 대수의 표기법으로 개념의 조합을 만들고 이로써 보편기호를 통하여 일반과학의 프로그램을 이루려 하였다. 보편기호의 이념은 세계를 하나의 완전한 언어로 설명하는 것이다. 대부분 16-17세기 유럽인들이 보편언어를 중국어라고 간주하였던 것처럼, 라이프니츠 역시 처음에

---

1) 마테오 리치, 『천주실의』, 177-182쪽.

는 동아시아 언어권에서 중국어가 그러한 보편언어의 기능을 할 것으로 보았다. 라이프니츠의 언어연구는 한글의 언어학적 근원을 이집트 설형문자에까지 거슬러 올라가면서 규명할 수 있는 언어가족의 계보에 치중하였다. 사실 1450년에 창제된 훈민정음은 중국어가 보편언어의 기대충족을 달성하지 못하는 것과는 달리 가장 완벽한 음성언어의 표기방법을 보여준다는 점에서 라이프니츠의 관심이 미치지 못한 부분이었다.[2]

논리학은 창시자에 의하여 만들어진 이래 발전을 계속하였지만 라이프니츠는 이러한 인류를 소통하게 할 수 있는 완벽한 이상언어를 찾기 위하여 아리스토텔레스 논리학의 개혁 작업을 꾸준하게 전개하였다. 라이프니츠는 당시 보편언어 내지 보편수학의 언어를 갈구하던 시대적 요구를 외면하지 않고 17세기가 찾고자 하는 이상적인 언어는 보편기호의 언어이념에 의하여 도달할 수 있다고 믿었다. 라이프니츠의 보편기호는 모든 인간에게 타당하게 적용될 수 있는 사유의 알파벳이라고 할 수 있는 사유의 객관성을 대리한다.[3] 인간의 사유는 가장 기본적이고 원초적인 관념들

---

2) 의미체계로서 기호, 세계를 대표하는 사물, 그리고 사물을 지칭하는 소리 내지 음성은 중세 스콜라 언어이론의 삼위일체의 요소이다. 15세기 한글의 음성언어체계 역시 당시 과학세계를 구성하고 기술하는 수단이다. 세계기원의 유일하고도 통일적인 원인을 추구하는 스콜라 원인이론과는 달리, 한글의 사유체계는 외부세계의 객관적 실재를 음성언어의 현상에서 찾는다. 훈민정음은 우리의 근대세계를 과학적으로 열어가려고 한 자립적 사유의 독창적 흔적이며, 우리 자신의 말과 글로 세계를 파악하는 사유지평을 열게 한 근원적 수단이었다. 이런 음성언어의 문자체계야말로 언어철학적 관심을 불러일으킨다.

3) J. Mittelstrass, *Neuzeit und Aufklärung, Studien zur Entstehung der neuzeitlichen Wissenschaft und Philosophie*, Berlin/New York, 1970, SS.433-434. 인간사고의 알파벳(Alphabetum cogitationum humanarum)을 발견하고 고안하는 것은 17세기 언어연구의 중심 화두였다. 라이프

을 이러한 사유의 알파벳에 의하여 합성함으로써 형성되어 간다. 라이프니츠가 아리스토텔레스의 범주체계를 개혁한 것은 종개념과 유개념과의 차이에 의하여 존재자의 위계를 정하는 방식을 지양하고 나아가 종전의 존재위계를 아예 해체한 것이다. 라이프니츠는 개념의 분석과 종합에 수학의 조합의 방법을 사용하고 논리적으로는 기호를 사용하였다.4)

[도식 1]

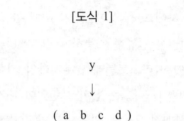

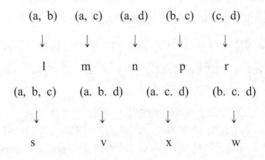

니츠의 보편기호(Characteristica universalis)는 우리가 인지하는 바를 사고에 의하여 가시적으로 표현하는 데 필요하다.

4) G. W. Leibniz, *Hauptschriften zur Grundlegung der Philosophie*, Band 1, übersetzt von A. Buchenau. Durchgesehen und mit Einleitungen und Erläuterungen herausgegeben von E. Cassirer, Hamburg, *Die Methode der universellen Synthesis und Analysis(De synthesi et Analysi universali seu Arte inveniendi et judicandi)*, SS.39-50.

먼저 하나의 종 y가 주어지고 그의 개념들을 a, b, c, d로 분석한다. 그 다음 단계는 a b = l, a c = m, a d = n, b c = p, c d = r이라는 두 짝의 개념을 만들고, 다시 a b c = s, a b d = v, a c d = x, b c d = w이라는 세 짝의 개념을 만든다. 이로서 두 짝과 세 짝의 개념들은 모두 y의 술어이다. y라는 술어는 a, b, c, d라는 원소에서, 이들로부터 다시 두 짝의 원소, 다음 세 짝의 원소를 갖지만, 거꾸로 분석된 원소들에서 술어 y로 회귀하는 경우는 a x, b w, c v, d s 그리고 l r, m q, n p라는 개념의 집합에서이다.

인간이 동물과 다른 것은 이러한 보편기호의 이념 때문에 과학을 만들어갈 수 있다는 것이다. 라이프니츠가 생각하고 고안한 수학적으로 구성 가능한 보편기호의 실현수단으로서 논리학의 언어체계는 오늘날 컴퓨터 프로그래밍 언어에서 그 빛을 보게 되었다. 라이프니츠의 보편기호언어란 오늘날 이진법에 기초하여 디지털 세계를 가능하게 하는 컴퓨터 프로그래밍 언어에 다름 아니다.

2. 이진법과 역

16-17세기는 유럽 각국이 동아시아 세계의 선교의 주도권 다툼으로 열을 올렸으며 새롭게 다가오는 중국의 정치와 제도, 과학 및 무역에 서서히 관심을 드러내었다. 동서의 지식과 정보 격차는 불가피하였다. 하지만 동서양을 오가던 지식이 소통과 확산은 활발하게 전개되었다. 16-17세기 북경과 유럽의 지식의 수준차이는 파리와 그 외 유럽 도시들과의 학문적 수준차이보다 더 컸다. 당시 유럽과 중국 사이에 편지왕래를 위하여 걸리는 시간은 2-3

년이었고, 동서 간의 지식 격차는 그 시간에 비례하였다. 그러나 현대에 이르면서 동서의 문화와 과학기술의 격차는 현저하게 줄어들었고 지적인 능력의 격차도 사라져가고 있다. 그뿐만 아니라 21세기의 어떤 특정분야의 기술의 발전은 동양이 서양을 앞지르는 것도 생겨나고 있다. 인류의 문명발전이 특별하게 어느 하나의 지식체계에 의하여 전개되고 발전되어 간 것은 아니지만, 근대 이래의 동서양은 상호영역으로 깊이 삼투해 있으며, 어느 한쪽의 사상의 발전만으로 보편적 세계성에 도달하기 어렵다.

당시 유럽은 빈을 거주지로 하는 신성로마제국의 황제가 있었고 러시아와 중국은 막강한 힘을 가진 황제가 있었다. 유럽 각국은 황제를 선출하는 선제후들이 각국의 실권을 장악하며 저마다의 독립성을 유지하였다. 당시 세계판도를 본다면 유럽의 황실, 영국, 프랑스, 독일의 선제후, 러시아 황실과 아랍의 제후들도 큰 힘을 갖는 세력이었다. 이러한 상황에서 1700년에 라이프니츠가 창립한 베를린 학술원은 이러한 유럽의 제후군주의 정치적 목적과도 부합하였다. 프로이센의 재정지원으로 설립한 베를린 학술원은 로마, 피렌체, 파리, 런던, 빈 등의 주요도시의 학술원과 더불어 서양의 중요한 학문의 요람으로 등장하였다. 표면적으로 베를린 학술원의 기치는 인류의 복지와 평화를 위한 학문을 촉진하고 장려하는 것이지만 이면적으로는 중국선교를 목표로 하고 있었다.

17세기 서양선교사들이 중국에서 벌인 지적인 활동은 당시 유럽의 수준을 반영하는 것이었다. 이를 통하여 생겨난 동아시아의 학문의 풍토, 가령 실학과 같은 학문적 태도는 고무적이었다. 그러나 당시 중국을 비롯한 한국이나 일본에서는 서양의 과학혁명과 같은 자연에 대한 총체적 지식체계에 견줄 만한 지식배경은 없었다. 하지만 동양세계는 서양이 딛고 일어선 기초지식을 수용할 만한 지적인 기반과 받아들일 정신적 분위기는 성숙되어 있었다. 여기서 근대 동서 인문학의 공통지반인 이진법과 역은 근대 세계와 과학의 발전을 총체적으로 이해하고 해석할 수 있는 도구로 등장한다. 이진법은 서양에서 나온 학문이고 역의 음양의 지식은 동양에서 나왔다. 그럼에도 불구하고 이 양대 사유체계는 동일한 존재론적 근원을 갖는다. 동서양의 과학 및 학문 발전에서 이루어진 수많은 발견과 발명의 원리 또한 이러한 존재론적인 근원에서 찾아야 할 이유가 있다. 라이프니츠는 이진법과 역의 수리적 기초를 동서존재론의 발판으로 삼아 오늘날 동서철학의 기초 인문지식의 정초를 위한 공통담론의 길을 열었다. 라이프니츠의 학문적 활동은 동서양의 인식론과 존재론을 거점으로 이진법과 역의 상징체계를 일치시키려는 시도에 부응하고 있었다. 당시 서양 근대철학 일반에서는 10가지의 아리스토텔레스 범주체계는 실질적으로 와해되었고 마테오 리치가 중국에서 전하고 구성한 아리스토텔레스 범주체계는 완전히 변질되어 있었다. 라이프니츠의 아리스토텔레스 논리학의 개혁 작업은 마테오 리치가 동양에 아리스토텔레스 범주체계를 전달하고 나서 근 반세기 이후에 이루어졌다. 그렇기 때문에 마테오 리치에서 그리말디에 이르기까지 근 100년간 중국에서 형성된 예수회 중국선교사들의 가치판단은 라이프니츠의 논리학 개혁 작업에 대한 충분한 인식에서 출발할 수가 없었다. 라이프니츠의 업적이 차츰 알려지기 시작할 무렵인 1700년에 이르기, 이때 부베는 한 편지에서 이진법과 역의 수리적 이진체계의 근거에서 동서존재론의 뿌리는 동일하다고 주장하였다. 북경에서 학술활동을 하면서 중국학 일반의 지식을 습득하면서 제안하였던 이 주장은 라이프니츠가 추후에 인정한 동서비교철학의 중심테제가 되었다.

역(易)은 동양의 오랜 전통을 갖는 사유체계로서 세계에 대한 물상(物象)을 보고 자연과 세계에 대하여 실제 현실생활에서의 진위(眞僞), 가불가(可不可), 길흉화복(吉凶禍福) 등에 대한 판단의 진술을 구하는 상징언어의 지식체계이다. 공자가 역을 새롭게 개수하여 역의 괘효에 해설을 첨가한 이후로 역에 대한 명칭은 『주역』으로 바꿔서 불렸다. 역은 공자에 의하여 점차 사회정치적 의미에서 해석되었다. 주역의 관념은 국가 부서의 조직에 올바른 매개로 올바른 기능을 배당하기 위하여 인간문명이 만들어낸 사회질서의 자연세계로의 반영이 되었다는 것이다. 괘(卦)가 어떤 시간, 어떤 조건에 어떤 현상을 '통제한다'고 말할 때, 어떤 괘 하에 있다고 말한다. 이 말 뜻은 정부 부서 조직에서 "귀하에게 넘기니 적절한 조처를 바랍니다."라는 의미와 같은 뜻으로 볼 수 있다는 것이다. 그러나 12세기 송대에 이르자 소강절은 새로 탄생한 원나라의 세계질서의 변화에 따라 전통적인 역의 해석체계를 바꾸려는 노력을 하였다. 그것이 곧 후천 방원도이다. 그렇기 때문에 역의 체계는 복희씨에 의하여 만들어진 선천 방원도와 소강절에 의하여 만들어진 후천 방원도가 있다. 복희씨와 소강절의 양대 역의 해석체계는 시간과 공간에 대한 도출방식이 다르게 전개되고 있다. 소강절은 11세기에 이 구조를 순수한 수열의 질서를 따라 정방형으로 나타냈다. 12세기에 이르러 중국에서는 소강절에 의하여 역의 체계를 수리적으로 해석한 이래 17세기에는 부베가 라이프니츠에게 보낸 방원도 체계가 널리 유통되고 있었다.[5)]

---

5) 라이프니츠 논리학 체계에 대해서는 20세기 초에 쿠튀라와 러셀이 각각 그의 형이상학이 논리학으로부터 도출되었다는 견해를 전개하였다.

그러나 주역은 동아시아 사회에서는 점치는 책이나 인생의 길 흉화복을 위한 길거리의 철학의 이미지를 크게 벗어나지 못하였 다. 아무리 위대한 진리라도 이를 일반세속의 수준에 묶어두고 체계적인 과학의 수준으로 높이지 못한다면 더 이상의 발전은 없 다. 라이프니츠가 역을 보는 시각도 이와 유사하다. 학문을 발전 시키고 개발하려면 학문하는 자들이 진리를 보고 파악하는 태도 와 자세를 달리하여야 한다. 역의 수리질서를 이진법에 의하여 해명하려는 시도 역시 이러한 태도에서 읽어야 할 것이다. 고답 적(高踏的)인 태도로 외부로부터 들어오는 사상을 멀리하고 배격 함으로써 동양철학 제일주의를 외치는 것이나, 서양철학을 우위 에 놓고 동양철학의 말을 우습게 여기거나 업신여기는 일 또한 좋지 않다.

그 이후 몇몇 학자들에 의해 라이프니츠의 논리학이 그의 형이상학으로 부터 온다는 견해가 대두되었다. 그러나 오늘날에는 셰이퍼스, 부르크하 르트, 렌첸 등에 의하여 라이프니츠에서 참된 형이상학은 참된 논리학 으로부터 상호호환한다는 견해가 지배적이다. 정작 라이프니츠의 논리 학 체계는 칼 듀르의 삼단논법체계에 관한 연구가 이루어진 이래 카우 피, 이시구로, 레셔 등에 의하여 부분적 연구가 계속되었다. 라이프니츠 의 논리학의 대수적 원리에 대한 연구는 렌첸에 의하여 특히 그의 수 체계의 접근에 대한 풍부한 원전비판을 중심으로 이루어지고 있다. 루 카시에비치 등에 의해 시도된 아리스토텔레스의 삼단논법의 공리화가 라이프니츠의 산술적 체계 안에서도 통용될 수 있다는 생각은 종전에는 실패한 이론으로 여겨져 왔는데, 근자에는 라이프니츠가 아리스토텔레 스의 삼단논법 체계를 완전히 산술적으로 해석하려는 근본시도가 정당 하고 입증될 수 있다는 연구가 이어지고 있다. 하지만 이러한 시도에서 도 역과 이진법의 연관에 관한 본격적 연구는 시도되지 않고 있다. 진 리의 유용성을 두고 발전하는 철학은 그 나름대로 시대의 요구와 필요 성에 의한 것이다. 실용주의가 그 예이지만, 인류가 그때그때마다, 감추 어진 진실을 들추어내고 그로 인하여 인류가 지금까지 살아오면서 새로 운 지식의 길을 열어갈 수 있다면 이를 이루어내는 것은 인간의 노력과 땀이다.

라이프니츠는 곧 0과 1에 의한 무와 존재에 대한 과학을 다룸에 있어서 역의 상징체계에서도 그에 대한 해답을 추구하였다는 사실을 알았다. 하지만 당대의 많은 중국인들은 그 유용성을 잊고 있다고 진단하였다. 말하자면 17-18세기 당시 서양의 수학과 과학은 많은 점에서 동양을 크게 앞질렀지만 동양인은 서양에 못지않은 잠재력이 있었다. 그럼에도 동양인들은 자신들의 학문에서 새로운 발견과 발명을 향한 지적, 정신적 자산을 잊어버렸다는 것이다. 수학사에서도 불편한 뉴턴의 수학기호를 사용한 영국의 수학이 라이프니츠의 미적분기호 델타를 이용한 대륙의 수학의 비해 크게 뒤떨어져 발전하였다. 이 사실을 보더라도, 학문의 발전에 중요한 계기는 편리한 사고법을 익히고 개발하려는 노력에 달려 있다. 17세기의 동아시아 정신세계의 상황은 깨어 있는 서양에 비하여 잠자고 있었지만, 음과 양이라는 두 개의 삶의 원리, 0과 1에 의한 셈은 21세기 동서양 세계의 대중에게 가장 근접하여 있는 철학이요 수학이 되었다. 세계의 구성원리를 이렇게 간단하게 설명할 수 있다면 이런 철학이야말로 경쟁력 있고 오래 살아남는 이론일 것이다. 철학이 오랜 세기를 두고 인류가 타당하다고 여겨지는 진리를 탐구하는 학문이라면 음양에 의한 사물의 이치는 오랫동안 묻혀 있던 진리임에 틀림없다. 덮여 있는 진리이고 사용하지 않아서 널리 많은 사람들에게 공익과 유익을 가져오지 않았다 할지라도 그 가치가 반드시 감소하지는 않는다. 진리의 유용성은 그 나름대로 시대의 요구와 필요성에 의한 것이다.

17세기의 전향점에 당시 유럽학문의 정상을 누리던 학문의 권위기관으로 파리 학술원의 비서관 퐁테네(Le B. de Fontenelle)는 라이프니츠에게 논문 청탁을 하였다. 라이프니츠는 파리 학술원이 제안한 3가지 주제 가운데 하나를 선택하였는데 그것이 역과 이진법에 관한 비교연구였다. 라이프니츠가 선택한 이 주제는 자기 사상의 내적인 요인과도 밀접하게 관련을 갖지만 외적인 원인에 의하여 생긴 것이기도 하였다. 라이프니츠는 파리 시절에 이미 이진법을 수학의 계산법으로 취급하였지만 처음부터 이진법을 유일한 수단으로 여기지는 않았으며 12진법 혹은 4진법으로의 환원에도 많은 관심을 가졌다. 라이프니츠는 4계절이나 방위 역시 그러하고, 자신의 스승인 수학자 바이겔의 뒤를 따라 이 원리를 고수하려고 하였기 때문에 4진법의 수리모델을 적극적으로 검토한 적도 있었다. 하지만 간편함 때문에 이진법을 고안하여 사용하게 되었다고 말한다.[6] 라이프니츠는 이진법의 방법에 의하여 주역의 수리체계를 접근하고 해석하는 데 적극적이었고 특히 이진법을 통한 형이상학 체계의 구상과 완성에 전력을 다하였다. 라이프니츠는 이진법의 방법으로 음계에 관한 음악이론에 획기적인 발전을 가져올 수 있고 그리스 수학에서 수수께끼로 여겨온 디오판투스(Diophantus) 미지의 방정식 문제를 해결할 수 있을 것으로 기대하였다. 무엇보다 0과 1에 의한 이진법의 수의 증식체계를 옹호하였던 라이프니츠는 이 수의 사용에 대한 형이상학

---

[6] 이진법의 첫 발견자는 토머스 해리엇(Thomas Hariot, 1560-1621)이다. 그 다음은 네피어(J. Napier, 1550-1617)가 처음으로 *Arithmetica localis*를 출간하여 발표하였다. 네피어는 *Rabdologiae seu Numerationis per Virgulas Libri duo*에서 다음과 같은 방식으로 수열을 전개하였다.

1	2	3	4	5	6	7	8	9	10	11	12	13
a	b	c	d	e	f	g	h	i	j	k	l	m
1	2	4	8	16	32	64	128	256	512	1024	2048	4096
2^{n-1}	2^{n-2}	2^{n-3}	2^{n-4}	2^{n-5}	2^{n-6}	2^{n-7}	2^{n-8}	2^{n-9}	2^{n-10}	2^{n-11}	2^{n-12}	2^{n-13}

여기서 밑수 2를 주목하여야 한다. 라이프니츠는 2^{n-1}을 numeri fictitii 라고 불렀다.

적 의미로서 0은 '없는 것(無)'이고 1은 '있는 것(有)'으로 새긴다. 전자는 존재성의 부정적인 속성을 부과하여 존재의 결핍의 속성을 드러내는 '없는 것'이고, 후자는 존재성의 적극적인 속성이 부과되는 '있는 것'으로 간주하였다. 라이프니츠는 어느 누구에게나 이성적으로 통용 가능한 공통양식 내지 양식의 전제하에 동서존재론의 토대를 놓을 수 있다고 보았다. 그렇기 때문에, 동서존재론의 최종근거로서 회귀적 인식이 가능한 음양, 0, 1, 그리고 무, 유라는 논리적, 형이상학적 요청을 폭넓게 받아들였다. 음양은 사상을 낳고 사상은 다시 팔괘를 형성하며 이 팔괘를 기초로 64괘에 의하여 우주의 질서의 생성과 완성 과정을 나타낼 때, 그 근본은 음과 양이라는 이진질서에 기초한다.

현대 논리학에서도 하나의 기호의 진리값은 참과 거짓, 혹은 0과 1이라는 부호로 나타낼 수 있으며, 각 거짓과 참에 대한 0과 1의 부호는 음과 양에 해당되는 가치체계로 변환될 수 있다. 여기서 하나의 존재론의 발전은 수많은 인간의 지식을 하나의 표준형식으로 나르는 상호협력과정으로 생겨날 수 있다. 라이프니츠의 보편기호 프로그램은 상징 내지 기호를 통한 사유체계로 누구에게나 가능한 일반과학으로 발전시켜 나가는 방법이다. 보편기호의 사유체계의 프로그램 안에서 인간의 사유는 거의 자동적으로 진행된다. 신조차도 그가 계산함으로써 이 세계가 생기는 마당에, 인간의 사유는 신이 정한 자연질서의 이치를 따라간다. 라이프니츠가 철학적으로 논증한 모나드 지각상태는 괴델 명제같이 주어진 체계에서 가부번수(加附番數, enumerable number)나 기호에 코드를 부여하는 것이나 혹은 모리스 부호체계 혹은 우주 삼라만상의 모든 비밀을 괘상으로 풀이하려고 한 복희씨의 시도에서도 흡사하게 나타날 수 있다. 이진법과 주역의 수리 논리적 기초는 보편기호의 프로그램에 의한 일반과학 안에서 정초될 수 있다.

라이프니츠는 현대 수학적 논리학의 비조로서 직접적인 학파는 없었지만 현대 논리학의 탄생기의 뛰어난 논리학자의 영감과 지적인 능력을 자극하였다. 현대 명제논리학의 계보의 역사적 배경은 라이프니츠가 제시한 이진법의 형이상학적 원리의 근본구상과 멀리 떨어져 있지 않다. 대부분의 많은 현대 논리학자들은 자신의 사유의 논리적 방법이 라이프니츠로부터 온다는 점을 시인한다. 19세기에 불은 이러한 이진법을 그의 대수논리에 적용하여 '무'와 '우주'라는 형이상학의 축을 이루는 명제논리학의 세계를 열었다. 그에게서 순수하게 0과 1의 조작에 의한 명제논리의 계산체계는 현대 이산수학에 가감 없이 적용되고 있다. 0과 1의 불의 이진법 대수원리는 오늘날 전자공학에서 논리회로가 고안하고 설계하는 데 이용된다. 이진법에 기초한 수학적 논리회로를 갖춘 컴퓨터가 생겨남으로써 디지털 시대가 열렸다. 수학자에게는 0과 1이지만 공학자에게는 음과 양의 전하로도 여길 수 있는 물리적 양이다. 이진체계의 상징적 가치는 컴퓨터라는 기계적인 설비에서 새로운 정보혁명 시대를 열었다. 현대 논리원자론자 비트겐슈타인은 모두 16가지 원소명제로 결합된 명제논리체계를 만들어 보임으로써 이산수학의 원리를 철학적으로 제시하였다. 비트겐슈타인의 16가지 명제계산논리체계는 오늘날 이산수학에서 논리회로 설계에 체계적으로 적용되고 있다. 명제계산논리체계는 이미 스토아 시대에 본질적인 환상을 보였지만 근데에 라이프니츠에 의한 이진법과 결합되고 비트겐슈타인의 명제체계에 와서는 컴퓨터 발전의 기초를 이루게 되었다. 라이프니츠의 이진법과 주역의 상징의 수리적 구조와의 연관관계 해명은 계속 연구가 진행되고 있지만,7) 오늘날 컴퓨터에 의한 디지털 문명을 이해하는 데 중요한 실마리를 이룬다.

라이프니츠는 이진법을 고안하면서 이미 동양의 주역의 언어 또한 이런 진리근거의 요건을 갖춘 정교한 그림이론이라는 점을 간파하고 있었다. 이러한 그림이론을 지배하는 언어는 오늘날 컴퓨터 프로그램 언어와 같다. 동서양을 막론하고 비가 오거나 해가 나거나 바람이 부는 등의 동일한 자연현상에 대한 그림의 진리의 백그라운드가 세계의 기원에 관한 역의 상징체계와 관련이 있다. 오늘날 현대세계는 동서양 모두 이진법의 '0'과 '1' 그리고 '음(陰)'과 '양(陽)'이라는 세계의 기원에서 생겨나고 있으며, 그 근본배경에는 라이프니츠의 이진법과 역의 이가 상징체계가 자리잡고 있다. 나날이 좁아지고 가까워져 가는 공간적인 축소와 어느 곳에서라도 동시에 있다고 할 수 있는 한 순간의 세계시간에 영원의 철학이 있다. 라이프니츠, 프레게, 비트겐슈타인의 철학은 세계의 기원에 대한 진리배경, 현상에 대한 역의 구성원리로 영원의 철학에 접근하였다. 과학의 현상이 그림이 되는 진리배경으로서 이진법 및 이가원리는 역의 상징논리와 동일한 진리배경을

---

7) 이진법과 역의 연관을 규명하기 위한 연구로 고라이 긴조, 니덤은 자신의 저술에서 동양사상과 서양사상의 일치점에 관하여 광범위한 논의를 전개하였다. 니덤은 나아가 라이프니츠가 전개한 동서사유의 대화의 담론을 동양사상이 서양사상에 영향을 주게 되는 사건으로 기록하고 있다. 그러나 이 부분에 관하여서는 근자로 들어오면서 그렇게 보는 학자들은 거의 없다. 현재 Hans J. Zacher, Claudia von Collani, Rita Widmaier, Hans Heinz Holz, Daniel J. Cook, Henry Rosemont, David E. Mungello 등은 이 분야에 천착하여 온 서양학자들이고, 동양인으로서 서양 대학에서 이 분야에 관심을 갖고 활동하고 연구해 온 학자들로는 Chung-ying Cheng, Wing-Cheul Chan, Weng Chao Li 등이 있다. 우리나라 학자로는 안종수, 박상환 등이 있다.

갖는다. 이러한 추론이론을 바탕으로 오늘날 동서양의 동일한 형이상학적 기반이 생겨났다. 우리가 살고 있는 지구가 하나의 자석과도 같아서 남북을 축으로 돌게 됨으로써 자장이 생기고, 태양 주위로 돌다가 그림자가 생겨서 낮과 밤이 오는 것도 이러한 형이상학의 기반에서 나온다. 대부분 일상세계에서 만나는 명제의 외연적 가치체계는 컴퓨터 이산수학에서 적용하는 전기회로와 일치한다. 이가원리에 대한 철학적 함의로서 이산수학(離散數學, Discrete Mathematics)에서 논리회로는 엄밀하게 입력과 출력의 두 개의 문(門)만 있다. 임의의 불 함수는 일정한 입력변수에 의하여 연산의 합성을 이룬다. 모든 진리 가능성들의 조합회로란, 가장 기본적인 스위치의 키고 끄기 전류의 개폐 그리고 자석의 남극과 북극의 구분과 같은 길에서 만들어진다.8) 전기를 차단하면 전류는 흐르지 않으며, 상류 댐의 물의 공급을 조절하면 하류의 범람을 막을 수 있듯이, 논리회로언어의 작동원리도 0과 1의 상징의 조작에서 온다.

라이프니츠는 보편기호언어를 어떤 고정된 경계의 집합의 도그마를 뚫고 나오는 정보전망을 주는 수단으로서 컴퓨터 회로를 지배하는 언어처럼 여겼다. 정보전망이란 인간의 인지과정에 더 고등한 지성으로 하여금 주변경계를 넘어서 더 넓은 광대한 땅에 근접하게 인도해 가는 시야를 의미한다. 인간의 인지과정은 물질의 가분성의 고정된 경계의 해체로 더 높은 지성으로 근접하여 간다. 상위 지성은 인종의 미래 지성을 개선하고, 더 멀고 넓은

---

8) L. Wittgenstein, 『논리철학논고』, 6.36311. 비트겐슈타인은 이미 '논리공간'을 명제의 남북양극이론으로 그 해결책을 제시하였다. 그러면서도 비트겐슈타인은 '내일 해가 뜰 것이다'는 것은 하나의 가설이며, 그것이 떠오르는지 어떤지는 알 수 없다고 한다.

경계로 확장되어 간다. 이러한 정보전망은 유기적 기계나 비유기적 기계 사이의 구분을 넘나드는 무한지성의 요구로 나타난다.

폰 노이만은 첫 번째 컴퓨터를 제작할 때 라이프니츠의 보편기호이론을 적용하였다. 논리학은 자연언어에 있는 논의에 대하여 전기 스위치 회로에 동등하게 공급될 수 있는 상징들의 네트워크이다. 보편기호언어이론은 질료적인 내용과, 일상 담론의 언급, 단어들, 문자들로부터는 거리가 먼 하나의 가공언어로 구성된다. 거기서 추론이란 하나의 계산으로서 사인의 결합 이외에 다름 아니다. 끊임없는 계산으로 의미 지시자와 의미된 지시체 사이의 거리를 삭제해 나감으로써, 상징과 의미의 간극이 없어지며, 의미 공간은 사고와 언어와 그리고 표현된 사물 사이에 통하고 있다. 컴퓨터의 가상공간은 실재의 감각을 검토하는 도구로서 형이상학의 실험실과 같다. 라이프니츠의 보편기호언어에 의한 상징논리학은 불, 러셀, 폰 노이만 등에 의해 발전되어 나중에는 전기 스위치 회로에 적용되었다. 천둥은 번개를 통하여 알려지며 구름은 비를 수반하고 비바람은 때로는 태풍을 몰고 오는 곳은 자연의 회로이다. 하지만 라이프니츠의 이진법에 의한 전기가 통하는 보편언어의 세계는 과학과 문명을 일구어간다. 생각이 도달하는 곳은 보편언어가 통용되는 세계로서, 여기서 참된 존재와 언어는 문맥과 상황에 따라 만들어지고 생겨난다.

라이프니츠는 우주창조의 비밀을 해명하는 도구로서 사진법과 이진법을 창안하였고 컴퓨터도 만들었다.9) 라이프니츠는 1703년

---

9) 13세기경 중세 유럽에 아랍의 수학이 전래된 이래 이미 룰루스는 조합법에 의하여 인간의 사고를 결합하고 조합하는 기계를 만들었고, 르네상스에는 다 빈치가 처음으로 계산기를 설계하였으며, 근대에는 1617년 쉬카르드와 케플러(Schickard-Kepler)가 공동으로 사칙연산모델을 갖춘 계산기를 개발하였다. 또한 1642년 파스칼의 덧셈과 뺄셈 모델, 1672년

유럽의 최고 학문기관인 파리 학술원에 이진법으로 주역의 원리를 해명하려고 시도한 논문을 제출하였으며, 또한 17세기 과학의 기초지식과 배경지식이 이진법과 역의 수리구성에 있다는 점을 최초로 인식하고 있었던 철학자였다.

3. 이진법과 음양의 논리철학

인간은 외적인 사물과 소통하는 도구로서 손과 발을 사용한다. 인간이 합리적인 한에서는, 손과 발이 하는 모든 의식을 이미 자기 자신 안에 두고 있다. 이러한 자기의식의 사유의 기초는 가장 단순한 산술적 요소로서 0과 1로부터 출발한다. 라이프니츠는 십진법을 포함한 모든 자연수의 셈법의 이진법 환원은 장차 인류 사유와 문명의 발전에 지대한 변화를 가져오리라고 확신하고 있었다. 0과 1은 옳고 그름, 맞고 틀림 등의 문제에서 인간의 자의식의 최후의 인식론적 거점으로도 작용한다. 형이상학적으로 0은 아무것도 아닌 것이고, 1은 아무것도 아닌 것이 아닌 어떤 것이다. 수리적으로 이 두 요소가 합하여 모든 만물을 만들어간다. 0과 1은 사물의 수리적 구성원리로서 만물의 생성과정을 설명한다. 음과 양의 성질을 자연현상에 그대로 대입하여 관찰하면, 어두운 밤이 가면 다시 밝은 아침이 온다. 이러한 낮(晝)과 밤(夜)의 반복이 이어져 일주일을 만든다. 음과 양은 추상적으로 밝음(明)과 어두움(暗), 남자와 여자, 기타 등등의 대상에 속성에 적용

라이프니츠의 사칙연산모델이 있다. 이 가운데 오늘날까지 전해 오는 것은 기어와 톱니바퀴에 의한 수동식 작동방식으로 사칙연산을 수행하였던 라이프니츠 계산기뿐이다. 폰 노이만이 구상하고 발전시킨 컴퓨터의 원형은 곧바로 라이프니츠 모델로 알려져 있다.

된다.10) 철학자는 이러한 진리를 아는 사람이며, 라이프니츠에서 프레게 그리고 비트겐슈타인에 이르는 서양의 위대한 수학적 논리학자, 철학자들은 이러한 사유법을 익숙하게 알고 이에 대한 철학적, 논리적 의의를 해명하는 데 많은 노력을 기울였다.

이진법의 창안과 역의 발견, 그리고 역의 수리질서의 재발견의 상호역사적 관련성은 현재의 동서의 사유전통에 희망과 자긍심을 갖게 한다. 이진법과 역의 상호연관성의 테제는 과거의 사유전통으로부터 새로운 미래과학의 지평을 열어갈 수 있는 지식기반이 어디에 있는지에 대한 시각을 열어준다.11) 이진법과 역이 엮어내

---

10) Shi Zhonglian은 라이프니츠의 이진법 체계와 소강절에서 제시된 수 체계는 10진법에 기초하고, 수 체계의 전개가 이진법에 의존하지 아니하며, 0과 1은 - --에 대하여 동일하게 취급될 수 없고, - --은 양과 음의 철학적 관념에 일치하고, 근접 상징들인 오직 반대의 관련에서만 1과 0에 상응하고, 또한 홀수와 짝수를 나타내므로 유사성을 갖지 않는다고 주장하였다. 그러나 그의 주장은 잘못 설명하고 있을 뿐만 아니라 논거가 빈약하고 충분하지 못하다. 반면에 수학적 배경을 갖고 중국학에 대한 지식을 겸비한 자허(Zacher)의 연구는 이 분야에 가장 정확한 정보를 제공한다. 그러나 그는 부베와 라이프니츠 사이의 의견교환을 떠난 라이프니츠 사상체계에 대한 전체연관에 관한 정곡을 찌르지 못하고 있다. Shi Zhonglian, *Leibniz's Binary System and hao Yong's Xiantian Tu*, in: *Das Neueste über China, G. W. Leibnizens Novissima Sinica von 1697*, hrsg. von W. Li/H. Poser, Stuttgart, 2000, SS.165-169 참조.

11) 라이프니츠의 이진법과 역에 창조신학의 입장에서 접근하는 연구자는 먼젤로(Mungello), 쿡(Daniel J. Cook) 그리고 로즈몬트(Rosemont)이다. 독일철학의 고전적 전통과 연관에서 역을 규명하는 작업은 한스 하인츠 홀츠(Hans Heinz Holz)가 뛰어나며, 중국학을 기본으로 하면서도 중국에서의 선교회 활동과 문화교류 및 회화주의(Figurism)에 관해 연구한 사람으로는 클라우디아 폰 콜라니(Claudia von Collani), 리타 비드마이어(Rita Widmaier)가 있다. 포저(H. Poser)는 17-18세기 청대에 신유학의 전통이 학문적 정착화 과정에서 라이프니츠의 중국학 관심과 연관을 맺게 된 경위에 대한 체계적 관심을 갖고 있다. 기요시 사카이(Kiyoshi

는 세계에, 인간이 인간에 대하여 최종적으로 희망이고 미래가 되는 세계화의 지식기반이 있다.

라이프니츠는 1679년 『이진수의 증식(De progressione Dyadica)』에서 이진법 연구를 시작하였지만, 대부분의 이진법 연구는 실제 1672-1676년 파리 체류 시절에 완성되었다. 수학자 요한 베르누이는 라이프니츠가 대학시절에 예나 대학에서 바이겔의 강좌를 들으면서 수학에 대한 관심을 키웠으므로 그의 이진법과 바이겔의 4진법은 근본적인 차이가 없다고 주장하였다.[12] 이 점에서 라이프니츠의 이진법 연구는 이미 대학시절부터 시작되었을 것이라고 추정할 수 있다. 라이프니츠의 이진법 연구는 이미 1679년 논문에서 거의 이론적인 완성단계에 있었지만, 이진법과 역의 수리적 구성에 관한 유사성에 관한 연구결과는 라이프니츠가 그리말디를 만나면서 본격화된다. 라이프니츠는 그에게 보내는 1696년 서한과 그 이후 파리 학술원으로 보낸 논문과 부베와의 서신 교환에서 이진법에 의한 역의 구성원리에 관한 수차례의 시론을 펼친 바 있다.

라이프니츠 이전에 이진법을 발견한 사람은 해리엇(T. Hariot)이다. 물론 해리엇 이전에도 네피어(J. Napier)가 밑수를 2로 하는 로그 계산법을 발견함으로써 계산체계의 혁신을 가져왔다. 네피어 계산체계는 모든 계산하는 수를 일정한 자리로 옮김으로써 일정한 값을 매기는 방식이다. 이 계산하는 수는 일정한 방식에

Sakai)는 일본인의 관점에서, Hao Liuxiang, Wing Cheuk Chan, Adrian Hsia는 중국인의 관점에서 라이프니츠와 동양사상의 비교연구를 수행하고 있다.

12) H. J. Zacher, *Die Hauptschriften zur Dyadik von G. W. Leibniz, Ein Beitrag zur Geschichte des binären Zahlensystems*, Frankfurt am Main, 1973, S.15.

서 자릿수를 갖는다.[13] 가령 아래의 도식에서 보듯 자연수를 배열한 이들의 수열은 2^n으로 나타낼 수 있다. 이러한 자연수의 배열에 상응하는 자연수의 자리 값은 문자로 표기될 수 있다.

자연수	1	2	3	4	5	6	7	8	9	10	11	12	13
2^n의 값	1	2	4	8	16	32	64	128	256	512	1024	2048	4096
자릿수	a	b	c	d	e	f	g	h	i	k	l	m	n

1611라는 자연수를 순전히 자릿수로 나타내려면 다음의 절차를 거친다. $1024 + 512 + 64 + 8 + 2 + 1$ = lkgdba.

만약 acdeh = 157과 bcfgh = 230을 더하려면 abccdefghh가 된다. 여기서 abccdefghh = $1 + 2 + 4 + 4 + 8 + 16 + 32 + 64 + 128 + 128$이다. 그런데 abccdefghh라는 자릿수는 다시 abhi = 387로 표기하였다. abhi라는 표기는 같은 문자가 두 번 나타나면 그 문자는 사라지고 다음 자리에 더 높은 문자를 넘겨준 결과이다. cc에서 다음으로 높은 d를 낳고, 다음 자리의 d 역시 같은 문자를 받아서 자신의 자리의 문자는 사라지고 다음 e와 f와 g를 거쳐서 hhh에 이른다. hhh에서 hh는 사라지고 다음 자리에 i를 낳으므로 abhi가 된다. 네피어는 이러한 자릿수의 계산절차를 구슬을 구멍에 떨어뜨리는 방법으로 계산하였다. 만약 두 개 혹은 더 많은 구슬들이 한 자리에 모여 있으면, 두 개가 동시에 빠지고, 그 중 하나는 다음 자리로 넘어가야 한다. 이 계산기에는 차단기가 있어서 이양과정에 두 개보다 많거나 혹은 적은 구슬이 한 자리에 빠

---

13) 이를 자릿수의 가치라고 하는데, numeri locais, numeri literales 혹은 literae locales라고도 부른다.

A	B	C	D	E	F	G	H	I	K	L	M
aaaaa	aaaab	aaaba	aaabb	aabaa	aabab	aabba	aabbb	abaaa	abaab	ababa	ababb

N	O	P	Q	R	S	T	V	W	X	Y	Z
abbaa	abbab	abbba	abbbb	baaaa	baaab	baaba	baabb	babaa	babab	babba	babbb

지는 것을 막음으로써 덧셈과 뺄셈의 과정을 통제하였다. 이와 같은 수 체계는 무게통제에 필요한 계산방법으로 이용되고 있었다.

문자를 수로 대신하여 나타내는 방법은 베이컨(F. Bacon, 1561-1626)도 사용하였다. 베이컨은 모든 알파벳 문자를 첫 번째 두 알파벳 a와 b만을 사용하는 이진문자체계를 개발함으로써 0과 1로 제시되는 이진수체계 발전에 중요한 기여를 하였다.

라이프니츠는 이진법을 '무로부터의 세계창조' 개념에 적용하여 형이상학의 체계구축에 사용하였다. 아주 하찮은 생각이긴 하지만 라이프니츠는 이진체계를 0을 무로 해석하고 나중에 하나이면서 통일을 의미하는 모나드 체계에 적용하였다. 모나드 체계에는 0과 1을 통한 '지속적인 세계창조(crèation continuelle)'라는 진리가 포함되어 있다. 라이프니츠는 0과 1을 단순한 수의 질서로만 파악하지 않고 그 심층배경에는 기독교 신학과 철학의 진리의 기초가 있다고 본 것이다. 즉 위대한 진리는 복잡하고 어려운 것이 아니라 아주 간단하여야 한다. 라이프니츠는 모나드 형이상학 체계의 궁극근거(Ultima Ratio)를 이진법에 놓고 이 체계에서는 0과 1은 필연적 유로서 0과 1 이외에는 다른 것이 없다고 보았다.[14] 모나드 체계에서는 세계창조의 상을 이진법으로 도출하고 있었던 것이 아니라, 거꾸로 꾸준하게 자신의 철학체계의 설명을 위하여 이진수 체계를 끌어들이고 있었다.15)

동양에서는 복희씨가 음양의 원리에 따라 8괘(卦)를 만들어 역에 의한 문명이 시작되었는데,16) 주나라 문왕은 복희씨의 8괘를 바탕으로 64괘와 괘사(卦辭)를 만들었다. 그러자 문왕의 아들인 주공이 효사(爻辭)를 만들고 공자(公子)가 10익(翼)을 만들어 주역이 생겨났다.17) 동양문명의 시발점이 역에 있었으며, 역은 그 첫 원리로 근원적인 시발에는 태극이 있었고, 태극에서 음과 양이 나온다. 이 태극이 낳은 음약을 일컬어 양의라고 부르며, 이 양의는 사상을 낳고 사상은 다시 팔괘를 낳는다(易有太極 兩儀生四象 四象生八卦). 여기서 무극(無極)에서 태극(太極)이 생기고 그 둘이 서로 사귀는 가운데 만물이 생겨난다. 양의란 양(陽)과 음(陰)의 구분을 말하며, 사상은 노음(老陰, 太陰) 소양(少陽), 소음(少陰) 그리고 노양(老陽, 太陽)의 순서로 진행된다. 여기까지는 역의 근원이 지구가 남북을 축으로 태양을 중심으로 자전하고 공전하는 가운데 낮과 밤이 생기고 사계절이 발생하는 이유를 자연스럽게 설명하는 것과 같다. 태극에서 음양이 생기는 변화를

---

14) 필연적 유(ens necessarium)는 『성경』의 「누가복음」 10장 41절, 「마가복음」 12장 29절에서 인용되곤 하였다.

15) H. J. Zacher, *Die Hauptschriften zur Dyadik von G. W. Leibniz, Ein Beitrag zur Geschichte des binären Zahlensystems*, S.39.

16) 서양음계에서 도레미파솔라시도로 순환하고 또 월화수목금토일월로 순환하는지에 대한 질문도 8괘의 순환성을 설명하는 데 도움을 줄 수 있다.

17) 주역을 해석하는 학파로서 상수학파(象數學派)와 의리학파(義理學派)가 있다. 주역에는 간단하고 쉽다는 간역(簡易), 사물은 변화한다는 변역(變易) 그리고 원리는 변하지 않는다는 불역(不易)이라는 뜻을 담고 있다고 한다. 주역의 대수체계로는 생수(生數)라고 하여 1, 2, 3, 4, 5 그 다음 성수(成數)라는 6, 7, 8, 9, 10에 이르는 10진법 체계가 전해 온다.

일변(一變), 음양에서 사상으로 변화하는 것은 이변(二變) 그리고 사상에서 팔괘가 생기는 변화는 삼변(三變)이라고 한다. 삼변에 등장하는 팔괘는 동서남북과 중앙을 가리키는 공간개념이 등장한다. 순전하게 역의 변화를 본다면, 시간이 먼저 시작된 다음 공간이 생겨나는 것이라 할 수 있다. 팔괘를 상하로 쌓아놓아서 만든 64괘가 곧 역의 상징체계이다.

64괘(卦)는 팔괘의 각 부분을 상하(上下)로 모두 6자리 괘로 쌓아 이루어졌다. 하나의 괘는 모두 음양의 부호를 나타내는 6가지 획의 효(爻)를 갖는다. 64괘에는 모두 64 × 6 = 384 효가 모여 있다. 위에 놓이는 괘는 외괘(外卦) 혹은 상괘(上卦)라 하고, 아래에 놓이는 괘는 내괘(內卦) 혹은 하괘(下卦)라고 부른다. 하나의 완성된 괘는 두 개가 겹쳐 있다고 하여 중괘(重卦)라고 부른

[역의 변화와 팔괘 및 공간개념 도출의 변화도]

방위	남 (南)	남서 (南西)	서 (西)	북서 (北西)	남동 (南東)	동 (東)	북동 (北東)	북 (北)
팔괘	판곤지 (八坤地)	칠간산 (七艮山)	육감수 (六坎水)	오손풍 (五巽風)	사진뢰 (四震雷)	삼리화 (三離火)	이태택 (二兌澤)	일건천 (一乾天)
삼변	☷(000)	☶(001)	☵(010)	☴(011)	☳(100)	☲(101)	☱(110)	☰(111)
사상	태음		소양		소음		태양	
이변	⚏ (00)		⚎ (01)		⚍ (10)		⚌ (11)	
양의	음				양			
일변	-- (0)				— (1)			
태극	태극							
태초	무극							

다. 따라서 각 64괘는 하나의 독립적인 중괘이다. 하나의 완성된 괘는 3개의 효가 2개 합하여 6개의 효로 이루어진다. 이때 3개로 이루어진 효를 소성괘(小成卦)라고 하고, 소성괘가 둘이면 대성괘가 된다.

각 괘는 밑에서부터 위로 올라가면서 초효(1효), 2효, 3효, 4효, 5효 그리고 상효(6효)라고 부른다. 그리고 주역에 괘효를 읽는 법으로는, 초효와 4효, 2효와 5효, 그리고 3효와 상효에는 응비(應比), 초효와 2효, 4효와 5효, 그리고 5효와 상효에는 둔비(屯比)라는 비례로 읽는다고 한다. 특히 4효와 5효에는 승효(承爻)가 성립한다고 하며, 초효와 2효 그리고 5효와 상효에는 승효(乘爻)가 있다고 한다. 예를 들어 아래의 효에는 다음과 같은 비례가 있다.

상징	명칭	응비(應比)	둔비(屯比)	승효(承爻)	승효(乘爻)
--	상효/6효	1) 초효와 4효	1) 초효와 2효	1) 4효와 5효	1) 초효와 2효
—	5효	2) 2효와 5효	2) 4효와 5효		2) 5효와 상효
--	4효	3) 3효와 상효	3) 5효와 상효		
--	3효				
--	2효				
—	초효/1효				

대부분의 역의 상은 수시로 변한다. 그렇기 때문에 중괘로 쌓아진 형태에는 다양한 해석방식이 있다. 가장 먼저 음과 양의 효가 어떻게 조화를 이루느냐에 따라 음과 양의 효가 올바른 위치에 놓여 서로 조화롭게 상응하는 효이면 정응(正應), 둘 다 양 또는 음일 경우는 불응(不應)한다고 하였다. 그리고 만약 이웃하고

있는 효가 음양이면 비(比)라고 하였다.

위의 초효와 4효, 3효와 5효는 각각 음과 양으로 대응하는 비례에 있으므로 정응(正應)이라고 하였고 2효와 5효는 서로가 같은 효를 갖고 있으므로 적응(敵應)이라고 한다. 나아가 초효와 2효는 양에서 음으로 올라탄다는 승(乘)이라고 불렀으며, 4효와 5효는 음에서 양으로 받아들인다는 승(承), 그리고 5효와 상효는 역시 양에서 음으로 가는 승(乘)의 비(比)라고 불렀다.

일단 성립된 역에는 다음과 같은 3가지 변화하는 형태가 있다.

교역(交易)		변역(變易)		호역(互易)	
--	—	—	--	--	—
--	—	—	--	—	--
--	—	—	--	--	—
—	--	—	--	—	--
—	--	—	--	—	--
—	--	—	--	—	--

흔히들 봉변(逢變)을 당했다든지 능변(能變)이 있었다는 것도 주역의 흐름을 잘 아는 경우에 부합되는 말이다.

라이프니츠가 이진법의 수열을 역의 수리구조에 맞게 구성하려고 하였던 시도는 1695년 5월 17일 볼펜뷰텔에서 작성한 「1과 0을 통한 모든 수의 놀라운 표현(Mira numerorum omnium expressio per 1 et 0)」이라는 라틴어 소논문에서 등장한다. 그 다음날인 5월 18일에는 「1과 0으로부터 오는 모든 수의 놀라운 근원(Wunderbarer Ursprung aller Zahlen aus 1 und 0)」이라는 독일

								←상괘 하괘↓
☷	☶	☵	☴	☳	☲	☱	☰	☷
☷	☶	☵	☴	☳	☲	☱	☰	☶
☷	☶	☵	☴	☳	☲	☱	☰	☵
☷	☶	☵	☴	☳	☲	☱	☰	☴
☷	☶	☵	☴	☳	☲	☱	☰	☳
☷	☶	☵	☴	☳	☲	☱	☰	☲
☷	☶	☵	☴	☳	☲	☱	☰	☱
☷	☶	☵	☴	☳	☲	☱	☰	☰

어 논문에서 창조의 비밀은 만물이 신으로부터 생겨났고, 그리고 그 외의 것은 무에서 나온 것이라고 논의한다. 유일하게 필연적 유(Ens Necessaium)는 1과 0인데, 라이프니츠는 10진법과 4진법을 예로 이진법 구성을 설명하고 있다. 셈의 근본기능은 셈을 이어 나가는 것이다. 10진법은 0, 1, 2, 3, 4, 5, 6, 7, 8, 9에서 다음을 셀 때 1과 0을 넣어 10이라 한다. 4진법의 경우에는 0, 1, 2, 3, 다음의 셈에는 다시 시작하기 위하여 4 대신 10을 넣는다. 이후 라이프니츠는 1697년 2월 볼펜뷰텔에서 루돌프 아우구스트 공작에서 보낸 신년하례 연하장[18])에서 무로부터 신에 의한 만물

---

18) G. W. Leibniz, *Zwei Briefe über das binäre Zahlensystem und die*

의 창조의 상을 새긴 메달을 선물한다. 이 서한에는 이진법의 수체계에 의한 세계창조원리를 공개적으로 표명하고, 세계창조의 원리를 아주 간단명료한 원칙에 의하여 알아볼 수 있는 하나의 메달을 도안하여 만드는 계획안을 담고 있다.

형이상학의 원리로서 세계는 전적으로 무로부터 창조되었다. 이런 창조의 형상은 0과 1의 수만으로 표현이 된다. 그렇게 표현되는 세계의 상이 창조의 상(imago creationis)이다. 신은 무로부터 모든 것을 창조하였고, 그가 창조하였던 모든 것은 있는 그대로 좋게 만들었다. 라이프니츠는 이 표현을 "무로부터 도출된 모든 것은 1로 충분하다(Omnibus ex nihilo ducendis sufficit unum)."로 적고 있다. "무로부터 도출되는 모든 것은 1로 충분하다."는 글씨를 새긴 은화에 이진법의 증식을 형이상학적 방법으로 설명하고 있다. 이 메달의 상단에는 1과 0을 각각 'Unum'과 'Nihil'에 대응시키고 무로부터의 세계창조의 개념을 설명하고 있다. 이 메달에는 세계창조이론으로서 빛과 빛에 대비되는 어두움, 즉 밝음과 어두움에 묘사되어 있다. 어두움이 드리운 가운데, 신의 정신은 물 위에 부유하고, 신이 말하기를, 빛이 되어라 하니, 빛이 되었다는 것이다.[19] 이 메달에는 다음과 같은 이진수의 배열을 담고 있다.

---

chinesische Philosophie, Aus dem Urtext neu ediert, übersetzt und kommentiert von R. Loosen & F. Vonessen, mit einem Nachwort von J. Gebser, Belser-Press MCMLXVIII, SS.19-23.

19) Atque haec est origorerum ex Deo et nihili; positivo et privatio; perfectione et imperfectione; valore et limitibus, actio et passivo; forma(i.e., entelechia, nisw, vigore) et materia; sed mole per se torpente, nisi quod resistentiam habet.

이진수	자연수	이진수	자연수
0	0	1000	8
1	1	1001	9
10	2	1010	10
11	3	1011	11
100	4	1100	12
101	5	1101	13
110	6	1110	14
111	7	1111	15
10000		16	
10001		17 & C	

이 도식을 보면 자연수로서 1, 2, 3에서 15까지를 이진수 0, 1, 10, 1111로 맞추어 나가고 있다. 마지막 칸은 다시 16이 10000, 17이 10001로 대응하며 전개되어 있다. 주목할 만한 것은 아랍수와 이진수가 비록 0에서 출발하여 15에서 끝나지만 모든 대응 개수는 16개이다.

이 메달의 도안의 변방에는 하나의 다른 제목을 갖는 계산모델이 있다. 그것이 곧 측정할 수 없는 측정의 궤도(Orbis immensi Mensura)와 정신은 측정할 수 없는 것을 파악한다(Mens capit Immensum)는 타이틀이다. 이와 같은 수열은 $1/1 - 1/3 + 1/5 - 1/7 + 1/9 - 1/11 + 1/12 - 1/17 - 1/19$ etc.로서 유명한 라이프니츠의 삼각비로 알려져 있다. $\pi/4$ 비율로 알려진 이러한 삼각비의 발견은 당대의 뛰어난 대부분의 수학자들처럼 일반화된 비율인데,[20] 이러한 수열이 무한하게 진행되기 때문에 인간정신

20) M. Davis, *The Universal Computer. The Road from Leibniz to Turing*,

이 디딜 현실의 지평 역시 어떤 매듭을 필요로 한다. 라이프니츠가 이진수 배열에 문제 삼은 자릿수 역시 무한하게 진행되는 데 의미가 있는 것이 아니라 완결되고 어떤 수렴으로 가져오는 주기를 만든다는 점에서 필요하다. 천문학적 사실은 현실생활에 어떤 주기적 관련을 맺음으로써 어떤 상징적 의미를 획득한다. 캘린더가 도입된 이래, 월, 화, 수, 목, 금, 토, 일이라는 일주일이라는 단위는 무한하게 주어지는 시간의 단위를 주기로 나누어서 하나의 셈을 완결한다는 것을 의미한다. 이러한 주기의 단위는 7개로 되어 있지만 자연수의 증식에서 보면 8에서 새롭게 시작한다. 그래서 주기로서 자릿수의 의미는 라이프니츠는 "신이 계산하면 이 세계가 생겨난다(cum Deus calculat, fit mundus)."라는 구절에서처럼 신에 의한 세계창조는 다음의 순서에 따른다고 상정하였다.

(1) 0과 1의 수로 시작하면, 첫 번째 것은 자연수의 집합을 형성한다.

(2) 이들 각각의 수는 하나의 특별한 기본개념의 표상으로 해석될 수 있다.

(3) 연언과 부정이라는 논리적 결합의 방식에 의하여 더 일반화된 집합이 획득된다.

(4) 개인들에 상응하는 개별개념들은 그 다음 최대한 지속적 개념들로서 정의될 수 있다.

(5) 모든 가능한 개별자들의 집합 가운데에 양립 가능한 관계기 도입된다.

(6) 가능한 세계들은 양립 가능한 짝들의 최대한 모음으로 정의될 수 있다.

New York/London, 2000, p.9.

(7) 실제세계는 아마도 어떤 것은 최상의 것과 관련하여 모든 가능한 세계들의 가장 많은 숫자들에 의한 라이벌의 존재로부터 구분된다.

라이프니츠가 이러한 7가지 규칙에 의하여 이진법에 의한 세계를 설명한 것은 신이 세계를 창조한 일주일의 단위를 따른 것이다. 라이프니츠는 이 서한에서 등장하는 중요한 배경인물로 로마여행 시에 교분을 나눈 바 있는 그리말디 신부를 거명한다.

라이프니츠는 1697년 1월 중순에서 2월에 동일한 내용을 더 자세하게 적어서 그리말디에게 보낸다.[21] 그리말디 신부는 당시 북경의 흠천감 감정으로서 중국으로 돌아가는 길에 고어 섬에서 라이프니츠에게 편지를 한 바 있었다. 라이프니츠는 자신이 여기서 개진한 수에 대한 표상을 그에게 전함으로써 예로부터 중국이 계산기술에서 뛰어나다는 것, 그래서 그리말디의 선행자인 페르비스트(Verbiest, 1623-1688) 신부가 가르친 유럽방식으로 계산하는 법을 통하여 세계창조의 비밀을 깨우쳐 갔으면 하는 바람을 나타내 보이고 있다. 자연에는 아무것도 우연히 일어나는 것은 없을지라도 가장 아름답고 위대한 표현은 신이 무로부터 우주만물의 창조의 상을 도출한 것을 가리키는 데 있다는 것이다.[22]

---

21) G. W. Leibniz, *Leibniz an C. F. Grimaldi*, in: *Leibniz korrespondiert mit China. Der Briefwechsel mit den Chinamissionaren*(1689-1714), Frankfurt am Main, 1990, S.33. 라이프니츠는 이 편지에서 그리말디에게 중국황실의 흠천감 감정(Praedisi Mathematici Tribunalis in Imperio Sinensi)이라는 문구를 분명하게 명시하고 있다. 라이프니츠가 1686년 로마에서 그리말디를 만날 때 중국의 흠천감 감정은 페르비스트였다. 그러나 페르비스트가 죽자 중국 강희황제는 부재중인 그리말디를 후임으로 지명하였기 때문에 라이프니츠는 그 사실을 모르다가 이 편지에서 정식 관직 명칭을 사용하였던 것이다.

[1697년 1-2월 라이프니츠가 그리말디에게 보낸 편지에서]

수		덧셈		곱셈	
0	1	1	1	11	3
1	2	10	2	11	3
10	3	11	3	11	
11	4			11	
100	5	10	2	1001	9
101	6	101	5		
110	7	111	7		
111	8			101	5
1000	9	110	6	11	3
1001	10	1001	9	101	
1010	11	1111	15	101	
1011	12			1111	15
1100	13	1001	9		
1101	14	1101	13	110	6
1111	15	10110	23	101	5
10000	16			110	
10001	17	100	4	1100	30
10010	18	101	5		
10011	19	110	6	111	7
10100	20	1111	15	111	7
10101	21			111	
10110	22	111	7	111	
10111	23	1001	9	111	
11000	24	1011	11	110001	49
11001	25	11011	27		
11010	26			1001	9
11011	27			111	7
11100	28			1001	
11101	29			1001	
11110	30			1001	
11111	31			111111	63
100000	32				

---

22) Ibid., S.35. Neque quicquam temere occursurum in natura puto, quod pulchriorem et magis expressam praebeat imaginem creationis rerum omnium quas ex nihio eduxit Deus.

g	f	e	d	c	b	a	
0	0	0	0	0	0	0	1
0	0	0	0	0	0	1	2
					1	0	3
					1	1	4
				1	0	0	5
				1	0	1	6
				1	1	0	7
				1	1	1	8
			1	0	0	0	9
			1	0	0	1	10
			1	0	1	0	11
			1	0	1	1	12
			1	1	0	0	13
			1	1	0	1	14
			1	1	1	0	15
			1	1	1	1	16
		1	0	0	0	0	17
		1	0	0	0	1	18
		1	0	0	1	0	19
		1	0	0	1	1	20
		1	0	1	0	0	21
		1	0	1	1	0	22
		1	0	1	1	1	23
		1	1	0	0	0	24
		1	1	0	0	1	25
		1	1	0	1	0	26
		1	1	0	1	1	27
		1	1	1	0	0	28
		1	1	1	0	1	29
		1	1	1	1	0	30
		1	1	1	1	1	31

	1	0	0	0	0	0	32
	1	0	0	0	0	1	33
	1	0	0	0	1	0	34
	1	0	0	0	1	1	35
	1	0	0	1	0	0	36
	1	0	0	1	0	1	37
	1	0	0	1	1	0	38
	1	0	0	1	1	1	39
	1	0	1	0	0	0	40
	1	0	1	0	0	1	41
	1	0	1	0	1	0	42
	1	0	1	0	1	1	43
	1	0	1	1	1	1	44
	1	1	0	0	0	0	45
	1	1	0	0	0	1	46
	1	1	0	0	1	0	47
	1	1	0	0	1	1	48
	1	1	0	1	1	1	49
	1	1	1	0	0	0	50
	1	1	1	0	0	1	51
	1	1	1	0	1	0	52
	1	1	1	0	1	1	53
	1	1	1	1	0	0	54
	1	1	1	1	0	1	55
	1	1	1	1	1	0	56
	1	1	1	1	1	1	57
	1	1	1	0	1	0	58
	1	1	1	0	1	1	59
	1	1	1	1	0	0	60
	1	1	1	1	0	1	61
	1	1	1	1	1	0	62
	1	1	1	1	1	1	63
1	0	0	0	0	0	0	64

여기서 라이프니츠는 왜 자연수의 63번째 수가 6자릿수로 구성되는지를 제시한다. 이것은 왜 음양에서 4상으로 변하고 4상에서 8괘로 발전한 다음 64괘에 이르러서는 중괘로 말미암아 모두 6자리 효로 하나의 괘를 형성하는지의 이유를 설명할 수 있는 근거이기도 하다.

1701년 2월 26일 볼펜뷰텔에서 파리 학술원의 비서관인 퐁테네에게 발송한 「새로운 수학 에세이(Essay d'un nouvelle science des nombres)」에서는 0에서 64까지의 수열에 이진수의 자릿수(sedes)를 표기하기 위하여 a, b, c, d, e, f, g의 문자를 사용한다.[23] a는 첫 번째 자리이고 그 다음 높은 단계의 수는 b자리로 이어지면서 마지막 g는 7자리인 1000000로 끝난다. 그 전 단계인 f가 111111로 역의 64괘의 마지막 괘에 해당되는 6개의 자릿수를 취하고 있다. 가령 23이라는 수는 10111인데, 이는 10000 + 100 + 10 + 1로 나타낼 수 있다. 53은 110101인데 100000 + 10000 + 100 + 10 + 1로서 32 + 16 + 4 + 1이다.

라이프니츠는 부베가 1701년 11월 4일 북경에서 보낸 편지를 받고 1703년 4월 초 거의 동시에 부베에게 쓴 답장과 보타(P. C. M. Vota)에게 쓴 편지, 그리고 파리 학술원의 비뇽(J. Bignon)에게 「이진수의 해명(Explication de l'arithmetique binaire)」이라는 소논문을 보낸다. 그리고 1년 후 1704년 6월 24일 카제(Cesar Caze)에게 보낸 편지에서 8괘의 구도를 자세하게 상술한 바 있다. 라이프니츠는 제일 먼저 음양 소식에서 시작하여 8괘를 수리적으로 표현하는 「음양 차서도」를 다음과 같은 방식으로 표현하였다.

---

23) 라이프니츠는 1701년 2월 15일 인편으로 부베에게 보내는 편지를 쓰는데 「새로운 수학 에세이」의 초본에 해당된다.

◉	A	--	B	==	D	☷
					E	☶
			C	=	F	☵
					G	☴
	L	–	M	==	P	☳
					Q	☲
			N	=	R	☱
					S	☰

여기서 주역에서는 태극에서 음양이 생기는 것을 일변, 음양에서 4상이 나오는 것을 이변, 그리고 4상에서 8괘가 도출되는 것을 삼변이라고 하는데, 라이프니츠는 각각 일변, 이변 그리고 삼변에 해당되는 명칭을 문자로 나타내었다. 라이프니츠는 먼저 음과 양의 일변에 해당되는 변화는 A와 L의 문자로 적고, 그 다음 태음, 소음, 소양, 태양의 이변에 해당되는 변화는 각각 B, C, M, N으로 나타낸다. 그 다음 곤, 간, 감, 손, 진, 리, 택, 건의 순서로 나아가는 8괘의 삼변의 변화는 각각 D, E, F, G, P, Q, R, S로 표시하였다.

라이프니츠에 의한 이진법 수리체계와 역의 상징체계와의 일치에 관한 논의는 표면적으로는 베를린 학술원 창립에 결정적인 후견인이자 자신의 철학체계의 찬미자요 철학적 대화의 동료이기도 한 프로이센의 샤를롯데 왕비가 죽는 1705년 이후에 본질적으로 수그러든다. 라이프니츠는 왕비의 죽음을 애도하고 그녀와 나누었던 철학적 화두를 정리하여 『변신론』을 집필하였고, 바로 『변신론』의 직접적인 후속저작으로 『모나드론』을 내놓게 된다. 라이프니츠 철학의 말년을 대표하는 이 저작에는 신과 우주, 이진체계의 1과 0, 음양체계가 유기적으로 용해되어 있기 때문에 근대 동서존재론의 토대를 해명하는 데 중요한 실마리를 제공하고 있다.

4. 역과 이진법 부호의 해석

0의 부호는 음의 상징 --, 1의 부호는 양의 상징 -와 일치한다. 통상적으로 주어진 진술의 명제체계가 참인지 혹은 거짓인지를 판별하기 위하여 논리학을 공부하는 학생들은 false와 true를 나타내는 f와 t라는 약어를 사용한다. 진리표를 작성할 때에는 경우에 따라 0과 1라는 이진부호를 사용하기도 한다. 이러한 상징은 구조적으로 모두 동일하며, 그 자체의 의미설정 이외에는 더 이상의 해명이 불가능하다.

아리스토텔레스는 이러한 부호사용 대신 논리정방형이라는 명제논리학 체계를 통하여 참과 거짓의 관념의 근거를 주었다. 2,500년 이상 진행되어 온 논리학의 역사에서 가장 일반적으로 타당한 추론형식으로 널리 알려져 있는 삼단논법은 대전제와 소전제와 결론을 갖추고 있다. 삼단논법체계에서 대전제는 누구에게라도 참인 진술이나 주장으로 이루어져 있다. 그러나 적어도 대전제에 하나의 진술이 되기 위하여서는 보편적 형식을 갖추기 위하여 '모든'이라는 양화가 적용되어야 하며, 소전제에서나 결론에서는 '모든'이라는 보편양화나 '어떤'이라는 존재양화가 일어나도록 되어 있다.

주렴계의 『태극도설』에는 "무극이 태극이다."라는 표현이 등장한다. 태극에서 음양 동정의 단계 이전에 무극을 상정하는 것은,

아리스토텔레스 형이상학의 의미에서 말하자면, 현실세계로 이전의 잠재성에 단계를 설정하는 것과 같다. 아리스토텔레스 논리학의 관점에서 보자면, 이러한 진술은 논리정방형의 도식의 양화방식에 따라 서로 간에 반대되거나 모순적이거나 혹은 양의 전이가 이루어진다. 아리스토텔레스의 명제에는 전칭과 존재를 언급하는 양(量)이 있고, 긍정과 부정을 지시하는 질(質)이 있다. 모든 명제는 각각 부정과 모순과 반대 그리고 서로 처해 있는 위치에 따른 대당모순과 소당모순의 관계를 밝혀야 진정한 진위체계의 의미를 알 수 있다. 태극 이전에 상정하는 무극은 바로 모순과 반대를 포함하지 않은 논리전단계이다. 이러한 단계는 형이상학의 레벨에서 증명될 수 없으나 증명될 수 있는 가능성의 진리이다. "무극이 태극이다."라는 표현을 아리스토텔레스의 논리정방형에 따라 해석하자면 다음과 도식화할 수 있다.

A 보편긍정명제 (모든) 무극이 태극이다.	E 보편부정명제 (어떤) 무극도 태극이 아니다.
I 개별긍정명제 (어떤) 무극이 태극이다.	O 개별부정명제 (어떤) 무극은 태극이 아니다.

"무극이 태극이다."는 반대되는 표현 E와 동시에 거짓일 수는 있으나 참일 수는 없다. 이 표현이 A 위치에 자리 잡고 있으면, O에 대히어서는 한쪽이 참이면 다른 한쪽은 거짓이어야 하고, 그리고 거꾸로도 타당하다. A가 참이면 I는 하위임의 변경에 따라 참이나, I와 O는 동시에 둘 다 참일 수는 있으나 둘 다 거짓일 수는 없다.

역의 태극이 양의를 낳고 양의는 사상을 낳는 음양소식의 진행은 현대 명제논리학 체계의 진리표 계산에서도 그대로 그 상징적 과정을 그대로 보여준다. 먼저 주어진 명제 p의 값은 0이거나 1로 표기된다. 다른 하나의 명제 q가 있다면, p와 q 명제의 관계는 (1) 모두 참인 경우, (2) p는 참이고 q는 거짓인 경우, (3) p는 거짓이고 q는 참인 경우, 그리고 (4) p도 q도 모두 거짓인 경우가 생겨난다. p와 q 사이에 일어나는 진리표의 진리 가능성은 모두 4가지로서 이는 음양체계의 사상(四象)에 해당된다. 0과 1에 의한 양의가 생겨난 이후에는 사상이 생김으로써 음양의 증감이 일어난다. 사상은 이진법의 수열에 따르면 00, 01, 10, 11이다. 비트겐슈타인에 따르자면 p명제와 q명제를 지배하는 문장연결방식은 모두 16가지이다.

[1가 원자명제 진리표]

p
1
0

[2가 원자명제 진리표 체계]

p	q	1	2	3	4	5	6	7	8	9	10	11	12	13	14	15	16
1	1	1	0	1	1	1	0	0	1	1	0	1	1	0	0	1	0
1	0	1	1	0	1	1	0	1	0	0	1	1	1	0	1	0	0
0	1	1	1	1	0	1	1	0	0	1	1	0	1	1	0	0	0
0	0	1	1	1	1	0	1	1	1	0	0	0	0	0	0	0	0

[이진체계와 주역의 명칭][24]

자연수	이진수	명칭	사상	팔괘	십육괘
1	0000	음			
2	0001	양			
3	0010		사상		
4	0011				
5	0100			팔괘	
6	0101				
7	0110				십육괘
8	0111				
9	1000				
10	1001				
11	1010				
12	1011				
13	1100				
14	1101				
15	1110				
16	1111				

1) 불

불에 따르면 인간의 사고는 덧셈, 뺄셈, 곱셈 그리고 나눗셈에 의한 사칙연산으로 추론을 수행한다. 사칙연산을 수행하는 기호의 상징조작에는 +, − , ×, ÷ 와 그리고 = 이 사용된다. 여기서 곱셈은 덧셈으로 나눗셈은 뺄셈으로 환원하여 셈할 수도 있으므로 사칙연산의 토대는 덧셈과 뺄셈에 있다고 할 수 있다. 불은 사칙연산을 수행하는 상징으로 0, 1과 등식을 도입하였다. 0은 '무',

---

24) 역에서 16괘는 이론적으로만 존재한다. 음양에서 8괘에 이르기까지는 앞에 0을 첨가하였는데 각 단계마다 0의 자리에 1이 들어섬으로써 새로운 수열을 형성한다. 16괘의 각 이진수의 값은 순전히 오늘날 16개 명제논리체계의 수열과 일치한다.

제6장 존재론적 근거 239

1은 '우주의 담론(Discourse of universe)'이라고 부른다. 불은 어떠한 사칙연산의 계산을 수행하더라도 0과 1이라는 등식의 값을 갖는 대수식을 만들었다. 불은 +을 논리적 연결로서 '혹은'으로 취급하여 $x + y$는 x이거나 혹은 y이라는 뜻으로 해석한다. 곱셈을 표기하는 $x \times y$에서 $\times$는 '그리고'를 뜻하는 것으로 해석한다. $x \times y$는 x 그리고 y이라는 뜻이다. 뺄셈 $-$는 제외하다는 의미로 사용하여 $x - y$는 x는 y를 제외하다는 뜻으로 해석하였다.[25]

푼수는 같은 시간에 서 있고 앉아 있을 수는 없다면 그것은 모순이다. 형이상학에서 어떤 성질이 동시에 존재하고 존재하지 않는다는 것은 모순율의 표현이다. 불은 모순을 대수적으로 나타내는 방법으로 $x(1-x) = 0$이고, $x - x^2 = 0$으로 적었다. 인간이 동시에 비인간이 될 수 없는 경우를 나타내려면 $x(1-x) = 0$, 혹은 $x - x^2 = 0$으로 적어야 한다. 이로서 불은 논리학의 모순율을 표현하는 상징을 처리하였다.

불은 명제논리학을 구성하는 4가지 조건을 상정한다.

(1) 서로 다른 두 시간에 서로 다른 두 표현이 참이 되는 경우
(2) 서로 다른 두 시간에 서로 다른 두 표현에서 하나의 표현은 참이나 다른 하나의 표현은 거짓이 되는 경우
(3) 하나의 동일한 시간에 서로 다른 두 표현에서 하나의 표현은 참이나 다른 하나의 표현인 거짓인 경우
(4) 하나의 동일한 시간에 서로 다른 두 표현이 실현되지 않는 경우

---

25) 예를 들어, x = 뿔, y = 달린, z = 도깨비라고 가정하자. 그러면, $x(1-y)z$ 라는 표현은 뿔 안 달린 도깨비라는 의미의 표현으로 해석할 수 있다.

불은 이 4가지 조건을 통하여 명제논리학 체계를 구성하였다. 하루 24시간에 모두 실현될 수 있는 진리조건을 갖는 명제논리학의 표현으로서 '학교에 간다'는 표현을 A, '집으로 온다'는 표현을 B라고 한다고 하자.

(1) A와 B가 참이 되거나 혹은 참으로 만들 시간이 각각 아침 7시와 저녁 7시라면 A와 B는 참이다. X를 아침 7시, Y를 저녁 7시라고 가정할 경우, 오직 그 경우에만, A 그리고 B는 참이 될 수 있다. 시간적 조건 X와 Y가 성립된다면 A ∧ B는 참이다. A ∧ B는 현대 명제논리학의 기호이다.

A는 X에는 참이나 Y에는 참이 아니고, B는 Y에 참이지만 X에는 참이 아니다. A가 Y에 성립되는 사태는 발생하지 않으며, B 역시 X에 타당하게 되는 사태도 발생하지 않는다. 그렇기 때문에 아래의 경우가 성립한다.

(2) A가 X시간에 참이나, B는 Y시간에 참이 아니다.

A는 X에는 참이나 Y에는 참이 아니며, B는 Y에는 참이나 X에는 참이 아니다. 불은 이러한 논리적 관계를 A(1−B)로 나타내었는데, 이를 현대 명제논리의 기호로 옮기면 A∧ㄱB이다.

불은 같은 시간에 두 가지 사태의 하나는 참이나 다른 하나는 거짓인 경우를 다음과 같이 상정하였다. A : 이슬이 내렸다. B : 첫눈이 내렸다.

(3) A가 거짓이나 동시에 B는 참이다.

가을 이침 6시에 첫눈은 왔을 수도 있다. 그러면 같은 시간 이슬은 내리지 않은 것이다. 이에 대한 생각의 표현은 (1−A)B로 나타내어야 한다. 이를 명제논리학의 기호로 적으면 ㄱA∧B이다. 불은 하나의 동일한 시간에 두 가지 사태가 실현되지 않는 경우도 상정한다.

(4) A도 B도 현실에서 참으로 실현되지 않는다.

이 경우 A와 B는 연결되는 시간과 상관없이 서로가 실현되지 않는 사태를 나타낸다. 불의 사칙연산으로 나타낸 기호는 $(1-A)$ $(1-B)$이지만 현대 명제논리의 기호는 $\neg A \wedge \neg B$이다.

불의 사칙연산 표기	현대 명제논리학의 연언체계
(1) A × B	A ∧ B
(2) A × (1−B)	A ∧ ¬B
(3) (1−A) × B	¬A ∧ B
(4) (1−A) × (1−B)	¬A ∧ ¬B

불의 대수논리는 현대 논리학에서 논리적 문장연결사에 의하여 구성되는 명제논리체계 관념과 일치한다. 불의 생각에 따르면 더하고 빼고 곱하고 나누는 사칙연산은 논리적 문장연결어로 옮겨서 해석할 수 있다.

2) 프레게

프레게는 불과는 달리 우리의 사고는 감각적 인식에 의존하지 말고, 우리의 진리는 감각인상에 의존하지 말아야 한다고 생각하였다. 즉 사고의 진리를 위하여서는 시간이나 장소 없이도 논리적 표현을 객관적으로 담을 수 있는 장치가 필요하다. 불의 방식에 따르면 '눈이 녹다'와 같은 문장은 언제 어느 때에 녹을 것이라는 시간적 조건만 주어지면 감각적 인지에 따라 분석된다. 불의 대수적 표현의 논리적 분석은 시간이라는 인식론적 한계에 진위가 의존한다. 그렇기 때문에 프레게는 사유의 대상을 술어개념을 담아서 주어로 걸러내어야 한다고 주장한다. 가령 '녹다'라는 술어개념이 있다면, 이 술어개념에 '눈'이라는 사유의 대상을 주어개념으로 종속될 수 있게 개념 분석을 하여야 한다. 이 작업이 곧 논리학이 하는 추론이다.

프레게 방식으로 분석하자면, '눈'이라는 주어개념에는 '녹다'라는 술어에 사물의 속성이나 대상이 부차적으로 들어와 개념의 용해가 일어나도록 빈자리를 만들어놓아야 한다. '개'라는 개념에 '물개', '범'의 개념에 '표범', '바다표범'이 들어올 수 있는 것과 마찬가지로, 우리는 우리의 생각을 담는 개념의 거푸집을 지어야 한다. 우리의 사상이란 개념의 거푸집에 담겨질 때 객관적이 된다.

이를 위하여 프레게는 사고의 주어(subject)에 대상(object)이 들어오는 빈자리를 만들었다. 그러나 주어는 술어와 함께 있기 때문에 주어에 대상이 들어가는 자리를 술어의 빈자리라고도 말한다. '프란츠는 오지 않았다'의 경우 문법적 주어 '프란츠의 오지 않음'이 기대되었고 기대치가 채워졌기 때문이다. 그렇기 때문에 이 문장은 거짓이 아니다. '( )는 오지 않았다'는 프레게 방식의 문장 분석에 주어는 비어 있지만 이 주어 자리에 적절한 대상이 채워짐으로써 이 문장이 유의미해진다. 유의미해진 빈자리는 항상 함수 기능(truth function)을 갖는데, 진리함수란 대상들이 빈자리의 주어개념에 떨어지거나 혹은 그 안에 들어감으로써 주어와 민족스러운 대상 합일이 이루어지는지를 결정하는 기능을 의미한다. 사유주어와 빈자리 술어의 대상과의 만남에서 중요한 것은 인식과 사고를 구분하는 것이다. 사고는 누가 무어라 하더라도 참과 거짓을 마음속에 정할 수 있지만 인식은 사고와는 달리 참에 대한 인식과 거짓에 대한 인식을 한다. '( )가 로마에 왔다'와 '( )가 로마에 오지 않았다'를 보고, 빈자리의 주인공을 '베드로'라고 한다면, '베드로'라는 인물이 빈자리 ( )를 채운다는 것은 주어와 대상이 일치하게 하는 존재론적 용해를 만드는 것이다. 그렇기 때문에 프레게는 한 사고가 거짓임을 인식하는 것이, 한 인식이 참임을 인식하는 것보다 더 가치가 있다고 생각한다. 한 사고가 참이라고 간주하면, 다른 한 사고는 거짓임이 입증될 수 있기 때문이다. 불의 명제논리의 연언체계는 시간에 의존한다면, 프레게의 명제논리의 연언체계는 시간과는 독립적이다. 프레게는 논리적으로 시간에 의존하지 않는 명제논리식을 다음과 같이 확립하였다.

(1) A ∧ B

(2) A ∧ ¬B

(3) ¬A ∧ B

(4) ¬A ∧ ¬B[26]

위의 연언체계는 시간에 의존하지는 않지만 각각 A와 B 명제는 서로가 존재론적인 함축을 포함한다. 가령 '반달'이라는 대상에 대해 언제 '반달'이 나타나는가를 고찰한다면, 이는 태양이 북회귀선에서 지구와 90도 각을 유지할 때 생겨나는 존재적 현상이

---

26) G. Frege, *Begriffsschrift und andere Aufsätze*, Zweite Auflage. Mit E. Husserl und H. Scholz' Anmerkungen hrsg. von I. Angelelli, Hildesheim, 1964, S.5. 프레게의 개념서의 체계는 이 4가지 조건성에 의존한다. (1) A는 긍정되고 그리고 B는 긍정된다. (2) A는 긍정되고 그리고 B는 부정된다. (3) A는 부정되고 그리고 B는 긍정된다. (4) A는 부정되고 그리고 B는 부정된다.

다. 즉 '반달이 뜬다'는 후건은 '태양이 북회귀선에서 90도 각을 유지할 때'라는 전건의 조건이 성립할 때 만족된다. 기호공식은 만약 그리고 오직 만약 전건과 후건이 합치되는 존재론적 사태가 성립하면, 그러면 생겨난다. 이와 같은 방식으로 생겨나는 기호논리의 체계는, 그 문장의 복합적인 구성요소에 의존한다. 프레게의 유의미한 명제문장체계는 궁극적으로 그들의 구성인자로서 존재자가 결정한다는 주장을 담게 된다.

프레게는 라이프니츠의 주어와 술어의 논리학을 개선하였다. 프레게는 한 문장의 주어의 기능은 자신의 자리를 비어두는 기능을 하게끔 하고 이 빈자리를 무수한 논의들로 채우게 만들었다. 이 논의들은 저마다 일정한 배열의 농도에 따라 주어의 자리를 채운다. 반면에 술어는 주어에 들어오는 논의의 적합성에 따라, 그의 성질상 빈자리에 들어온 대상에 대하여 만족하거나 혹은 불만족하는 상태를 지닌다. 술어의 만족하고 있는 포화상태 혹은 만족하지 못한 불포화상태에 대한 진리경과를 취급하는 방법으로 프레게는 아리스토텔레스 논리학 이래 한 명제 내에서 일어나는 양의 문제해결에 결정적 기여를 하게 되었다.

3) 러셀

러셀은 화이트헤드와 더불어 『수학의 원리(*Principia Mathematica*)』를 집필하여 PM 논리학 체계를 수립함으로써 20세기 논리학의 금자탑을 세웠다. PM 체계는, 모든 수학은 논리학으로 환원되고 수학에서 사용하는 모든 관념도 논리적인 언어에 의하여 오고 있다는 신념에서 출발한다. PM의 논리학의 체계는 근본적으로 이 세계는 분석될 수 없는 원초적인 논리적 기본관념에 의하여 구축된다. 러셀의 이런 신념은 논리적 원자론이라는 형이상학 체계에 그 뿌리를 두고 있다.

이 세계는 p, q, r라는 원자명제에 의하여 구성되어 있고, 세계의 사태는 이러한 원자명제와 일대일의 원자론적 대응을 하고 있다. 러셀은 PM 명제논리학의 전체 체계를 구성하는 가장 단순하고도 기본적인 논리적 관념으로서 소위 셰이퍼 '일격'이라는 논리조작 막대기 '|'를 도입하였다. 예를 들어 두 개의 명제 사이에 이 셰이퍼 막대기가 들어가면, 즉 p | q 이면, 이 두 명제는 결코 동시에 참이 될 수 없다. 즉 p | q = : $\lnot$(p∧q). 어떤 한 명제와 이에 어떤 다른 한 명제가 둘 다 참이 아니라면, $\lnot$(p∧q) 곧 $\lnot$p ∨ $\lnot$q이다. 셰이퍼 막대기는 p와 q 명제 사이를 일격으로 p | q로 갈라놓아 $\lnot$(p∧q), 곧 $\lnot$p ∨ $\lnot$q로 만든다. 이 세계를 구성하는 원자명제 p, q, r에 대하여 이 셰이퍼 일격이 가해지기만 하면, 이들 명제들은 '부정'과 '그리고' '혹은'으로 나타낼 수 있다. 그렇기 때문에 PM 체계에는 어떠한 새로운 표현을 하는 명제가 등장하더라도 이 셰이퍼 일격에 의하여 명제논리적인 체계통합이 가능해진다.[27)]

PM 체계의 세계구성은 p, q, r 등의 원자명제의 외연의 진리값만을 문제 삼는다. 그렇기 때문에 PM 체계는 단지 외연적 값을 갖는 명제들의 관계들만을 취급한다. 그런데 이러한 외연적 명제

---

27) A. N. Whitehead & B. Russell, *Principia Mathematica*, Cambridge University Press, First Edition, 1813. 2판 서언에서 저자들은 'p와 q가 양립할 수 없다'는 셰이퍼 관념은 정의될 수 없는 근원적인 것이라고 규정한다. p, q, r, s, t의 원자명제가 있으면, 두 원자명제 사이에 셰이퍼 지팡이 '|'를 갖다 대면, 예로 p | q이면, p와 q는 양립할 수 없다는 뜻이며, 이를 'p가 거짓이거나 q가 거짓이다' 혹은 'p가 not q를 함축한다'로 읽는다. 그래서 (1) $\lnot$p.=.p | p, (2) p⊃q.=.p | $\lnot$q, (3) p∨q.=.$\lnot$p | q$\lnot$, (4) p∧q.=.$\lnot$(p | q)라는 4가지 기본관념으로 모든 진리함수적인 명제논리체계가 구성될 수 있다고 단언하였다.

의 진리체계에는 내포의 문제가 발생한다. '나는 p를 믿는다'는 '나'의 인식이 'p'의 진리값에 의존할 필요가 없다는 역설이 그것이다. 다른 말로는 'p'의 진리값은 전적으로 외연적이기 때문에 내가 알든 모르든 'p'의 진리값이 결정될 수 있다는 것이다.[28] 내가 어떤 것을 알고 혹은 믿는 것은 전적으로 '나'의 내면적 혹은 내포적 의미에서 달린 것이다. 여기서 '내가 p를 믿는다'는 인식과 p의 사실이 서로 진리 의존적이 아니다. 따라서 "내가 '비가 오든지 혹은 오지 않든지'를 안다면, 나는 날씨에 대하여서는 모른다."는 아이러니가 발생한다. PM 체계는 무수한 미지의 명제를 산출할 수 있는 근거를 갖고 있지만, 논리학의 알맹이에 해당되는, 그 원자명제의 구성요소의 내포적 사태를 기술할 수 있는 진리값을 확보할 수 없다면, 다른 외연적 명제체계에 대한 진리값을 알 수 없다.

4) 비트겐슈타인

러셀과 프레게의 논리주의를 계승한 비트겐슈타인은 『논리철학논고』에서 기왕의 본격적인 '세계는 모든 경우들의 총화'라는 논리적 원자론의 형이상학을 구축한다. 비트겐슈타인은 하나의 명제는 다른 하나의 명제의 진리값에 의존한다는 논리적 귀결의 이론을 체계화하였다. "신이 일정한 명제들이 참이 되는 한 세계를 창조하였다면, 그는 이미 거기서 모든 귀결명제들도 그와 일치하는 한 세계를 창조하며, 이와 유사하게 그의 전체 대상들을 창조하시 않고 명제 ⟩⟩p⟨⟨가 참이 되는 세계는 창조할 수 없다."[29]

---

28) Ibid., p.73.

29) L. Wittgenstein, *Tractatus logica-philosophicus, Schriften* 1, Frankfurt am Main, 1969, S.45. 5.123.

따라서 p에 따라 그의 전체 대상이 함께 귀결되는 세계가 생겨난다. 형이상학적으로 이러한 명제체계는 이 세계에 있는 모든 명제논리의 진리를 서로 결합할 수 있는 진리 가능성에 의하여 밝혀진다.

하나의 명제는 오직 두 가지의 진리값을 갖고 다른 하나의 명제는 역시 두 가지의 진리값을 가지므로 두 명제는 모두 4가지의 진리결합 가능성을 갖는다. 두 명제에 대한 4가지 진리결합 가능성은 모두 16가지의 문장결합방식의 근거를 제공하고 있다. 비트겐슈타인은 그러한 세계의 명제논리적 진리 가능성들은 모두 16가지라고 말한다. 비트겐슈타인이 제시한 이 16가지 진리근거 가능성의 명제논리학 체계는 전기공학 분야에서 실천적으로 이용되며, 나아가 오늘날 컴퓨터 수학, 곧 이산수학의 영역에서 전기회로를 만드는 데 응용되고 있다. 비트겐슈타인이 제시한 명제논리학 체계가 현대 생명공학의 유전자 코드의 해독에서도 원형적인 모델로 등장하는 까닭은 p와 q 원자명제의 진리결합 가능성이 16가지라는 이유에서이다.

p와 q가 짝지을 수 있는 배중률에 따라 진리결합을 할 수 있는 가능성은 $2 \times 2 = 4$로서 4가지이다.

[p, q 명제의 진리근거 테이블]

p	q
1	1
1	0
0	1
0	0

여기에 적은 11, 10, 10, 00의 배열은 p와 q의 두 가지 명제의 진리결합 가능성이다.

(1) p@q (1111) p이면 q이고 그리고 q이면 p이다.

(2) pⓑq (0111) p와 q 둘 다는 아니다.

(3) pⓒq (1011) 만약 q이면 p이다.

(4) pⓓq (1101) 만약 p이면 q이다.

(5) pⓔq (1110) p이거나 q이다.

(6) pⓕq (0011) q는 아니다.

(7) pⓖq (0101) p는 아니다.

(8) pⓗq (1001) p 혹은 q. 그러나 둘 다는 아니다.

(9) pⓘq (1010) 만약 p이면, q이다. 그리고 q이면 p이다.

(10) pⓙq (0110) p이다.

(11) pⓚq (1100) q이다.

(12) pⓛq (1110) p도 아니고 q도 아니다.

(13) pⓜq (0010) p 그리고 q는 아니다.

(14) pⓝq (0100) q이고 그리고 p는 아니다.

(15) pⓞq (1000) q이고 그리고 p이다.

(16) pⓟq (0000) p 그리고 p는 아니다. 그리고 q 그리고 q는 아니다.[30]

---

30) Bochenski-Menne, *Grundriss der Logistik*, Paderborn, 1965, S.26. 보헨스키-메네는 각각 다음의 알파벳과 기호를 주었다. (1) V ⊤, (2) A ∨, (3) B ←, (4) C →, (5) D |, (6) E ↔, (7) F ⌐, (8) G ¬, (9) H ∟, (10) I ⌐, (11) J ↔↔, (12) K ∧, (13) L ≿, (14) M ≿, (15) X †, (16) O ⊥.

불	프레게	비트겐슈타인	사상(四象)에 따른 해석
A × B	A ∧ B	1 1	태양 ⚌
A × (1−B)	A ∧ ⌐B	1 0	소음 ⚎
(1−A) × B	⌐A ∧ B	0 1	소양 ⚍
(1−A) × (1−B)	⌐A ∧ ⌐B	0 0	태음 ⚏

위의 불, 프레게 그리고 비트겐슈타인의 명제논리체계는 익히 주역의 사상체계에 따라 해석이 가능한 구조를 지니고 있다. 오늘날 생명공학에서 DNA를 이루는 뉴클레오티드는 아데닌, 구아닌, 시토신, 그리고 티아민이라는 4개의 염기조합으로 이루어져 있다. DNA는 두 가닥의 염기 띠가 나선형으로 꼬여 있는데, 사다리 모양으로 좌우로 아데닌은 구아닌, 시토신은 티아민과 염기짝을 이룬다고 한다. 뉴클레오티드에는 3개의 염기가 들어갈 자리가 있고 각 자리에는 각각 네 종류의 염기가 들어갈 수 있으므로 4 × 4 × 4 = 64개의 염기조합이 생기므로, 어떤 생물이든 64개 이상의 코돈은 없고, 따라서 이것은 주역이 전체 64괘로 이루어졌다는 점과도 일치하고 있다.[31]

사람은 주역을 알면 인생의 길흉화복과 삼라만상의 오묘한 진리, 건강, 명예, 미래의 모든 일까지 소상하게 알게 된다고 한다. 실제로 현대 유전생물학의 유전자 코드 또한 주역의 사상의 코드를 닮아 진행된다. 그러나 주역의 내용의 애매 모호성과 해석의 다원성 그리고 주역을 전거로 하는 세속적 지식의 애매성 때문에

---

31) 최근의 이러한 연구로는 다음의 책이 있다. 이성환 · 김기현, 『주역과 과학의 道』, 정신세계사, 2002; 존슨 얀, 『DNA 周易(DNA and the I Ching)』, 인창식 옮김, 몸과마음, 2002.

주역이 갖는 과학적 지식의 엄밀성은 떨어진다. 주역이 여타의 서양의 지식체계처럼 과학철학적 의미가 충분히 인식된다면 학문적으로도 꾸준하게 발전될 것이다. 마치 서양의 아리스토텔레스 논리학이 몇몇의 소수의 법칙과 추론이론으로 2천 년 이상을 학문의 제왕처럼 사유의 법칙을 해명하는 데 기여하였듯이 주역 역시 논리적 토대에서 해석되고 이해될 때에 논리학의 한 분과로서 지위를 누리게 될 것이다.

제 7 장

결 론

1. 철학함의 장소와 시간

근대철학의 고유한 물음은 인간과 자연과 신에 대한 사유에서 시작한다. 인간은 자연 속에서 신으로 돌아가기도 하였고 신으로부터 자연을 통하여 인간으로 되돌아오는 사유를 하였다. 인간은 자연과 신에 대한 철학을 통하여 오늘(today)의 물음 앞에서 어제(yesterday)와 더불어 내일(tomorrow)을 사유한다. 그런데 15세기의 사람들은 지리상의 발견과 더불어 시간과 장소를 넘어서 철학하기 시작하였다. 코페르니쿠스의 태양중심설과 갈릴레이의 지동설이 등장하면서 인류는 지구상의 위치를 이전과는 달리 명명하여야 할 근거를 가지게 되었던 것이다. 대륙은 처음부터 생겨났고 지구상에 살고 있는 장소는 원래부터 있었다. 우주의 빅뱅이 137억 년 전에 일어났다 하더라도 지구상의 인류는 문자와 역사를 갖고 살기 시작한 이래 문명의 이동과 더불어 항상 이동 중에 있었다. 하지만 세계인은 이미 자신이 살고 있는 장소와 동서(東西)라는 지리적 위치와 명칭에 대한 자각을 새롭게 하기 시작한다. 실제로 마테오 리치의 세계지도를 알기 전까지는 동아시아 세계인은 하늘은 둥글고 땅은 사방으로 펴진 천하의 중심을 중국(中國)이라 여겨왔다. 변방의 국가들은 중국에 조공을 바치고 살아가야 한다고 여겨왔으나, 마테오 리치 세계지도를 본 다음부터 이러한 생각은 여지없이 무너졌다. 동아시아 세계인의 '우물 안 개구리' 생각을 바꾸게 한 사건은 17세기 근대 동아시아 학문의 발전에 결정적인 영향을 미쳤던 예수회 중국선교사들에 의해 일어났다. 서양의 과학기술과 학문을 중국에 전한 주도적인 역할을 한 예수회 소속의 선교사들의 분야는 거의 학문의 전 분야를 망라한다. 오늘날 세계 속의 학문도 이와 동일한 전제에서 출발하고 발전하고 있다고 할 수 있다. 학문의 각 분야에 최고수준의 석학이 나오고 최첨단 이론을 주도하는 지성의 집단이 대학에서 생겨나고 다양한 지식 전수와 이동이 일어나는 것도, 과거 17세기 이래의 서양 근대학문의 토대에 있었다. 그들이 전래한 서학은 동아시아 세계로 하여금 중화사상에서 벗어나 과학적 합리주의에 대한 개안을 얻게 하였고, 동서 인류문명에 '패러다임 이동'이 아닌 '체계전송'으로서 '지식이동'이 가능하게 하였다.

동서비교철학은 16-17세기에 유럽의 변방철학이라 할 수 있는 스콜라 철학을 위시하는 토미즘의 한 갈래에서 비롯되었다. 르네상스를 거치면서 명맥이 유지되던 토미즘은 종교개혁과 과학혁명의 진행과정에서 해외선교사들에 의하여 비유럽지역으로 전파되었다. 대부분 스콜라 철학과 신학 및 신과학기술을 학습하고 습득한 선교사들은 지구 도처의 전통 사유형식과 만나면서 비교철학의 길을 취하게 되었다. 하나의 사유전통에 집착한 철학은 자신의 고유한 사유의 시원을 뒤로 거슬러 올라가 찾지만, 다른 하나의 사유전통을 존중하는 철학은 비교철학을 통하여 상이한 횡적(橫的)인 사유전통에 놓인 시간의 흐름으로 삼투하여 들어간다. 비교철학은 상대방의 사유전통의 특징에 대한 경계를 이해하고 분석함으로써 자신의 고유한 철학전통의 특징과 장단점을 이해하고 반성할 수 있게 하는 길을 열어준다. 16-17세기 동서비교철학은 스스로의 근본요청으로 각 대륙의 철학의 영역과 권리를 동등하게 인정한다. 적대시하고 있는 철학의 전통과 역사는 비교철학을 통하여 독립성을 획득한다. 당시 유럽철학 일반에서는 비유럽지역을 향한 구시대의 철학이 함께 공존하고 있었다.

서양 근대철학은 근대 과학혁명 시기에 신과 세계 및 인간과 자연에 관한 과학이론의 형성에 깊이 관여하면서 사유의 보편성을 키워나갔다. 서양 근대철학은 그 자체로 완결된 인류의 사유유형으로 20세기 초 현대 유럽철학의 형성에 지대한 영향을 미쳤다. 이로써 서양 근대철학은 과학, 신학, 정치, 경제, 문화 등 학문의 전 분야에 가장 기본적이고 근원적인 인문지식의 토대학문으로 자리 잡게 되었다. 서양 근대철학이 고대 그리스에서 출발하여 유럽세계를 지배해 온 지혜의 학문임이 분명하다. 하지만 그 전개와 발전에는 반드시 유럽적인 것만 있었던 것이 아니라 비유럽적인 요소도 공존하였다. 고대 그리스와 로마 철학, 중세 기독교 철학, 르네상스의 인문주의 운동과 고전정신의 부활에 의하여서만 서양 근대철학을 특징지을 수는 없듯이, 지혜의 학문은 반드시 유럽에만 있는 것이 아니라 인류의 도처에 있을 수도 있었기 때문이다. 몽테스키외는 『법의 정신』에서 지구상의 인간들은 그들이 처한 위도상의 위치와 지리, 풍토 및 기후에 따라 정신과 문화적 생활양식이 다르게 영향을 받고 전개되고 있었기 때문에, 대부분 북반구에 살고 있는 유럽인은 우수하고 남반구에 살고 있는 사람들은 게으르고 나태하다는 편견을 나타내었다. 오늘날의 안목에서 보자면 철학함은 어느 특정한 지역의 고유한 장소적 규정에 제한을 받지 않으며 철학하는 시간 역시 종적(縱的)인 일회적 차원에 더 이상 한정되어 있지 않다. 그러므로 철학이 지리적 환경에 영향을 받는다는 몽테스키외적인 편견은 더 이상의 큰 의미를 띠지 않는다.

17세기 동서비교철학은 독립적으로 존재하고 있었던 학문분야로서 서양철학과 동양철학 어느 한쪽의 철학에도 속해 있지 않다. 서양철학은 그들의 주류사유의 전통의 계승과 발전에만 주력해왔고, 동양철학 역시 서양철학의 사유체계를 비교대상으로 받아들이려는 시도가 부족하였다. 동아시아에서 서양철학을 하는 사람들은 동양철학을 철학의 주제로 끌어들이기를 주저하고, 서양철학을 하는 사람들은 동양인의 인간, 자연, 세계에 대한 이해와 성찰을 자신들의 사유체계에 비교대상으로 삼기를 꺼려왔다. 그렇기 때문에 지금까지 독립적인 철학의 분야로 발전되지 않았다. 근대 이래의 인류의 위대한 스승으로서 데카르트, 칸트, 헤겔, 마르크스, 하이데거 등 서양철학의 대가들도 동양철학을 동등한 파트너로 인정하지 않았다. 서양인의 서양철학은 동양인의 동양철학을 동서비교사유체계의 관점에서 동등한 지위를 인정하지 않고 지내왔다. 17세기 동서비교철학의 전개에는 동서 양 진영에 모두 역사의 작용과 반작용이 있었다. 동서비교철학은 서로 간의 극단적인 배척이나 혹은 점진적 수용을 기본입장으로 하였지만, 비교철학의 패러독스는 비교종교의 필연성 이후에 비교종교가 없듯이 비교철학은 없다는 점에 있다. 그럼에도 17세기 동서비교철학이 가능한 것은 라이프니츠 모나드 철학이 이 분야를 포괄하고 있었고, 오늘날 관점에서도 충분하고도 필요한 성립근거를 찾을 수 있기 때문이다.

17세기의 서양철학의 전개에는 분명하게 중심과 변방이라는 철학의 화두가 존재하였다. 동서비교철학이 비유럽세계와의 교류를 통하여 생겨났다면, 서양 근대철학이 영국의 경험론(Empiricism)과 대륙의 합리론(Rationalism)으로 분화한 것도 비교철학의 소산이다. 근대역학이 근대철학의 중심이라면 토미즘을 비롯한 스콜라 철학이나 신학은 변방이었다. 근대의 변방철학을 지켜왔던 예수회 선교사들에 의하여 시작된 17세기 동서비교철학은 차츰 비유럽지역인 인도와 중국으로 이동하기 시작하면서 유럽철학계의 중심으로부터 이탈한다. 여기서 동서비교철학은 서양 근대철학의 전개과정에 중요한 반성적 계기를 준다. 즉 서양 근대철학은 단순히 횡적 시간으로 고대에서 중세를 거쳐 내려오는 것에만 그치지 않고, 종적으로 동서철학의 지평을 충분히 확보하면서 전개될 가능성을 가지고 있었다. 그러나 18-19세기 철학에 이르면서 동서비교철학은 일방적으로 몰락하면서 그 역사의 발전은 사라졌다. 헤겔이 『역사철학강요』에서 인도와 중국 철학의 문제를 다루면서 서양철학과 동급의 지위를 안배하지 않은 점도 이와 같은 사실을 여실히 반영하고 있다.[1] 동서비교철학의 시야가 퇴색되어 가면서, 헤겔 이후 20세기 초까지 철학함이란 오직 서양철학에서만이 유일하게 가능하였다. 서양철학만이 인류정신의 보편주의 가치와 이념을 실현할 수 있는 기반을 갖추었다는 주장이

1) G. W. F. Hegel, *Lectures on the History of Philosophy*, Translated by E. S. Haldane and F. H. Simon, M.A., Vol. 1, pp.117-147. 헤겔이 중국철학의 창시자로 복희씨를 꼽는 것은 쿠플레의 『공자, 중국철학자 (*Confucius, Sinarum philosophus*)』에 전거를 둔다. 그의 책 도입부에 소개된 동양철학은 결코 철학사에 편입된 것도 아니고 아주 간략하다.

되풀이되었다. 하지만 19세기 말 20세기 초에 이르면서 이러한 생각은 크게 도전을 받게 되었다. 과학기술문명의 발전과 더불어 더 이상의 사유는 없으며 철학의 종말이 왔다는 것이다.

서구사유의 막다른 골목은 17세기 이래 대두되었던 동서비교사유의 절박성을 회고하게 한다. 동서비교철학의 필연성은 이미 17세기에 하나의 사유가 다른 하나의 사유에 말을 건넸다는 역사적 사건으로부터 시원적인 의미를 갖는다. 17세기 유럽철학의 보편성의 요구는 동아시아에서도 한국적 사유의 특수성과 보편성의 문맥과 관련하여 문제가 된다. 유럽철학은 동아시아의 중국과 일본에 대하여도 전통적 사유의 해체와 새로운 시대변화의 흐름에 편승할 것을 강요하였기 때문이다.

2. 동서비교철학은 존재이유

인류의 철학사를 보면 비교철학 없는 단일한 종류의 철학은 끝까지 가지 못하고 전개과정에서 몰락하였다. 비교 없는 철학은 더 높은 발전으로 이어지지 않았다. 고대 그리스에서 형성되어 로마시대까지 이르는 인문교양의 정신에는 동질성이 있었지만 더 이상의 비교철학적 계기가 존재하지 않았다. 그렇기 때문에 로마 문명세계는 몰락하였고 따라서 철학도 더 이상 존재하지 않았다. 실제로 기원후 5세기 서로마제국의 패망 이후에 고대세계는 무너졌으며 따라서 중세 유럽에는 철학이 없었다. 그러나 아랍인들과 이슬람 학문에 토대를 둔 그리스 고전 번역과 주해에 의한 서적들과 문물들이 유럽의 대학과 수도원에 유입되면서 철학이 부활하였다. 그리스의 인문전통은 상실되고 더 이상의 학문의 발전이 없었을지라도, 12세기 파리 대학에서 아리스토텔레스 자연철학의 강의와 주석에 의한 학문의 꽃은 13-14세기에는 스콜라 철학의 정점에 이를 수 있었다. 15세기에 이르러서는 대부분의 그리스 고전의 원전번역이 이루어지면서 고대세계에 대한 새로운 인문학적 이해가 증가하였다. 따라서 르네상스의 시대가 열리게 되었고, 16세기에는 드디어 코페르니쿠스에 의한 17세기의 과학혁명을 예비하는 천문학적 대발견이 시작되었다. 이러한 변화들을 살펴보면 유럽에서 지혜의 사랑이라고 부르는 철학의 부활은 고대 그리스로부터의 중단 없는 지속적인 과정에서 나온 것이 아니다. 근대철학은 중세 유럽인의 정신적, 지적 세계에서 아랍문명세계와의 비교철학적 과정을 통하여 생겨났다. 이는 마치 중국인들이 몽골족이 세운 원나라의 이민족의 지배를 받으며 그들이 잊고 있었던 고대 중국사회에서 꿈꾸고 구상한 원시유학을 부활하여 재생함으로써 신유학이라는 사유체계를 구축한 것과 마찬가지였다. 비교철학의 계기는 동일한 자의식의 영역에서 항상 새로운 타자의식의 등장에 의하여 생겨나고 있다고 할 수 있다. 역설적으로 헤겔의 "철학사가 곧 철학이다."라는 명제가 반박되어야 하는 근거, 그리고 동서비교철학이 필요한 이유가 이러한 변증법적 이유에 기인한다.

고대 그리스 철학의 세계화는 알렉산더 대왕에 의한 3개 대륙의 통일과 영토 확장에 의거한 것이었다. 로마 시대에도 그리스 철학이 전승된 것은 많은 교양 있는 철학하는 지식인들이 로마에서 학습과 교육 및 연구에 전념할 수 있는 여건이 있었기 때문이나. 일찍이 17세기 초에 마테오 리치가 중국에 긴 이래 수많은 서양의 중국선교사들에 의하여 시작되었던 동서비교철학은 당시 자급자족형 전문기술지식과 지식생산능력을 갖추고 있었다. 중국과 일본을 비롯한 동아시아 세계로 들어온 16-17세기 서양선교사들은 많은 학습을 통하여 전문지식과 전문기술 등을 구비한 학자이자 실천적 기술자로서 이론과 실천의 합일의 측면에서 철학을 하였다. 이들은 유럽에서 중국으로 2년 내지 3년까지 걸리는 바닷길의 길목에 다양한 수단과 방법으로 재원을 확보하며 활동하였다. 이들이 중국으로 들어오는 길목인 인도는 인근의 인도양에서 수년이 지나서야 채취할 수 있는 진주양식을 통하여 선교재원을 확보하는 교두보였다. 이들의 학술활동과 과학기술의 전수가 아니었으면 동서비교철학의 영역이 생겨나는 것은 불가능하였다.

17세기 동서비교철학은 비유럽지역에서 일어나 주로 서양 근대의 프랑스와 독일 철학자들이 논의하고 보존하고 발전시켜 서양 근대철학과 동시적으로 존재하였다. 하지만 17세기 동서비교철학은 서양철학사에서 별개의 철학유형으로 남았다. 전자는 종적 연계에 의하여 계속 발전하였지만 후자는 횡적 확장에도 불구하고 더 이상의 역사를 이어가지 못하였다. 서양 근대철학에서 동서비교철학은 철학의 변방 그 자체였다. 동양철학에서 예수회 중국선교사들의 동서비교철학은 그 자체가 하나의 새로운 트렌드를 준 것은 사실이다. 하지만 동양사회에 새롭게 등장한 서양학문은 기존 지식의 유형을 완전히 바꿀 만한 수준으로 전송되지는 못하였다. 예수회 중국선교사들은 유럽에서 진행되는 새로운 철학의 조류와 종합을 이루어내는 수준에까지 구시대의 철학을 중국에 전하지는 못하였다. 그들은 당시 유럽 최고의 학술기관에서 공부하였고 스콜라 철학과 새로운 과학기술이론을 배웠음에도 불구하고, 그들이 대변한 철학과 과학은 유럽 본토에서 진행되는 철학사와 과학사에서 새롭게 등장하는 이론과 경향에 대하여 보폭을 맞추기에는 지리적으로나 시간적으로 한계가 있었다.

동서비교철학의 중심영역은 유럽에서 중국으로 이동하였고, 중국에서 확대 재생산된 학문에 대하여 조선과 중국의 지식인들은 17세기 서양선교사들의 학문을 '서학'이라는 총칭으로 불렀다. '서학'은 물론 당시 유럽의 학문체계를 지칭하는 것이었지만 결코 유럽의 학문의 중심에서 파악된 것은 아니었다. 그럼에도 '서학'을 단지 역사 속에서만 존재하였던 화석화된 지식으로만 평가할 수는 없다. 주지하는 대로 17세기 조선사회에서 서양문물을 많이 접하고 교류할 수 있었던 계층은 주로 중국의 북경을 왕래하던 사신과 상인들이다. 이들을 중심으로 진행된 일련의 학문체계는 다산 정약용에 이르기까지 『천주실의』의 사유체계가 깊이 각인되어 있었다. 그뿐만 아니라 서교(西敎), 곧 천주교에 관련된 여러 지식인들이 사용하는 신 존재 증명의 문구들은 거의 토미즘의 방식을 그대로 사용하고 있음을 볼 수 있다. 여기서 조선의 지식인에게 끼친 서양철학의 영향이 엄연하게 존재한다. 17세기 예수회 중국선교사들이 중국에 전래한 철학은 단순히 스콜라 변방철학으로만 평가되어야 하는 것이 아니다. 이것은 데카르트의 새로운 역학이나 뉴턴 역학에서 둥지를 틀어간 근대 기계론 철학을 추종하기 이전에, 하나의 사유가 다른 하나의 사유에 말을 건네는 시원적 사건을 지닌 동서비교철학의 근원적 필요성의 차원에서 고찰되어야 한다.

3. 동서비교철학의 비조 라이프니츠

17세기에 활약한 예수회 중국선교사들과 라이프니츠가 주고받은 서신들을 평가하고 해석함으로써 동양과 서양, 라이프니츠 철학과 중국철학 및 한국철학이 비교철학적으로 공존 가능하여야 하는 이념적 지표를 찾을 수 있다. 라이프니츠가 접촉한 인물들은 예수회 중국선교사들이었지만, 그들의 활동으로 말미암아 유럽과 동아시아 세계는 하나로 모아지는 비교철학의 사유지평을 열었다. 오늘날 서양철학 안에서 한국적 사유의 방향을 찾고, 동양철학 속에서 한국적 사유를 재정립하는 일도, 동서비교철학의 역사가 비롯된 17세기로 거슬러 올라가야 한다. 분명히 동서비교철학의 지반은 16-17세기에 유럽의 변방철학이라 할 수 있는 스콜라 철학을 위시하는 토미즘의 한 갈래에서 유래하였다. 이러한 동서비교철학의 근원적 배경 역시 서양 근대철학의 한 지류로 자리매김할 수 있다. 이 점에서 동아시아 세계의 자율적 사유전통은 이미 17세기에 서양철학과 접맥되고 있었다.

17세기 유럽과 중국의 천문학과 지리학의 상황을 비교 분석하면, 유럽에는 갈릴레이와 함께 케플러의 천문학적 업적이 뉴턴의 지지를 받으면서 코페르니쿠스 혁명이 완성되어 가고 있었다. 중국에서도 천문개혁이 진행되었기 때문에 이러한 상황에 중국은 케플러와 그의 능력과 관련한 조언이 절실하게 필요하였다. 중국에서 필요로 한 서양의 과학기술은 한국에서도 마찬가지였다. 라이프니츠는 테렌츠(J. Terrenz, 鄧玉函, 1576-1630)가 케플러의 조언을 구한 점에 대해 언급한 적이 있었다. 당시 유럽 천문학의 코페르니쿠스 혁명은 갈릴레이 같은 수학자의 지지를 받고 케플러에 의한 태양중심설의 행성의 운동궤도에 대한 근본가설이 입증되고 있었다. 뉴턴은 최종적으로『프린키피아(*Principia*)』(1687)에서 이러한 과학적 사실을 수학의 방법으로 증명함으로써 고전역학을 완성하고 있었다. 반면에 17세기에 중국에서 활약하던 예수회 선교사들의 천문학의 지식은 브라헤의 수준에 머물러 있었다. 이미 과학사적으로 알려진 대로 17세기의 대부분의 예수회 중국선교사들은 해박한 천문학 지식에도 불구하고, 동양에서는 유럽에서 갈릴레이 이래로 꾸준하게 토론되고 제기되어 온 코페르니쿠스 천문체계로서 지동설을 감추고 천동설을 수용하였다. 그럼에도 예수회 중국선교사들은 코페르니쿠스 혁명 이전의 천문지식을 기반으로 중국역법 개혁에 참여하였다. 그래서 라이프니츠는 나중에 『최신중국소식』에서 이를 다시 언급하고, 중국에서 선교활동과 천문학을 보급하고 있던 테렌츠가 자신의 친구 쿠르츠(A. Curtz)에게 1623년에 보낸 서신을 케플러가 4년이 지난 1627년에 읽어보고 나서 중국역법의 개선에 관한 테렌츠의 질문의 조언을 한 사실을 그리말디에게 회고하게 한다. 유럽의 중국 선교의 역사가 이미 70여 년이 지난 후의 일이었다.

동서가 교류하던 17세기에 양대 사유 진영이 매우 유사한 사유 체계를 형성하고, 서로가 비교 가능하고 합일까지 이를 수 있는 논의의 출발점은 어디에 있었을까? 곧 라이프니츠의 이진법과 역의 상징체계의 구조적 일치에서 찾을 수 있다. 시기적으로 13-14세기에 일어난 중세 토미즘과 11-12세기에 발흥한 신유학의 운동은 서로 다른 대륙에서 서로를 알지 못하고 독립적으로 발전되었다. 그러나 토미즘과 주자의 성리학은 형이상학적 사유의 체계나 깊이에 있어서 놀랄 만큼 서로 일치하고 있었다. 마테오 리치는 비록 중국에서 토미즘의 체계를 대변하였지만, 당대의 목적원인이 제거된 자연탐구로 나아가는 시대적 조류를 받아들인 근대적 과학정신을 소지한 지식인이었다. 그렇기 때문에 마테오 리치는 목적원인을 강조하는 주희의 신유학체계와 목적원인을 배제한 근대역학체계와의 연관성을 규명하는 데 많은 난전을 발견하였다 마테오 리치가 배경으로 하는 목적을 배제한 변형된 토미즘의 체계와 유기체적 신유학체계 사이에는 다소간의 불일치가 있다. 마테오 리치가 딛고 선 토미즘은 원래 목적론적 체계이나 근대역학에 의하여 목적론이 포기되었지만, 중국에서 성리학과 상호대립하면서 이러한 이유에 대한 새로운 설명이 있어야 했다. 이러한 설명의 실마리를 풀기 위해서는 마테오 리치의 사후 근 1세기가 못 미친 시점에서 라이프니츠의 목적론적 유기체론을 기다려야 했다.

라이프니츠는 종전의 스콜라 형이상학이 디디고 섰던 목적원인을 배제하지 않으면서도 근대역학의 이론과 경쟁적인 유기체적 우주론을 구상하였다. 라이프니츠는 17세기 말 서양의 과학기술 만능의 방향을 경계하고 윤리와 도덕을 결합하여 새로운 근대를 열어가야 한다는 17세기의 시대사상을 품었다. 라이프니츠는, 이미 동양에는 올바른 삶의 지식과 도덕의 기준이 있고 서양에는 과학기술문명이 있다면, 이 양자가 결합하여 새로운 인류문명을 건설할 수 있다는 비교철학적인 사유를 전개하고 있었다.

4. 근대 동서존재론의 최종근거의 일치

철학은 사람과 사람이 만나면서 시작된다. 더군다나 상이한 사유전통을 갖는 사람들이 만난다면 어떠한 사유배경을 갖는지가 궁금해진다. 동서비교철학의 초석을 놓은 유명한 첫 번째 사건은 1689년 여름 로마에서 라이프니츠가 예수회 중국선교사이자 청나라의 흠천감 감정으로 강희황제를 보필하던 그리말디를 만난 일이다. 1689년은 중국과 러시아 간에 국경을 확정한 네르친스크 조약이 체결된 해이기도 했다. 이 조약을 계기로 1712년 백두산 정계비(白頭山定界碑)가 정해지게 되었다. 하노버 공국 왕가의 역사편찬기록을 조사하기 위해 이탈리아 전역을 여행하다가 로마에 들렀던 라이프니츠는 1689년 7월 19일 그리말디를 만나 대화를 나누면서 30여 가지의 질문에 대한 조회를 요구하였다. 이 30가지 질문들은 당시 중국의 원예학, 과학기술, 군사학, 언어, 인종그룹 등의 광범위한 영역을 망라하고 있다.

그리말디는 강희황제가 하루에 3-4시간 수학을 공부하고 있고, 유클리드 기하학을 알고 있으며 삼각법을 이용하여 천체의 운동 현상을 계산할 정도라고 전하고 있다. 이 점을 비추어보면 중국의 황실 자제들은 예수회 중국선교사들로부터 서양의 수학을 비롯한 첨단과학이론에 대한 특별과외수업을 받았다는 것을 알 수 있다. 라이프니츠는 로마에서 그리말디로부터 접한 중국의 산법(算法)에 대하여 관심을 보인 이후로, 1679년부터 연구해 왔던 이진법에 관한 산술체계를 발전시킨다. 그의 이진법 연구는 다양한 민족들이 서로 교류하고 소통할 수 있는 보편언어(Universal language)에 대한 요구를 충족시키기 위한 것이다. 보편언어를 만들겠다는 의도는 다양한 민족들 사이의 소통을 위한 것이다. 이러한 언어는 복잡한 것이 아니라 단순하고 아주 간단하여야 한다. 산수에서 0과 1만으로 모든 자연수의 흐름을 표시할 수 있는 의사소통방식이 이러한 요구를 만족시킬 수 있다.

라이프니츠는 1697년 새해에 브라운슈바이히 볼펜뷰텔의 루돌프 아우구스트 공작에게 이 결과를 알기 쉽게 원형메달에 새겨 신년하례 선물로 바쳤다. 라이프니츠는 0과 1에 의한 이진법의 체계를 이렇게 구체적으로 연구하여 실제생활에 적용하면서까지 그 실용성을 보여주려 한 것이다. 당시 중국에서 전래되어 온 주역의 수리적 구성에 의한 학문이 발전에 대한 나름대로 오래된 인류의 진리는 동서양이 서로 통하고 있다는 직관 때문이다. 이진법의 배열로 세계창조의 상(imago creationis)을 설명하는 이 메달의 설계는 당시 1697년 1월 유럽의 중국의 학문적 동향과 수준에 대한 관심을 그대로 반영해 준다. 진리는 새로운 해석을 통하여 밝혀져야 하며 보편적 지식에 근거하여 논증적으로 설명되어야 한다. 라이프니츠와 부베의 서신교환에서 밝혀지는 대로, 라이프니츠의 이진법 체계의 수학적 구성은 부베에 의하여 주역의 수리적 구성을 밝히는 단서가 되었다. 이진법에 의한 주역의 수리적 구성의 비밀의 해독은, 동서문명세계의 빛을 밝혀나갈 배경지식이기도 한 것이다. 라이프니츠는 이진법과 컴퓨터의 원형모델의 발명으로 오늘날 디지털 시대의 철학을 열어나가게 된 이론적 길잡이를 제공하였다. 라이프니츠는 중국의 수학에 대하여 알려고 하였으며 자신이 천착해 온 이진법을 통하여 동서양의 보편적인 인류의 지혜에 대한 공통된 확신에 도달하였다. 라이프니츠가 설계한 원형메달에는 "2, 3, 4, 5 기타 등등으로 이어지는 만물(萬物)을 무(無)에서부터 창조하기 위하여서는 1이면 충분하다."는 글이 씌어져 있다. 메달 중앙에는 빛과 어두움의 조명이 있고 이 명암(明暗)을 배경으로 1에서 18에 이르는 수열을 0과 1만 사용하는 이진법 수열로 바꾸어 적어놓고 있다. 이 수열은 음양(陰陽)에서 사상(四象), 사상에서 팔괘(八卦)를 거쳐 순수하게 이론적으로 존재하는 주역의 16괘의 이진법의 수리적 구성을 보여준다. 라이프니츠는 1697년 4월에는 그간 그리말디와의 서신교환을 바탕으로 얻어진 내용과 그 밖의 여러 편지와 논문들을 모아『최신중국소식』이라는 제목으로 책을 편집하고 서문을 쓴다.

17세기 말엽 프랑스의 절대군주 루이 14세는 학문과 종교적 선교를 목적으로 1685년에 파리 학술원 소속의 6명의 예수회 신부들을 선발하여 중국선교사로 파송하였다. 17세기 파리 학술원의 신학과 철학에 능통한 이들 수학자, 천문학자, 과학기술자들은 모두들 '왕립수학자'라는 칭호를 부여받고 중국으로 떠났다. 오늘날 식으로 이해하자면 우주여행을 위하여 우주인을 우주공간으로 보내는 것과 같은 모험과 기대가 뒤섞인 일이었다. 북경에 도착하여 5년간 활동하던 부베는 그리말디와 마찬가지로 강희황제로부터 더 많은 선교사들을 중국에 데려오라는 명을 받아 1693년 7월 8일에 중국을 떠난다. 1694년 마카오를 거쳐 1697년 3월 1일에야 파리에 도착한 부베는 당시 『최신중국소식』을 발간한 라이프니츠의 명성을 듣게 된다. 여기서 이루어진 라이프니츠와 부베와의 1700-1704년 사이의 서신교환은 부베의 회화주의(Figurism) 입장과 라이프니츠의 이진법 연구의 성과에 대한 논의이다. 부베가 라이프니츠의 이진법 연구에 대해 알게 된 것은 아마도 그리말디를 통하여서일 가능성이 높다. 라이프니츠는 그리말디에게 1696년 12월 20일에 서신으로 이진법의 체계를 설명하였다. 부베는 라이프니츠의 서신에서 자신의 회화주의 입장과 라이프니츠의 이진법의 체계가 고대 중국의 참된 철학의 신비를 해명할 수 있을 것이라고 생각한다.

라이프니츠의 이진법은 0과 1이라는 두 수의 단위만 사용한다. 0, 1, 2, 3, 4, 5, 6, 7, 8, 9 대신 0과 1만 사용하는 이 방법은 매우 신비적이기도 하다. 0과 1을 복희씨의 괘로 나타내면 -- 과 ― 이다. 일찍이 케플러도 피타고라스 수의 신비를 17세기의 과학혁명 발전의 중요한 요소로 보았다. 케플러에게 우주는 단순한 수학적 등식으로도 외적인 현상의 다양성을 아름답게 표현할 수 있는 완벽한 조화 그 자체였다. 아무리 복잡한 수체계일지라도 0과 1만 사용하면 0 = 0, 1 = 1, 2 = 10, 3 = 11, 4 = 100, 그리고 10 = 1010, 32 = 100000, 62 = 111110, 64 = 111111이다. 복희씨의 괘도 ☰ = 000, ☷ = 001, ☶ = 010, ☵ = 101, ☳ = 110, ☰ = 111이 된다.

라이프니츠가 근거를 두고자 하였던 동서비교철학의 초석은 학술원의 건립에 있었다. 17세기 말엽에 포르투갈에서 프랑스로 선교의 중심이 바뀌면서 예수회 중국선교사들의 활동과 보고에는 유럽의 군주들이나 재상 또는 제후나 기사들의 후원과 재정지원을 얻으려는 바람이 강했다. 이런 일을 추진하기 위하여서는 학술기관이 필요했다. 라이프니츠도 중국에 프로테스탄트 선교사도 파송하고 중국학자들도 유럽에 그들의 도덕철학을 전하러 올 수 있는 기관으로서 중국에 학술원을 건립하고자 하는 계획을 갖고 있었다. 라이프니츠 역시 동서비교철학을 정초할 수 있는 주제를 집필하여 영원의 철학(philosophia perennis)에 기여하는 것이었다. 1700년 3월 13일 파리 학술원의 의장 비뇽과 비서관 퐁테네가 라이프니츠의 파리 학술원 회원등록을 서명하자, 라이프니츠는 학술원의 데뷔논문으로 이진법에 관한 논문을 보낸다. 브란덴부르크 선제후가 1700년 3월 19일 베를린에 자연과학관찰 실험실 설치를 승인하면서 베를린 학술원이 출범되자 라이프니츠가 초대 원장으로 임명된 베를린 학술원은 프랑스 학술원이나 왕립협회와는 달리 과학기술의 유용을 이론과 실천에서 접목하는 특징이 있었다. 독일 프로이센의 최고학문기관으로서 베를린 학술원은 기하학, 천문학, 군사, 역학에 중점을 두면서 최종적으로는 중국에 개신교 선교를 목표로 세워지게 되었다.

1700년은 프랑스 소르본 대학의 신학부와 파리외방선교회(Société des Missions Etrangéres)에서 중국의 예수회 선교사들의 선교활동에 대한 집중적인 비판이 시작되는 해이다. 이 시기를 기점으로 마테오 리치 이래 100년간 내려온 선교활동이 막을 내리면서 동서양은 서로가 공존할 수 있는 길에서 멀어져 갔다. 17세기에 예수회 인물들과 도미니크회 인물들 사이의 대립이 불식

되지 않고 있다가, 18세기 초에 도미니크 수도회의 승리로 끝났다. 하지만 라이프니츠는『중국인의 자연신학론』에서 예수회의 손을 들어주었다.

라이프니츠의 모나드 체계가 18-19세기에 부상할 수 있었다면, 유럽에서의 동양의 도덕과 문화는 칸트와 헤겔, 마르크스, 베버에 이르기까지 제대로 대접을 받지 못하고 폄하되지 않았을 것이다. 라이프니츠가 높이 평가한 중국의 도덕과 문화는 비유럽적인 지엽적 특수대상으로 전락하고 말았다. 17세기 서양은 과학기술문명에서 앞서 가고, 동양은 고도의 도덕적 정신문명의 세계를 간직하고 있었다. 동서가 서로 걷고 있는 길에서 마주치는 빛의 회통으로 만나야 하였던 시기는 17세기였다.

5. 동서존재론의 방법론으로 다자문화철학

문명비교는 사람과 사람의 만남에서 비롯된다. 사람들끼리 전혀 다른 사유전통과 풍토에서 만났다면 자신과 타자의 사유배경에 대한 올바른 지식을 가져야 인간과 인간 사이의 상호이해에 도달할 것이다. 만난 사람들이 접촉하면서 이해의 소통을 가능하게 하는 지식의 배경이 문명이라면 여기에는 절대적으로 비교철학적 접근이 필요하다. 17세기 유럽과 중국의 문화교류를 연구하는 방법에는 다자문화철학적 관점이 있다. 다자문화철학(Inter-Cultural Philosophy)이란 지구상에 존재하는 다양한 문화적 관습과 전통을 있는 그대로 인정하고, 한 문화권의 철학이나 사상이 다른 한 문화권의 전통관습과 사상에 대한 절대 우위를 인정하지 않는 철학이론을 말한다. 20세기 후반에 특히 독일과 오스트리아를 중심으로 생겨난 다자문화철학은 기존의 전통적 유럽의 사유방법에 대하여 반기를 든다는 점에서 포스트모던 철학과 축을 같이한다. 하지만 동시에 비유럽의 문화전통과 철학에 대하여 다자간의 대화와 이해를 촉진하는 방법론을 발전시키고 있다는 점에서 다르다. 서양과 동양의 과학기술문명의 차이, 인문학적 지식의 차이, 이방세계와 이질적인 문화의 이해와 소통의 문맥에 다자문화철학적 접근이 필요하다. 영원의 철학은 어느 편에도 손을 들어주지 않으며, 어느 하나의 특정한 문화가 하나의 완전한 현실을 본유적으로 끌어안고 태어나는 것은 아니라는 것이다. 다자문화철학은 모든 문화에 그림자처럼 따라다니는 영원의 철학의 정신적인 철학적 입장의 각인이다. 다자문화철학은 동양철학이나 서양철학 어느 한쪽에 스스로를 절대화하는 입장에 빠지지 않는다. 다자문화철학은 불필요한 개념체계를 특권화하지 않으며 스스로를 해방시키는 담론을 주도한다. 다자문화철학의 방법론적 접근에 의하여 각 문화영역에 속한 철학에는 동등한 권리가 부여되는 것이다.

비교철학의 결과도 다자문화철학의 관점에서는 최종적으로 이를 연구하는 자의 자신의 고유한 사유체계로의 회귀가 이루어져야 한다. 이진법의 체계에 대한 것만 하더라도 그 지적인 귀속은 라이프니츠와 복희씨에게로 돌려야 한다. 부베는 현재 유럽의 지식체계 가운데 라이프니츠가 가장 앞선 이진법 연구를 수행하였고 또한 그의 사유체계가 어느 정도까지 자신이 이해하고 연구한 중국철학과 역의 연구결과가 맞는지 틀리는지에 대한 나름대로의 심증과 확언을 절실하게 필요로 하였다. 다자문화철학적으로 보더라도 라이프니츠 철학은 인류가 전체 우주 가운데 아주 작은 지구라는 행성에 서로 다른 인문형식으로 살면서도 서로가 근접해 가던 초기단계에 동서양의 근대세계에 새로운 지식의 길을 개척하였다. 근대세계는 우리가 지금 살고 있는 시대의 역사와 삶의 문화형식 등에 비추어 본질적으로 다른 지적인 차원에 속한 세계는 아니다. 동서의 인간을 묶어주는 수단은 지상에서의 인간의 공통된 인문형식을 보편적으로 갖추었기 때문에 가능하였다. 근대의 인문형식의 가장 대표적인 집약적 지식형태인 자연과학의 태동은 지구상에 살아가는 인간의 새로운 인지형식을 급속하게 발전시켰다. 자연을 읽는다는 것은 하나의 신비스러운 부분도 비밀도 남김없이 이성적으로 계산하고 이해할 수 있는 독법을 말한다. 근대의 철학자들은 자연을 보편적 수학의 질서로 파악한 자연과학자들의 언어를 읽을 수 있었다. 근대의 초창기에는 자연을 제대로 읽기 위해서는 광학의 발달과 망원경의 발명이 큰 역할을 하였고, 기하학과 수학의 발전이 이를 뒷받침하였다. 근대 철학자들이 인류의 집약된 인지형식으로 고전적 자연과학의 완성을 이루던 시기에, 라이프니츠는 지식의 확장과 더불어 새로운 동양세계의 사유지평을 읽고 있었다. 라이프니츠는 자신의 동시대의 철학에 대해서는 비판적이었고, 동양에서 전래되어 오는 오랜 지식의 형태에 대해서는 통합하려는 태도를 가졌다. 이러한 그의 철학의 태도는 근대에 스콜라적 형이상학의 바탕 위에서 갈릴레이, 케플러를 거쳐 뉴턴에 이르는 역학적 자연의 신구를 완성된 형태로 종합하려는 그의 야누스적 성격에 기인한다. 라이프니츠는 그가 몸담았던 유럽 사유 자체의 전통에서 오는 큰 흐름에서 동서 사상의 통합이라는 길을 갔다.

근대 동서 형이상학의 기조가 동일한 근원에 있다는 가설을 제시하는 것은 1700년 이래의 세계는 하나였다는 신념을 제공할 수 있다. 각각의 사유체계가 쌓아간 여정이 동일한 것인지는 보여주지 않는다. 그러나 앞으로 쌓아갈 과학과 형이상학이 전통적 동양사고의 근거와 맞닿아 자신의 뿌리를 내려가고 있다면, 인류는 과거 동서양을 가로막던 의사소통과 지리적 경계에서 지금까지와는 전혀 새로운 의식세계를 경험하며 살아갈 수 있다. 실제 문화 생활에서 상이한 체험을 한 동서양이 이질감을 동질의 것으로 바꾸어가며 서로 동화와 순응 과정을 거쳐 가는 한에서, 동서세계는 하나가 되어 갈 것이다.

참고문헌

A. von Anselm, *Cur Deus Homo, Warum Gott Mensch geworden*, Lateinisch und Deutsch, Dramstadt, 1956.

H. Blumenberg, *Die Genesis der kopernikanischen Welt. Typologie der frühen Wirkungen. Der Stillstand des Himmels und der Fortgang der Zeit*, I, II, III, Frankfurt am Main, 1980.

____, *Wirklichkeiten, in denen wir leben*, Reclam, 1981.

Bochenski-Menne, *Grundress der Logistik*, Paderborn, 1965.

H. Burkhardt, *Logik und Semiotik in der Philosophie von Leibniz*, München, 1980.

Cho Kah-Kyung, *Die Bedeutung der Natur in der chinesischen Gedankenwelt*, Diss. Heidelberg, 1956.

C. von Collani, *Eine Wissenschaftliche Akademie für China, Briefe des Chinamissionars Joachim Bouvet S. J. an Gottfried Wilhelm Leibniz und Jean-Paul Bignon über die Forschung der chinesischen Kultur, Sprache und Geschichte*, hrsg. und kommentiert von C. von Collani, Stuttgart, 1989

Das Neueste über China, G. W. Leibnizens Novissima Sinica von 1697, StL. Supplementa 33, hrsg. v. Wenchao Li/H. Poser, Stuttgart, 2000.

M. David, *The Universal Computer, The Road from Leibniz to Turing*, New York/London, 2000.

R. Descartes, *Discours de la méthode*, Übersetzt u. hrsg. v. L. Gäbe, Hamburg, 1960.

____, *Meditationes de prima philosophia*, Auf Grund der Ausgabe v. A. Buchenau neu hrsg. v. L. L. Gäbe, durchgesehen v. H. G. Zekl, Hamburg, 1977.

____, *Le Monde ou Traite de la Lumiere, Die Welt oder Abhandlung über das Licht*, Übersetzt und mit einem Nachwort versehen von G. Matthias Tripp, Acta Humaniora, 1989.

K. Flasch, *Das philosophische Denken im Mittelalter*, Reclam, 2000.

G. Frege, *Begriffsschrift und andere Aufsätze*, Zweite Auflage mit E. Husserl und H. Scholz' Anmerkungen hrsg. von I. Angelelli, Hildesheim, 1965.

____, *Die Grundlagen der Arithmetik. Eine logisch mathematische Untersuchung über den Begriff der Zahl*, Breslau, 1884.

G. W. F. Hegel, *Hegel's Lectures on The History of Philosophy*, Translated from the German by E. S. Haldane and F. H. Simson, M. A. Volume 1, 2, 3, London/New York, 1968.

M. Heidegger, *Basic Writings*, Edited with general Introduction by D. F. Krell, Harper & Row Publishers, New York, 1977.

J. Hemleben, *Galilei*, Reinbeck bei Hamburg, 1989.

J. Hirschberger, *Geschichte der Philosophie, Neuzeit und Gegenwart*, Freiburg/Basel/Wien, 1988

W. J. Hoye, *Die mystische Theologie des Nicolaus Cusanus*, Herder, 2004

E. Husserl, *Die Krisis der europäischen Wissenschaften und die transzendentale Phänomenologie. Eine Einleitung in die phänome-nologische Philosophie*, hrsg., eingeleitet u. mit Registern versehen v. E. Ströcker, Hamburg, 1977.

H. Hülsmann, *Die Technologische Formation*, Berlin, 1985.

VII. Internationaler Leibniz-Kongress, Nihil sine ratione, I, II, III, hrsg. v. H. Poser, Berlin, 10-14. September 2001.

VII. Internationaler Leibniz-Kongress, Nihil sine ratione, Nachtragsband, hrsg. v. H. Poser, Berlin, 10-14. September 2001.

Johannes Kepler, *On the Shoulders of Giants, Harmonies of the World Book Five*, Edited with commentary by S. Hawking, Running Press, 2002.

H. Kimmerle, *Interkulturelle Philosophie*, Junius, 2002.

J. Kirchoff, *Kopernikus*, Reinbeck bei Hamburg, 1985.

G. W. Leibniz, *Sämtliche Schriften und Briefe*, hrsg. v. d. Berlin-Branden-burgischen Akad. d. Wiss. zu Berlin u. d. Akad. d. Wiss. in Göttingen.

_____, II: *Zweite Reihe*.

_____, VI: *Sechste Reihe: Philosophische Schriften*, hrsg. v. d. Leibniz-for-schungsstelle der Universität Münster.

_____, VI 6: *Nouveaux essais*, Berlin, 1962.

_____, *Die philosophischen Schriften von G. W. Leibniz*, hrsg. v. C. I. Gerhardt, Bd. I-VII, Berlin, 1875-90, Nachdruck Hildesheim, 1978.

_____, *Philosophische Schriften, Leibniz Werke*, Bd. I, II/1, II/2, III/1, IV, V/2, hrsg. v. u. übers. v. H. H. Holz, Darmstadt, 1985.

_____, *Philosophische Werke*, Bd. 1: *Hauptschriften zur Grundlegung der Philosophie(Teil 1)*, übers. v. A. Buchenau 904, Hamburg, 1996.

_____, *Hauptschriften zur Grundlegung der Philosophie(Teil 2)*, Bd. 2, übers. v. A. Buchenau 904, Hamburg, 1996.

_____, *Neue Abhandlungen über den menschlichen Verstand und den*

Ursprung des Übels, Bd. 3, übers. v. E. Cassirer 1915, Hamburg, 1996.

____, *Versuche in der Theodicee über die Güte Gottes, die Freiheit des Menschen und den Übels*, Bd. 4, übers. v. A. Buchenau, 1925, Hamburg, 1996.

____, *Opuscules et fragments inedits de Leibniz*, extraits des manuscrits de la Bibliotheque royale de Hannovre par Louis Couturat, Paris, 1903, Nachdruck: Hildesheim, 1966.

____, *Zwei Briefe über das binäre Zahlensystem und die chinesische Philosophie*, Aus dem Urtext neu ediert, übersetzt und kommentiert von R. Loosen & F. Vonessen, mit einem Nachwort von J. Gebser, Belser-Press MCMLXVIII.

____, *Leibniz an C. F. Grimaldi*, in: *Leibniz korrespondiert mit China. Der Briefwechsel mit den Chinamissionaren*(1689-1714), Frankfurt am Main, 1990.

____, *De Summa Rerum, Metaphysical papers*, Translated with an Introduction and Notes by G. H. R. Parkinson, New Heaven and London, Yale University Press, 1992.

____, 『라이프니츠와 클라크의 편지』, 철학과현실사, 2005.

____, 『철학자의 고백』, 울산대학교출판부, 2002.

____, 『모나드론 외』, 책세상, 2007.

G. W. Leibniz & S. Clarke, *The Leibniz-Clarke Correspondence, Together with Extracts from Newton's Principia and Opticks*, Edited with Introduction and Notes by H. G. Alexander, New York, 1976, 1978, 1984.

M. Lemcke, *Johannes Kepler*, Reinbeck bei Hamburg, 1995.

Albert Magnus, *Sein Leben und seine Bedeutung*, hrsg. von M. Entrich OP, Verlag Styria, 1982.

Karl Marx und Friedrich Engels, *Werke*, Band 3, Berlin, 1983.

A. Maier, *Ausgehende Mittelalter(1-3), Gesammelte Aufsätze zur Geistesgeschichte des 14. Jahrhunderts*, 1. Roma, 8-9.

R. A. Mall und H. Hülsmann, *Die drei Geburtsort der Philosophie, China. Indien. Europa*, Bonn, 1989.

G. Minamiki, S. J., *The Chinese Rites Controversy from Its Beginning to Modern Times*, Loyola University Press, Chicago, 1985.

J. Mittelstrass, *Neuzeit und Aufklärung, Studien zur Entstehung der neuzeitlichen Wissenschaft und Philosophie*, Berlin/New York, 1970.

D. E. Mungello, "European philosophical responses to non-european culture: China", in: *The Cambridge History of Seventeenth-Century Philosophy* I.

____, *Leibniz and Confucianism, The Search for Accord*, Hawaii University Press, 1977.

____, *Curious Land: Jesuits Accomodation and the Origins of Sinology*.

F. Perkins, *Leibniz and China. A Commerce of Light*, Cambridge University Press, 2004.

H. Poser, *Wissenschaftstheorie, Eine philosophische Einführung*, Reclam, 2001.

H. Roetz, *Mensch und Natur im alten China, Zum Subjekt-Objekt-Gegensatz in der kalssischen chinesischen Philosophie. Zugleich eine Kritik des klischees von chinesischen Universismus*, Frankfurt am Main/Bern/New York, 1984.

G. Schurhammer S. J., *Shinto-to, der Weg der Götter in Japan, Der Shintoismus nach den gedruckten und ungedruckten Berichten der japanischen Jesuitenmissionare des 16. und 17. Jahrhunderts*, Bonn, 1923.

____, *Die Disputationen des P. Cosme de Torres S. J. mit den*

Buddhisten in Yamaguchi im Jahre 1551, nach den Briefen des P. Torres und dem Protokoll seines Dolmetschers Br. Juan Fernandes S. J. in: Deutsche Gesellschaft für Natur- und Völkerkunde Ostasiens, Tokyo, 1929.

B. de Spinoza, *Sämtliche Werke, Band 7, Briefwechsel*, übersetzt u. Anmerkungen v. C. Gebhardt, Hamburg, 1986.

____, *Die Ethik nach geometrischer Methode dargestellt*, Übersetzung, Anmerkungen und Register von O. Baensch, Einleitung von R. Schottländer, Hamburg, 1989.

____, *Descartes' Prinzipien der Philosophie auf geometrische Weise begründen mit dem "Anhang, enthaltend metaphysische Gedanken", Sämtliche Werke in sieben Bänden*, In Verbindung mit Otto Baensch und Arthur Buchenau hrsg. und mit Einleitungen, Anmerkungen und Registern versehen von C. Gebhardt, Hamburg, 1987.

P. Strathern, *Leibniz in 90 Minutes*, Chicago, 2000.

L. Wittgenstein, *Tractatus-logico philosophicus, L. Wittgensten Werkausgabe Band 1*, Frankfurt am Main, 1995.

H. J. Zacher, *Die Hauptschriften zur Dyadik von G. W. Leibniz, Ein Beitrag zur Geschichte des binären Zahlensystems*, Frankfurt am Main, 1973.

The Cambridge History of Seventeenth-Century Philosophy, Vol. I, Garber and Ayers, Cambridge University Press, 1998.

A. N. Whitehead & B. Russell, *Principia Mathematica*, Cambridge University Press, First Edition, 1913.

강재언, 『서양과 조선, 그 이문화 격투의 역사』, 이규수 옮김, 학고재, 1994.

김형효, 『철학적 사유와 진리에 대하여』, 청계, 2004.

____, 『물학 심학 실학』, 청계, 2003.

『대학』

마테오 리치(利瑪竇), 『천주실의』, 송영배・임금자・장정란・정인재・
　　조광・최소자 옮김, 서울대학교출판부, 1999.

박상환, 『라이프니츠와 동양사상』, 미크로, 2000.

배선복, 『라이프니츠의 삶과 철학세계』, 철학과현실사, 2007.

백종현, 『서양근대철학』, 철학과현실사, 2002.

서양근대철학회, 『서양근대철학』, 창작과비평사, 2001.

서양근대철학회, 『서양근대철학의 열 가지 쟁점』, 창작과비평사, 2004.

소현수, 『마테오 리치』, 서강대학교출판부, 1996.

송영배, 『동서철학의 교섭과 사유방식의 차이』, 논형학술, 2000.

아이작 뉴턴, 『프린키피아: 자연철학의 수학적 원리』1권, 2권, 3권, 이
　　무현 옮김, 교우사, 2000.

이성환・김기현, 『주역과 과학의 道』, 정신세계사, 2002.

이황, 『알기 쉽게 해설한 성학십도(聖學十道)』, 조남국 옮김, 교육과학
　　사, 2000.

『주역』

존슨 얀, 『DNA 周易(DNA and the I Ching)』, 인창식 옮김, 몸과마음,
　　2002.

최영진, 『동양과 서양 두 세계의 사상 문화적 거리』, 지식산업사, 2000.

프리초프 카프라, 『현대물리학과 동양사상(The Tao of Physics)』, 이성
　　범・김용정 옮김, 범양출판사, 1977.

배 선 복(裵善福)

숭실대학교 철학과를 졸업하고 독일 뮌스터 대학교 철학과에서 석사학위를, 오스나부르크 대학교 철학과에서 박사학위를 받았다. 홍익대, 경희대, 경찰대 강사와 한국학중앙연구원 연구교수를 거쳐 현재 숭실대 철학과에서 강의하고 있다. 주요 저서 및 논문으로는 *Der Begriff des Individuums in der Metaphysik und Logik von G. W. Leibniz*(박사학위논문, 1997), 『서양근대철학』(공저), 『서양근대철학의 열 가지 쟁점』(공저), 『탈현대기초논리학 입문』, 『라이프니츠의 삶과 철학세계』, 「라이프니츠 철학의 근본원칙」, 「합리론의 몸과 마음의 사유모델」 등이 있고, 역서로는 『철학자의 고백』, 『사랑, 삶, 죽음: 도덕철학의 한 연구』, 『종교논리학』, 『라이프니츠와 클라크의 편지』 등이 있다.

근대 동서존재론 연구

·

2007년 12월 15일 1판 1쇄 인쇄
2007년 12월 20일 1판 1쇄 발행

지은이 / 배 선 복
발행인 / 전 춘 호
발행처 / 철학과현실사
서울시 서초구 양재동 338-10
전화 579-5908 · 5909
등록 / 1987.12.15.제1-583호

ISBN 978-89-7775-651-9   03160
값 15,000원